# Die Intervall-Diät

Martin Katahn

## schnell abnehmen – nicht wieder zunehmen

BLV Verlagsgesellschaft
München Wien Zürich

CIP-Kurztitelaufnahme der Deutschen Bibliothek

**Katahn, Martin:**
Die Intervall-Diät: schnell abnehmen – nicht wieder zunehmen /
Martin Katahn. [Dt. Übers.: Ingeborg Andreas-Hoole]. –
München; Wien; Zürich:
BLV Verlagsgesellschaft, 1987.
Einheitssacht.: The rotation diet ⟨dt.⟩
ISBN 3-405-13348-3

Titel der amerikanischen Originalausgabe:
»The Rotation Diet. Lose up to a pound a day and never gain it back«

Erschienen bei W. W. Norton & Company, New York und London
Gleichzeitig erschienen bei Penguin Books Canada Ltd., Markham, Ontario



Deutsche Übersetzung:
Ingeborg Andreas-Hoole

Satz: Typodata GmbH, München
Druck und Bindung: May + Co, Darmstadt

Printed in Germany · ISBN 3-405-13348-3

# Inhalt

# Mein Dank

In großer Schuld stehe ich bei meinen vielen Kollegen und Studenten, die seit den Anfängen des Vanderbilt-Gewichtskontrollprogramms vor zehn Jahren sehr viel dazu beigetragen haben, daß wir solche Fortschritte mit Übergewichtigen erzielen konnten. Ohne ihre Hilfe wäre die Intervall-Diät niemals entstanden.

Schon allein ihren Namen verdankt die Diät meinem ehemaligen Studenten Dr. Gordon Kaplan; er hob sie sozusagen aus der Taufe, als er Teilnehmer für seine Dissertation suchte, eine Studie über Erfolgsfaktoren für dauerhafte Gewichtskontrolle. Damals schloß sich uns auch Dr. Kenneth Wallston an; er zeichnet verantwortlich für die mit dem Programm verbundenen Forschungen. Später stieß Dr. David Schlundt zu uns und arbeitete daran mit, eine Analyse der Problemfelder beim Essen und bei körperlicher Aktivität zu entwickeln; dazu gehört auch das Konzept der Lernschritte, die zur Beherrschung des Gewichtsproblems führen – darauf beruhen die Kapitel 9 bis 11 dieses Buches. Dr. Craig Heim, Direktor des Zentrums zur Gesundheitsförderung an der medizinischen Fakultät der Vanderbilt-Universität, leitete die medizinischen Forschungen, die einige der positiven Auswirkungen der Intervall-Diät auf die Gesundheit aufzeigen konnten.

Ein weiterer ehemaliger Student, Dr. Mark McMinn, hat mit seinen Studien über die biochemischen Faktoren, die der Übergewichtigkeit zugrunde liegen, einen wertvollen Beitrag geleistet. Drei meiner gegenwärtigen Doktorandinnen, Ruth Daby, Tracy Sbrocco und Crystal Sulyma, helfen bei der Durchführung der Intervall-Diät innerhalb des Vanderbilt-Universitätsprogramms; sie haben zur Entwicklung des Materials beigetragen, das in den Kapiteln 9 bis 11 herangezogen wird.

Unsere Ernährungsberaterin Rachel Willis hat uns bei der Erarbeitung der zusätzlichen Menüpläne zur Intervall-Diät unterstützt, die in Kapitel 12 abgedruckt sind. Ihre Menüvorschläge und Rezepte sind ein weiterer Beweis, daß gesundes Essen im Rahmen einer Schlankheits- und Erhaltungsdiät weder eintönig zu sein braucht, noch ein unerträgliches Maß an Verzicht fordert. Danken möchte ich auch der Firma Cande für die Bereitstellung spezieller Software, mit deren Hilfe wir unsere Nährwertanalysen durchführen konnten. Und ein großes Dankeschön auch an unsere Bäckermeisterin Joyce Weingartner, von der die einmaligen Brotrezepte in Kapitel 6 stammen.

Meine Hochachtung möchte ich an dieser Stelle einer Frau ausdrücken, die das gesamte Vanderbilt-Gewichtskontrollprogramm durch die Koordination aller unserer Anstrengungen am Laufen hält: meiner stellvertretenden Programmleiterin Summer Davis. Sie besitzt nicht nur hervorragende organisatorische Fähigkeiten. Aufgrund eigener Erfahrungen hat sie tiefes Verständnis für die besonderen Probleme, mit denen Frauen bei der Kontrolle ihres Gewichts zu kämpfen haben; auch weiß sie, wie diese Probleme mit anderen Aspekten weiblichen Daseins verknüpft sind. Damit bereichert sie uns alle und macht uns zu besseren Kursleitern.

Ich weiß nicht, womit ich sie verdient habe, meine ganz besondere Familie. Worte können gar nicht ausdrücken, wie sehr ich sie dafür liebe und schätze, daß sie mich erstens so sehr unterstützt hat, als ich vor zweiundzwanzig Jahren 75 Pfund abgenommen habe, daß sie mir zweitens dabei hilft, in meiner Umgebung alle Voraussetzungen zum Schlankbleiben zu schaffen, und daß sie drittens so viel Spaß daran hat, gemeinsam mit mir für dieses Buch und für meine anderen Bücher interessante und köstliche Gerichte zu erfinden und auszuprobieren. Vor allem für das vorliegende Buch hat meine Tochter den ersten Entwurf des gesamten Manuskripts durchgesehen und mir dabei geholfen, die Rezepte zu entwickeln und niederzuschreiben.

# 1 Einführung

## Wie schnell werden Sie abnehmen?

»Wie schnell nehme ich mit Ihrer Diät ab?«

»Darf ich jemals wieder wie ein normaler Mensch essen, ohne zuzunehmen?«

Das sind die bei weitem häufigsten Fragen aller neuen Teilnehmer am Vanderbilt-Gewichtskontrollprogramm. Und wenn ich eine Vortragsreise über das Thema »Gewichtskontrolle« mache, gehören diese Fragen zu den ersten, die mir gestellt werden.

Nach der persönlichen Erfahrung einer dauerhaften Gewichtsabnahme von 75 Pfund – über zweiundzwanzig Jahre hinweg habe ich nie wieder zugenommen – und nach zehnjähriger Arbeit mit dem Vanderbilt-Programm, mit dessen Hilfe viele andere ihre überflüssigen Pfunde verloren haben, kann ich jetzt Antworten geben, die jeden zufriedenstellen werden, der 10, 20, 50 oder sogar 75 Pfund abnehmen möchte.

Forschungsergebnisse über Teilnehmer am Vanderbilt-Programm zeigen, daß Frauen mit der Intervall-Diät *21 Tage lang* durchschnittlich *etwa 300 Gramm pro Tag* abnehmen. Einige Frauen, besonders schwerere, verlieren sogar 450 Gramm täglich. Männer können noch mehr abnehmen. Doch das sind nur Durchschnittswerte.

*Wenn Sie dazu neigen, Wasser im Gewebe anzusammeln, was bei vielen Übergewichtigen der Fall ist, verlieren Sie an den ersten drei Tagen der Intervall-Diät möglicherweise zwei oder sogar drei Pfund täglich.* Viele Leute sind an Taille und Hüften schon nach drei Tagen fünf bis sieben Zentimeter schlanker. Und wie Sie den Aussagen unserer Programmteilnehmer entnehmen können (siehe Kapitel 3), passen Sie nach drei Wochen möglicherweise in eine um ein bis zwei Nummern kleinere Konfektionsgröße. Die Intervall-Diät wurde zwar für stark Übergewichtige entwickelt, eignet sich aber auch ausgezeichnet für jeden, der schon lange mit den letzten fünf oder zehn Pfund kämpft, die sich als Pölsterchen zwischen ihn und sein Idealgewicht schieben.

# Worin besteht die Intervall-Diät?

Mit der Intervall-Diät ändert sich über einen Zeitraum von drei Wochen hinweg mehrmals Ihre tägliche Kalorienzufuhr. Dies bewirkt einen dramatischen, raschen Gewichtsverlust, ohne daß jenes entmutigende Zunehmen schon vorprogrammiert wäre, das nach jeder anderen kalorienarmen Diät den schönen Erfolg so oft zunichte macht.

Die *Diät für Frauen* besteht aus einer sehr abwechslungsreichen Mischkost mit etwa 600 Kalorien pro Tag in den ersten drei Tagen, 900 Kalorien in den nächsten vier Tagen und anschließend eine Woche lang 1200 Kalorien. Dann wird die 600/900-Kalorien-Phase noch einmal wiederholt.

Die *Diät für Männer* besteht aus einer Mischkost mit etwa 1200 Kalorien pro Tag in den ersten drei Tagen, 1500 Kalorien in den folgenden vier Tagen und eine Woche mit 1800 Kalorien. Es folgt noch einmal die 1200/1500-Kalorien-Phase.

Und dann ist *Schluß mit der Diät!* Dabei haben Sie so leicht und erfolgreich abgenommen, daß Sie gerne weitermachen würden, wenn Sie noch mehr Pfunde zu verlieren haben. Aber für den Erfolg der Intervall-Diät ist es ungeheuer wichtig, daß Sie zumindest eine kurze Diätpause einlegen. Diese kurze Pause steigert nicht nur Ihre Erfolgsmotivation, sie *stellt sicher, daß Sie kein Gramm mehr zunehmen, sobald Sie Ihr Wunschgewicht erreicht haben.* Warum, werde ich Ihnen gleich erklären.

Nach einer einwöchigen oder einmonatigen Pause (die Länge hängt ganz von Ihnen ab) führen Sie die Intervall-Diät noch einmal durch und verlieren wieder 10, 15 oder 20 Pfund. Ihre Erfolgsmotivation ist so groß wie nie zuvor. Denn wie oft mußten Sie sich zuvor denn schon *zwingen,* mit einer Diät *aufzuhören,* damit der Erfolg nicht gefährdet wird? Bei anderen Diäten hat man bald das Gefühl unerträglichen Hungerns und nimmt dabei auch noch immer langsamer ab, bis man schließlich die Lust verliert und das Handtuch wirft. Bei der Intervall-Diät ist das anders. Sie werden es kaum erwarten können, wieder loszulegen. Die Intervall-Konzeption ist der Schlüssel zu Ihrem Erfolg. Sogar wenn Sie 75 Pfund abnehmen müssen, ist die Intervall-Diät der sicherste Weg dazu, leicht und rasch Ihr Übergewicht zu verlieren und *dann auch nicht mehr zuzunehmen.*

## Werden Sie nach der Intervall-Diät jemals wieder normal essen dürfen, ohne zuzunehmen?

Ja! Das ist die Antwort, die wir alle schon immer hören wollten. So schwierig das Abnehmen auch sein mag, die meisten von uns finden es weit schwieriger, die verlorenen Pfunde nicht wieder anzusetzen.

Damit Sie die Wirkungsweise der Intervall-Diät richtig einschätzen können, müssen Sie zuerst verstehen, warum man nach einer Diät, besonders nach einer stark kalorienreduzierten Diät (außer der Intervall-Diät) so leicht wieder zunimmt. Einer der Gründe für dieses bumerangartige Zunehmen ist die Tatsache, daß schon nach drei Wochen stark verringerter Kalorienzufuhr (800 Kalorien oder weniger pro Tag) *sich Ihr Stoffwechsel drastisch verlangsamen kann.* Das bedeutet, daß Sie nach einer solchen Diät auch nicht annähernd so viel essen dürfen wie vor der Diät, sonst nehmen Sie unweigerlich zu. Dieser Vorgang funktioniert folgendermaßen:

Der *Stoffwechsel* hat für jeden Menschen einen bestimmten individuellen Wert, durch den festgelegt ist, welche Menge an Energie der Körper in einem bestimmten Zeitraum verbraucht. Der Grundumsatz* ist die Kalorienmenge, die Ihr Körper im Ruhezustand verbrennt, wenn er lediglich damit beschäftigt ist, am Leben zu bleiben – den Kreislauf aufrechtzuerhalten, Ihre Körperzellen mit Nährstoffen zu versorgen und zu erneuern, zu denken, Probleme zu lösen und dergleichen. Ihr täglicher Energiebedarf wird in erster Linie durch Ihren Grundumsatz bestimmt; dazu kommt noch die Energie, die Sie jeden Tag durch körperliche Bewegung verbrauchen.

Obwohl es große individuelle Unterschiede gibt, benötigen Frauen durchschnittlich zwischen 1800 und 2000 Kalorien pro Tag, um ihr Gewicht zu halten. Für Männer schwankt dieser Wert zwischen 2400 und 2700 Kalorien. Dieser Gesamtbedarf setzt sich zusammen aus den Kalorien, die der Körper braucht, um im Ruhezustand funktionsfähig zu bleiben, und aus der für die Bewegung aufgewandten Energie.

---

* Anmerkung der Redaktion: Wissenschaftlich ist der Grundumsatz der Energieverbrauch eines entspannt liegenden Menschen zwölf Stunden nach der letzten Nahrungsaufnahme und bei einer konstanten Umgebungstemperatur von 20 °C.

## Die Anpassungsfähigkeit an Hungersituationen

Wenn jemand eine stark kalorienreduzierte Diät durchführt (vor allem eine Diät, bei der keine körperliche Aktivität gefordert wird), geschieht im Körper ein kleines Wunder. Der Stoffwechsel paßt sich an – der Körper reagiert einfach auf die Mangelsituation. Als Ergebnis jahrmillionenlanger Evolution, in der der Mensch immer wieder Hungersnöten ausgesetzt war, hat unser Körper die Fähigkeit entwickelt, ganz automatisch seinen Energiebedarf zu drosseln, wenn wir weniger Nahrung zu uns nehmen. Das läßt sich mit einem Thermostaten vergleichen, den man herunterdreht, um die Temperatur im Hause zu senken. Ihre Körpertemperatur fällt, Ihr Herzschlag verlangsamt sich, andere Körperfunktionen werden gedrosselt – alles in dem Bemühen, Energie zu sparen. Diese Fähigkeit des Körpers ist sehr wichtig, wenn wir mit einer Hungersnot fertig werden müssen, wie es bei Millionen Menschen auf der Welt immer noch Jahr für Jahr der Fall ist.

Nun ja – die Fähigkeit des Körpers, auf Sparflamme zu schalten und den Energiebedarf des Stoffwechselsystems zu bremsen, ist nicht sehr hilfreich für Übergewichtige, die nach einer kalorienarmen Diät versuchen, ihr neues Gewicht zu halten. Unsere und viele andere Forschungen haben erwiesen: Wenn Sie nach einer kalorienreduzierten Diät auch nur wenig mehr als sechzig Prozent von dem essen, was Sie vor der Diät gegessen haben, *beginnen Sie wieder zuzunehmen.*

Die Sache wird für Sie vielleicht noch griffiger, wenn Sie sich vorstellen, wieviel Energie nötig ist, um eine Stunde am Leben zu bleiben – nur still dazusitzen. Eine durchschnittliche, normal essende Frau braucht wohl um die 60 Kalorien, ein Mann etwa 80 Kalorien. Nach einer kalorienarmen Diät jedoch braucht diese Frau vielleicht nur noch 35 oder 40 Kalorien, der Mann 45 oder 50 Kalorien. Und sogar die Energiemenge, die der Körper für Bewegung braucht, ist gesunken. Vor der Diät verbrennen Sie normalerweise um die 60 Kalorien pro Kilometer, den Sie gehen. Nach einer Diät verbrennen Sie nur noch knapp 40 Kalorien. Wenn Sie also ein Opfer dieser Anpassungsfähigkeit unseres Körpers an Hungersituationen geworden sind und Ihr Stoffwechsel durch unkluge Diät erlahmt ist, kann nicht einmal mehr körperliche Bewegung ihre normale Wirkung entfalten.

Wenn Sie bereits einmal drei Wochen oder länger eine stark kalorienreduzierte Diät durchgeführt haben, leuchtet Ihnen jetzt sicher ein, warum die Pfunde anschließend so schnell wieder drauf waren. Und da Ihr Körper nicht mehr so viel Energie brauchte, werden Sie jetzt auch verstehen, warum es möglicherweise immer schwieriger für Sie geworden ist, die nach einer solchen Diät angesetzten Pfunde wieder loszuwerden.

Der Kernpunkt von alledem ist, daß Sie während einer Diät nichts unternehmen sollten, was Ihren Stoffwechsel herabsetzt. Im Gegenteil, Sie sollten alles Erdenkliche (und Ihrer Gesundheit Förderliche) tun, um Ihren Stoffwechsel anzukurbeln. Je höher Ihr Energieumsatz ist, desto günstiger für Sie, denn das bedeutet, daß Sie alle Kalorien verbrennen, die sonst in Fett umgewandelt würden.

Und jetzt kann ich Ihnen etwas Erfreuliches berichten. *Etwas wirklich Erfreuliches:* Die Intervall-Diät setzt Ihren Stoffwechsel nicht herab!

Ich weiß, daß Sie glücklich darüber sein werden, wie schnell Sie mit der Intervall-Diät abnehmen. Aber noch glücklicher werden Sie sein, wenn Sie entdecken, daß Sie bei der Intervall-Diät von solchen Rückschlägen verschont bleiben, die Sie vielleicht bei anderen kalorienarmen Schnelldiäten einstecken mußten.

Forschungen über die Intervall-Diät, die bei Teilnehmern des Vanderbilt-Gewichtskontrollprogramms durchgeführt worden sind, haben ergeben, *daß hier der Stoffwechsel nicht gebremst wird,* und das trotz eines bedeutend schnelleren Gewichtsverlusts als bei einer ohne Pausenintervalle durchgeführten, strengen 1200-Kalorien-Diät – der besten ihrer Art, die wir entwickeln konnten. Bei den meisten Teilnehmern, die die Intervall-Diät einhielten, konnte sogar eine Steigerung des Stoffwechsels festgestellt werden. Das heißt, statt ihren Körper während der Diät zu drillen, mit weniger Nahrung auszukommen, erhöhten sie sogar ihre Eßkapazität, ohne nach der Diät wieder zuzunehmen.

Die Intervall-Diät durchbricht den Teufelskreis eines erlahmenden Stoffwechsels aus mehreren Gründen. Erstens einmal handelt es sich um eine ausgewogene Mischkost (eiweißbetonte Diäten, bei denen Kohlenhydrate wie Brot, Kartoffeln, Obst und Gemüse gestrichen sind, neigen eher dazu, den Stoffwechsel zu bremsen). Zweitens sinkt die Energiezufuhr nicht länger als eine Woche unter 1200 Kalorien. Und drittens – falls Sie Ihr Leben hauptsächlich im Sitzen verbringen – werden Sie körperlich aktiver.

Ihr Endziel ist natürlich, wie ein normaler Mensch essen zu dürfen, ohne dabei zuzunehmen. Zur Intervall-Diät gehört auch ein Erhaltungsplan, mit dem ich Ihnen zeigen werde, welche Nahrungsmittel und welche Bewegungsübungen Ihren Stoffwechsel ankurbeln können. Die meisten Menschen könnten bei einer klugen Auswahl der Nahrungsmittel gut zwanzig Prozent mehr Kalorien pro Tag zu sich nehmen, als sie es gegenwärtig tun, ohne dabei zuzunehmen!

# Wie dieses Buch aufgebaut ist

In den nächsten beiden Kapiteln werde ich Ihnen erzählen, wie die Intervall-Diät zustande gekommen ist. Zuerst möchte ich Ihnen schildern, wie ich selbst vor mehr als zweiundzwanzig Jahren 75 Pfund abgenommen habe; mein Bluthochdruck hat sich normalisiert, und ich konnte eine Wiederholung des Herzinfarkts vermeiden, der den Anstoß gab, das in diesem Buch beschriebene Diätprogramm zu entwickeln. Dann berichte ich über die Forschungen, die die Wirksamkeit der Intervall-Diät beim Erreichen des persönlichen Wunschgewichts aufgezeigt haben.

In den Kapiteln 4 und 5 werde ich Ihnen sagen, wie Sie es anstellen müssen, um mit der Intervall-Diät genauso erfolgreich abzunehmen wie die Teilnehmer des Vanderbilt-Gewichtskontrollprogramms. Ich möchte Ihnen genau dasselbe sagen wie unseren Teilnehmern, wenn wir einmal in der Woche zur Kontrolle und Beratung zusammentreffen. Wenn Sie Ihr Gewicht erfolgreich halten wollen, müssen Sie alle Ereignisse, Streßsituationen und Versuchungen im voraus bedenken lernen, die Ihren Entschluß, die Intervall-Diät konsequent einzuhalten, ins Wanken bringen könnten. Wenn Sie meinem Rat folgen, sind Sie für alle möglichen Situationen bestens gerüstet und werden diesmal beim Abnehmen die erfolgreichste Erfahrung Ihres ganzen Lebens machen.

Und dann wird's ernst. In den Kapiteln 6 und 7 stelle ich die Intervall-Diät mit dem dazugehörigen Bewegungsprogramm dar, was bei Ihnen zu einem Gewichtsverlust von durchschnittlich 300 Gramm pro Tag führen wird, ohne daß Sie in Zukunft je wieder zunehmen werden.

Kapitel 8 wird aufzeigen, wie Sie in der Diät-Pause Ihr neues Gewicht halten können. Die Kapitel 9 bis 11 handeln davon, wie Sie das leidige Problem der Gewichtskontrolle endgültig in den Griff bekommen können. Wenn Sie eine allzu große Schwäche für Üppiges haben (für Schokolade, Süßigkeiten, fette Snacks), möchte ich Ihnen zeigen, wie Sie Derartiges vernünftig in Ihre Ernährung einbauen können, da nichts auf der Welt Sie jemals dazu bewegen kann, jede einzelne der Schlemmereien, die Sie doch so gerne mögen, lebenslänglich aufzugeben. Und wenn Sie allzu streng mit sich umgegangen sind und sich wegen Ihrer bisherigen Unfähigkeit, Ihr Gewicht zu beherrschen, schlimme Vorwürfe gemacht haben, dann haben Sie wahrscheinlich auch Ihren Kopf mit viel »schwer Verdaulichem« vollgestopft. Wie Sie damit umgehen können, möchte ich Ihnen ebenfalls zeigen – die Diät hat auch ihre psychische Seite. Auch Sie können Ihr Gewichtsproblem meistern lernen. Sie *können* Ihr Gewicht erfolgreich kontrollieren.

Damit der Speiseplan nicht an Reiz verliert und um vorzuführen, wie gut Sie bei einer gesunden Reduktions- und Erhaltungsdiät essen können, habe ich in Kapitel 12 zusätzliche Menüpläne und weitere Rezepte zur Intervall-Diät aufgenommen.

# Die guten Dienste der Intervall-Diät für Ihre Gesundheit

Die Intervall-Diät führt nicht nur zu einem raschen Gewichtsverlust. Sie leistet Ihrer Gesundheit viele andere bedeutsame Dienste.

Der Cholesterinspiegel fällt durchschnittlich um zehn Prozent, die Triglyzeride (Blutfette) um fünfzehn Prozent, sogar bei Personen, deren Cholesterin- und Triglyzerid-Ausgangswerte nicht abnorm erhöht sind. Natürlich können Sie um so bessere Ergebnisse erwarten, je höher Ihre Ausgangswerte sind. (Ein hoher Cholesterinspiegel ist ein bedeutsamer Risikofaktor für Erkrankungen der Herzkranzgefäße, und auch die Triglyzeride werden damit in Zusammenhang gebracht.) Falls Ihr Nüchternwert* für Glucose (Blutzucker) anfangs erhöht war, besteht eine Tendenz zur Normalisierung; wenn Ihr Arzt Ihnen erhöhten Blutzucker bescheinigt, wird der Zuckerspiegel aller Wahrscheinlichkeit nach auf einen Normalwert sinken und, falls Sie meinen Ratschlägen zur Gewichtserhaltung folgen, diesen Wert auch beibehalten. Übrigens wurde bei den Personen, die die Intervall-Diät befolgt haben, kein einziger Fall von Hypoglykämie (Unterzucker) beobachtet.

Es wird Sie interessieren, daß etwa fünfzig Prozent aller Personen mit leicht erhöhtem Blutdruck nach dem Verlust von etwa zehn Prozent ihres Körpergewichts keine Medikamente mehr benötigten. Also brauchen Sie nicht einmal Ihr Idealgewicht zu erreichen, um aus der Intervall-Diät bedeutsamen Nutzen für Ihre Gesundheit zu ziehen.

Einen Rat möchte ich Ihnen noch mitgeben, bevor Sie anfangen. Eine der ersten Regeln für gute praktische Arbeit im Gesundheitsbereich fordert, daß niemand durch meine Empfehlungen Schaden nehmen darf. Wir haben mit dem Vanderbilt-Gewichtskontrollprogramm nur *beste Erfahrungen* gemacht, und ich möchte, daß das so bleibt. Zwar können gesunde Menschen die Intervall-Diät unbedenklich anwenden, jedoch sollte niemand diese oder eine andere Kur zur rapiden Gewichtsabnahme durchführen, ohne zuvor mit seinem Arzt zu sprechen. Die 600/900-Kalorien-Woche der Intervall-Diät ist für *Diabetiker* ungeeignet. (Falls Sie Diabetiker sind, können Sie sich an den 1200-Kalorien-Plan halten, der beliebig oft wiederholt werden darf. Beratschlagen Sie sich mit Ihrem Arzt darüber.) Wenn Sie für Ihren *Blutdruck* Medikamente – einschließlich entwässernder Mittel – einnehmen, können Sie möglicherweise *nach wenigen Wochen die Dosis herabsetzen*

---

* Bluntuntersuchungen dürfen grundsätzlich nur nach zwölfstündigem Fasten erfolgen. Das heißt, die Blutprobe wird gleich morgens vor dem Frühstück entnommen, damit man genaue Werte erhält, die nicht durch die nach einer Mahlzeit in den Blutkreislauf abgegebenen Nährstoffe verfälscht werden. Dieses Vorgehen ist in der medizinischen Praxis allgemein üblich.

*oder vielleicht sogar ganz darauf verzichten.* Ein solcher gesundheitlicher Nutzen der Intervall-Diät ist wirklich phantastisch! Allerdings muß Ihr Medikamentbedarf während der Diät überwacht werden. *Ändern Sie die Dosis nicht ohne den Rat Ihres Arztes.*

Zusätzlich zu dem, was wir gerade besprochen haben, gibt es noch weitere wichtige Einschränkungen in der Anwendung der Intervall-Diät. Sie ist nicht geeignet für *Kinder* und *Jugendliche;* Sie können jedoch die Pläne Ihrem Arzt vorlegen, vor allem die Menüpläne der zweiten Woche sowohl für Frauen als auch für Männer. Ihr Arzt kann Ihnen dann vorschlagen, wie Sie die Diät ergänzen und auf Ihre Kinder abstimmen können. Einige solcher Ergänzungen werden später im Buch genannt. Die Diät eignet sich außerdem weder für *Schwangere* und *Stillende* noch für *körperlich sehr Aktive,* die beispielsweise mehrere Kilometer täglich joggen. Ich bin der Meinung, daß körperlich aktive Männer und Frauen die Nahrungsmenge, die sie zur Aufrechterhaltung ihres Gewichts brauchen, nicht um mehr als 500 Kalorien unterschreiten sollten, damit sie zwar abnehmen, aber gleichzeitig gesund und fit wie immer bleiben.

Vergessen Sie nie das Ziel dieser Diät: Sie sollen sich rundherum wohlfühlen. Wenn also das »erlaubte« Gemüse und die »unbedenklichen« Früchte, die ich Ihnen in Kapitel 6 vorstelle, und die Sie bereits auf der 600-Kalorien-Stufe zusätzlich essen dürfen, nicht genügen sollten, um Sie fit und guter Dinge zu halten, sollten Sie nicht zögern, zu den 900-Kalorien- oder sogar zu den 1200-Kalorien-Plänen überzuwechseln. (Männer auf der 1200-Kalorien-Stufe sollten in diesem Fall ihre Kalorienzufuhr auf 1500 oder 1800 Kalorien steigern.) Körperliches und geistiges Wohlbefinden während einer Diät sind wichtiger, als einen Abnahmerekord aufzustellen.

Da die Intervall-Diät neu ist, kennt sie Ihr Arzt wahrscheinlich nicht in allen Einzelheiten. Die Diät wurde sorgfältig ausgearbeitet, wobei die empfohlene Tagesmenge an den bekannten Vitaminen und Mineralstoffen berücksichtigt wurde. Eines unserer obersten Ziele war es, durch die Auswahl der Nahrungsmittel das Elektrolyt*-Gleichgewicht den gesamten Diätzeitraum hindurch zu sichern (hier spielt unter anderem das richtige Verhältnis von Kalium zu anderen Mineralien eine Rolle). Dies ist uns auch vollständig gelungen. Viele Fachleute aus dem Gesundheitswesen stehen jeglicher Diät zur rapiden Gewichtsabnahme sehr skeptisch gegenüber. Deshalb senden wir allen Ärzten und anderen Fachleuten, die mit ihrem Briefkopf an die unten angegebene Adresse schreiben, ein freies Exemplar der Menüpläne sowie einen zusammenfassenden Bericht über die medizinischen Tests, die die positive Veränderung des Cholesterinspiegels, der

---

* Anmerkung der Redaktion: Elektrolyte sind Mineralstoffe, die sich teilweise oder vollständig in Körperflüssigkeiten auflösen und in positiv und negativ geladene Ionen zerfallen.

Triglyzeride und des Blutzuckerwerts ohne schädliche Auswirkungen auf das Elektrolyt*-Gleichgewicht belegen. Richten Sie Ihre Anfrage bitte in englischer Sprache an unsere Anschrift:

Vanderbilt Weight Management Program
134 Wesley Hall
Vanderbilt University
Nashville, TN 37240
U.S.A.

# 2 Die Geburt der Intervall-Diät: Geschichte eines persönlichen Erfolgs

Vor zweiundzwanzig Jahren brachte ich stolze 75 Pfund mehr auf die Waage als heute. Die Art und Weise, wie ich mein Übergewicht losgeworden bin und mein neues Gewicht all die Jahre hindurch halten konnte, hat das persönliche Fundament zur Intervall-Diät gelegt. Vielleicht ist es mir gelungen, die Teilnehmer am Vanderbilt-Gewichtskontrollprogramm zu beflügeln und so erfolgreich beim Abnehmen zu unterstützen, weil ich wirklich aus eigener Erfahrung weiß, was es heißt, schwer übergewichtig zu sein, und weil ich den Kampf schließlich gewonnen habe. Ich bin stolz auf das, was ich erreicht habe, und ich bin der Meinung, daß Sie es ganz genauso schaffen können. Deshalb möchte ich Ihnen erst einmal etwas über mich erzählen und darüber, wie ich abgenommen habe.

Ich war eines jener dicken Kinder, die sich nie daran erinnern konnten, jemals in ihrem Leben schlank gewesen zu sein. Statt dessen erinnere ich mich, daß ich nie schnell genug rennen konnte, um mit meinen Spielkameraden Schritt zu halten, daß ich beim Völkerball immer als letzter aufgerufen wurde. Im Alter von vier oder fünf Jahren bin ich so fett gewesen, daß ich mich im Schneeanzug nicht einmal bücken, bei keiner Schneeballschlacht mitmachen konnte. Den einzigen kleinen Trost fand ich darin, mich mit einem anderen dicken, kleinen Jungen zu vergleichen. Immer wieder habe ich mir gesagt: »Ich bin nicht der Dickste in der Klasse, Albert Rosenberg (so hieß er nicht wirklich) ist noch fetter als ich.« Vielleicht hat sich der arme Albert auf ähnliche Weise getröstet und sich mit mir verglichen.

Im Alter von zwölf Jahren hatte ich 50 Pfund Übergewicht. Meine Eltern waren allmählich so besorgt, daß sie mich zum Kinderarzt schickten – diesen Arztbesuch werde ich nie vergessen. Der Arzt stellte meine Größe fest, und immer noch sehe ich ihn vor mir stehen und mit dem Finger die Kurve einer Tabelle entlangfahren, bis hin zur Ecke. Dann schaute er auf mich herunter, kicherte erstaunt und sagte: »Du bist gar nicht mehr auf der Tabelle drauf!«

Mein Kinderarzt war ein lieber Mensch, an den ich gern zurückdenke, obwohl alle seine Bemühungen, mein Gewicht zu reduzieren, erfolglos blieben. Ich hatte immer das Gefühl, daß er mir zu helfen versuchte. Nach entsprechenden Untersuchungen kam er zu dem Schluß, daß ich an einer Schilddrüsenunterfunktion und einem trägen Stoffwechsel litt. Er verabreichte mir ein Schilddrüsenpräparat und steigerte allmählich die Dosis auf vier Tabletten – entsprechend meinem allmählich anwachsenden Verzehr von Kartoffelsalat. Meinen Eltern riet er, daß sie mir zureden sollten, weniger zu essen, was sie auch taten, allerdings immer erst, nachdem sie mir die hungernden Kinder in Armenien vor Augen gehalten hatten (meine Eltern wanderten zum Glück schon um die Jahrhundertwende aus Rußland aus). Beim Essen gingen mir die Bedürfnisse der hungernden Kinder tiefer unter die Haut als die Ermahnungen meiner Eltern, mich zusammenzureißen – letzteres schien mir immer nur möglich, wenn ich mit dem Essen fertig war. Schließlich bekam ich Herzflattern, das Schilddrüsenpräparat mußte abgesetzt werden, und meine Eltern gaben ihre Bemühungen auf, meine Kalorienzufuhr zu drosseln.

Mit fünfunddreißig Jahren hatte ich 75 Pfund Übergewicht und überhöhten Blutdruck. Ich erinnere mich noch gut an den Tag, als ich mich eine Stunde lang auf die Couch legen mußte, um meinen Blutdruck auf 140/90 herunterzubringen. Nur so konnte ich ein einwandfreies ärztliches Attest für die Versicherung erhalten, die ich wegen des neuen Hauses abschloß, das ich gerade bei meiner Übersiedelung nach Nashville gekauft hatte. Und ich weiß sehr genau, wie anstrengend es ist, überflüssige 75 Pfund Speck mit sich herumzuschleppen! Mir ging schon die Puste aus, wenn ich von meinem Büro über die Straße zur Bibliothek ging, zu der ich in den ersten Stock hinaufsteigen mußte. Ich schob die Bibliotheksbesuche so lange auf, bis ich dort mehrere Dinge zu erledigen hatte, weil es so mühselig war, hinzukommen und die Leitern an den Bücherregalen auf- und abzusteigen.

Mein Gewicht, mein Verzicht auf jede Art von Bewegung und meine erbliche Veranlagung haben mir bereits im zarten Alter von zwölf Jahren Krampfadern eingebracht. Damals bekam ich meine erste Venenentzündung, die mit Spritzen behandelt wurde, wie es vor fünfundvierzig Jahren üblich war; diese Behandlung führte zu einem dauerhaften, entstellenden Schaden an einem meiner Beine. Alle zwei bis drei Jahre flammte die Entzündung wieder auf; manchmal mußte ich einen ganzen Monat lang im Bett liegen und zwei weitere Monate an Krücken gehen. Leider war kein Arzt in der Lage, mir die Behandlung zukommen zu lassen, die endlich Schluß mit diesen qualvollen Entzündungen und Blutgerinnseln in meinen beiden Beinen gemacht hätte – im Alter von fünfzig Jahren mußte ich das Richtige selbst entdecken. Weil so viele Menschen ähnliche Probleme mit ihren Venen haben, werde ich später mehr darüber sagen.

Natürlich habe ich in diesen Jahren viele Diäten ausprobiert. Ich hab's mit der Grapefruit-Diät und der Eier-Diät versucht. Ich habe gefastet und sogar meine eigene Version eines eiweißreichen, pulverförmigen Schlankheitsdrinks zusammengemixt. Ich stopfte mich mit riesigen Gelatinekapseln voll, schluckte eine Schachtel Kapseln mit zwei Gläsern Wasser zum Frühstück, mittags eine weitere Schachtel, wieder mit zwei Gläsern Wasser (womit ich den Rest des Tages verbracht habe, können Sie sich vorstellen). Ich konnte so schnell abnehmen wie nur irgend jemand sonst. Und nahm genauso schnell wieder zu.

Schließlich ist's passiert, als ich in der Eingangshalle des psychologischen Instituts eine Partie Tischtennis spielte. Wir hatten dort einen notdürftigen Tisch aufgebaut. Mir wurde schlecht und schwindlig, kalter Schweiß brach mir aus allen Poren, ich schnappte nach Luft, und meine Knie fingen an zu zittern. Irgendwie schaffte ich es zurück in mein Zimmer und ließ mich in den Bürostuhl fallen, aber ich wollte es immer noch nicht glauben: Ich hatte einen Herzinfarkt. Ich wollte es nicht glauben, obwohl ich schon seit mehreren Jahren regelmäßig Schmerzen in der Brust hatte. Ich wollte es einfach nicht glauben, obwohl ich mich einmal tatsächlich schon vor Schmerzen nicht mehr auf den Beinen halten und meinen Arm nicht mehr heben konnte.

Nach etwa einer Dreiviertelstunde fühlte ich mich fast wieder normal. Als erstes rief ich meine Frau an und erzählte ihr, was passiert war, versicherte ihr, daß es mir wieder gut ginge, ich aber einen Arzt aufsuchen wollte. Das EKG belegte tatsächlich, daß ich gerade einen Herzinfarkt erlitten hatte, und ich bin Dr. Ed Tarpley ewig dankbar für die Behandlung, die er mir verschrieb. Mein Infarkt passierte im Jahre 1963, kurz bevor Bypass-Operationen aufkamen. Eine solche Operation blieb mir also erspart, und mein Arzt betrachtete Medikamente nur als allerletzte Möglichkeit. Ed sagte einfach: »Du mußt von diesem Gewicht herunter. Es ist mir egal, welche Diät du dazu benutzt, solange sie gesund ist; aber du *mußt* körperlich aktiv werden. Das ist deine einzige Chance, nicht wieder zuzunehmen. So kannst du möglicherweise einen zweiten Infarkt vermeiden.«

Was mir von den folgenden Tagen am deutlichsten im Gedächtnis blieb, ist der immer wiederkehrende Gedanke, daß ich am Leben bleiben wollte, bis meine Kinder erwachsen sind. Meine Tochter war acht, mein Sohn zehn Jahre alt. Und ich wollte meine Frau nicht verlassen – unsere Liebe und Freundschaft waren mir sehr teuer, und wir hatten, wie immer, so vieles vor, auf das wir uns zusammen freuten. Würde ich nach all meinen bisherigen Fehlschlägen endlich einen Weg finden, mein Übergewicht loszuwerden? Und zwar endgültig? Ich besaß kein erfolgreiches Verhaltensmodell aus der Vergangenheit, weil es nie eine Zeit gegeben hatte, in der ich schlank war. Und könnte ich eine Bewegungsart finden, die meinen Beinen gut bekäme, so daß ich nicht jedes zweite Jahr wegen einer Venenentzündung das Bett hüten müßte? Damals genügte schon längeres Gehen oder die geringste Prellung, um mich in diesen Zustand zu bringen. Ich beherrschte keinerlei aktive Bewegungsspiele, keinen Sport. Ich wußte nicht einmal, wie eine Turnhalle von innen aussieht, und ich würde ganz bestimmt in keine hineingehen, geschweige denn mich ausziehen, so daß jeder sehen könnte, wie fett und häßlich ich war.

1963 wußte ich noch nicht so viel über die Entwicklung einer Abmagerungsdiät wie heute (meine Forschungen befaßten sich mit anderen Gebieten der Psychologie, die mit der Auswirkung von Lernängsten zu tun hatten; erst 1976 wurde das Vanderbilt-Gewichtskontrollprogramm ins Leben gerufen). Eines jedoch wußte ich damals – *es mußte sich etwas ändern!* Man kann einfach nicht fettreich essen, Süßigkeiten in sich hineinstopfen, große Mengen Alkohol konsumieren und dabei auch noch mit Leichtigkeit abnehmen.

Also wurde all das gestrichen, und zwar radikal. Ich hielt immer drei Wochen lang perfekt durch, ohne im geringsten zu »sündigen«. Dann hörte ich mit der Diät auf und aß eine Weile normal, einschließlich der Leckereien, für die wir alle eine besondere Schwäche zu besitzen scheinen. Nie nahm ich auch nur ein Gramm von dem, was ich abgenommen hatte, wieder zu. Ohne es zu ahnen, hatte ich damit die Prinzipien entwickelt, die zweiundzwanzig Jahre später die Grundlagen der Intervall-Diät bilden sollten.

Was genau tat ich? Was hatte ich gelernt? Hier einige der wichtigsten Punkte:

▷ Erstens führte ich eine Diät zur rapiden Gewichtsabnahme durch, bei der ich in jeder Diätphase 15 bis 20 Pfund verlor.

▷ Zweitens nahm ich mir nie vor, länger als drei Wochen an einem Stück Diät zu halten.

▷ Drittens steigerte ich nach und nach meine körperliche Aktivität und spielte jeden Tag Tennis (auch Sie werden eine Bewegungsart finden, die Ihnen zusagt).

▷ Viertens konnte ich offensichtlich durch meine körperliche Aktivität und die Begrenzung der Diätdauer auf drei Wochen verhindern, daß mein Stoffwechsel gebremst und die Fettspeicherkapazität erhöht wurde, was oft nach einer länger durchgeführten, stark kalorienreduzierten Diät zu passieren scheint. *Ich habe nämlich nach keiner Diätphase wieder zugenommen!*

▷ Fünftens habe ich mich vor jeder Diätphase wirklich um die innere Motivation bemüht, den Diätplan strikt einzuhalten. Ich wußte ja, daß ich 15 bis 20 Pfund abnehmen würde und nach drei Wochen eine Pause einlegen durfte (allerdings muß ich zugeben, daß ich einmal vier Wochen lang Diät gehalten habe, weil ich es sehr schwierig fand, nach drei Wochen aufzuhören, wo ich so schön abnahm).

Während der Durchführung meiner Pläne lernte ich noch viel, viel mehr über erfolgreiches Abnehmen. Durch die gewonnenen Einsichten fiel mir das »Hungern« relativ leicht – viel leichter, als ich es erwartet hatte. Auch viele zufällige Dinge, die ich nicht wirklich geplant oder vorausgesehen hatte, kamen mir dabei zu Hilfe, 75 Pfund in etwas über einem Jahr zu verlieren. Darüber werde ich später berichten, wenn ich Schritt für Schritt aufzeige, wie ich selbst und andere die Intervall-Diät erfolgreich in die Tat umsetzten. Was ich durch Zufall, Versuch und Irrtum langsam herausgefunden habe, können Sie sofort zielstrebig verfolgen.

Während ich diese einleitenden Bemerkungen schreibe, feiere ich meinen 57. Geburtstag. Ich kann berichten, daß mein Blutdruck immer um den Normalwert 120/80 herum liegt, daß ich zweiundzwanzig Jahre lang keines meiner 75 verlorenen Pfunde zurückgewonnen habe, daß ich sogar mit dem Rauchen aufhören konnte, ohne dabei zuzunehmen, daß ich niemals einen zweiten Infarkt erlitten habe (dafür möchte ich auch Gott danken), daß ich mich liebend gern auf das Trainingsfahrrad setze und beim Erreichen meiner maximalen Leistung meinen regelmäßigen Herzschlag auf dem Aufzeichnungsgerät beobachte und daß ich keinen einzigen Tag wegen einer Entzündung oder einem Blutgerinnsel in den Beinen im Bett verbringen mußte, seit ich entdeckt habe, wie ich diese Probleme vermeiden kann.

Und ich bin sehr, sehr froh, daß ich immer noch da bin, lebendig und gesund, bei meiner Frau und meinen Kindern. Während ich gerade meine Manuskriptseiten überarbeite, erwartet mich nämlich ein ganz besonderes Ereignis: Heute Abend, am 19. Oktober 1985, versammelt sich die ganze Familie, um mit meiner Frau den 50. Jahrestag ihrer Laufbahn als Pianistin zu feiern; sie wird dazu mit dem Nashville Symphony Orchestra Ravels Klavierkonzert in G-Dur spielen.

Meine Geschichte ist also die Geschichte eines persönlichen Erfolgs. Jetzt hoffe ich, daß das, was ich zu sagen habe, für Sie hilfreich sein und Ihr Leben mit mehr Freude ausfüllen wird.

# 3 Die Entwicklung der Intervall-Diät: Forschungsarbeiten

Obwohl vor zweiundzwanzig Jahren meine Schnelldiät bei mir selbst so gut angeschlagen hatte, begann ich unsere wissenschaftlichen Experimente zur Entwicklung einer solchen, rapide wirkenden Abmagerungskur mit einigen Zweifeln und Befürchtungen.

Der erste und wichtigste Grund für meine Zurückhaltung beim Experimentieren mit Plänen zu raschem Gewichtsverlust war, daß solche Pläne nicht in Einklang mit den allgemein anerkannten Lehrmeinungen in Medizin und Ernährungswissenschaft stehen. Ich wollte Übergewichtigen immer zu Abmagerungsmethoden raten, die in jeder Hinsicht unbedenklich sind, und das für jedermann. Schließlich mußte ich nach vielen Jahren den nackten Tatsachen ins Auge sehen. Obwohl wir mit dem Vanderbiltprogramm im Vergleich zu anderen Diäten hervorragende Erfolge erzielt hatten, konnten wir der Mehrzahl unserer Teilnehmer nicht zu ihrem Wunschgewicht verhelfen, wenn wir uns mit unseren Ernährungsempfehlungen an die allgemeinen Richtlinien hielten.

Zweitens – und ich bin sicher, daß Sie mir darin zustimmen werden, falls Sie an Übergewicht leiden – wollte ich sichergehen, daß durch unkluges Diäthalten keine Veränderungen im Organismus hervorgerufen würden, die der beste Boden dafür sind, die abgenommenen Pfunde schnurstracks wieder zuzunehmen. Schon vor der Entwicklung der Intervall-Diät gab es ziemlich eindeutige Hinweise auf die negativen Auswirkungen stark kalorienreduzierter Diäten. Mit deren Hilfe könnten Sie zwar schnell abnehmen, dürften dann aber nur noch einen Bruchteil des früher Gewohnten essen, um nicht wieder zuzunehmen – ein Resultat der Erlahmung des Stoffwechsels (als Folge der Anpassungsfähigkeit unseres Körpers an Hungersituationen).

Drittens war mir klar, daß Übergewichtige den Wunsch haben, ihre überflüssigen Pfunde möglichst »auf einen Schlag« loszuwerden. Zumindest am Anfang möchten sich Übergewichtige nicht mit dem Gedanken anfreunden, ihren Speck wie ich portionsweise abzubauen, also immer nur 15 bis 20 Pfund auf einmal, und zwischen den Phasen eingeschränkter Kalorienzufuhr eine Pause einzulegen. Gleichgültig, wieviel Sie abnehmen müssen – wenn es Ihnen ähnlich wie den meisten Übergewichtigen geht, dann wollen Sie wahrscheinlich alle Ihre Pfunde mit *einem* massiven Kahlschlag, auch wenn er länger dauert, herunterbekommen. Obwohl ich unseren Teilnehmern am Vanderbilt-Programm immer von meinen eigenen Methoden erzählt habe, gab ich ihnen den Rat, sich an eine gemäßigte Diät zu halten (1200 Kalorien täglich für Frauen, 1800 Kalorien für Männer). Und in unseren wöchentlichen Beratungstreffen versuchten alle Gruppenleiter ihren Schäfchen zu helfen, über einen Zeitraum zwischen zehn und zwanzig Wochen wirklich bei der Stange zu bleiben.

Mit anderen Worten: Es lag mir (und liegt mir immer noch) vor allem an Sicherheit und dauerhafter Gewichtserhaltung. Doch in der Vergangenheit hatten meine Kollegen und ich daran geglaubt, es sei am besten, dem anfänglichen Wunsch aller zu entsprechen und in einem einzigen langen Anlauf sämtliche überflüssigen Pfunde auf einmal dahinschmelzen zu lassen, ganz gleich, wieviel unsere Teilnehmer abnehmen mußten und wie lange sie dazu brauchten. Heute glauben wir nicht mehr, daß diese Methode die beste ist, das Problem anzupacken.

Es ist nun nicht so, daß unser alter Ansatz bei Personen, die nicht sehr viel abzunehmen brauchten, auf Dauer keinen Erfolg gezeigt hätte. Im Vergleich zum Gewichtsverlust und zur anschließenden *Gewichtserhaltung* bei den meisten anderen Schlankheitsdiäten schnitten wir immer noch sehr gut ab. Aber mit dieser guten, alten Methode des maßvollen Abnehmens waren wir bei weitem nicht so erfolgreich, wie wir und unsere Teilnehmer es uns gewünscht hätten. Lassen Sie mich einen kurzen Überblick geben.

## Frühere Ergebnisse: Ein Bericht über das alte Vanderbilt-Programm

Auf der Habenseite können wir verbuchen, daß bei gut zweiunddreißig Prozent aller Teilnehmer am alten Vanderbilt-Programm (vor der Intervall-Diät) noch drei Jahre nach dem Kurs das Gewicht im wünschenswerten Bereich liegt. Zwanzig Prozent derer, die 40 Pfund oder mehr Übergewicht hatten, konnten ihre überflüssigen Pfunde abnehmen und das Gewicht dann halten. Wenn wir den Gruppendurchschnitt nehmen, wurde fünfundachtzig Prozent des Gewichts, das während der Kursdauer abgenommen wurde, nicht mehr zugenommen. Verglichen mit anderen uns bekannten Ergebnissen sind diese Erfolge hervorragend.

Besonders erfreut waren und sind wir natürlich über die guten Ergebnisse bei der Gewichtserhaltung. Wenn wir in den Fragebögen unserer Folgestudien nach den Gründen forschen, warum die Teilnehmer ihr Gewicht so erfolgreich halten können, zeigt sich folgendes: Die Teilnehmer, die das Vanderbilt-Gewichtskontrollprogramm absolviert haben, setzen zum einen die vernünftigen Ernährungsprinzipien, die sie bei uns gelernt haben, in die

Tat um, und zum anderen steigern sie gleichzeitig ihr Tagespensum an körperlicher Aktivität. Ich werde noch ausführlich darauf zu sprechen kommen, was Sie unternehmen sollten, um genauso erfolgreich schlank zu bleiben wie unsere Teilnehmer.

Was uns jedoch nicht gefällt, wenn wir die Fallberichte Tausender von Teilnehmern an unserem alten Programm studieren (oder die Berichte über ähnliche Programme wie unseres), ist die Tatsache, daß bei einer gemäßigten Schlankheitsdiät Frauen lediglich 1 bis 1½ Pfund pro Woche abnehmen. Der durchschnittliche Gewichtsverlust bei zehnwöchigen Abmagerungskuren beträgt in den ganzen USA nur 10 Pfund! Personen mit 50 bis 125 Pfund Übergewicht, die an intensiven (auch kostenintensiven) Programmen mit Laufzeiten von zwanzig Wochen oder länger teilnehmen, verlieren durchschnittlich 30 Pfund. Diese Ergebnisse sind einfach nicht gut genug.

*Heute bin ich zu dem Schluß gekommen, daß der überwiegenden Mehrheit aller Übergewichtigen durch eine langsame, gemäßigte Diät einfach nicht geholfen werden kann.* Das gilt vor allem für Frauen, die weit langsamer abnehmen als Männer.

Das große Problem besteht darin, daß die meisten Menschen es schwierig, wenn nicht gar unmöglich finden, eine langsame, gemäßigte Diät auf lange Sicht durchzuhalten. Wir werden beim Essen zu oft vor die Wahl gestellt, überall locken kalorienreiche Schlemmereien, durch unsere Familie und bei geselligen Anlässen sind wir laufend Versuchungen ausgesetzt, denen wir wohl kurze Zeit widerstehen können, aber sehr schwer auf Dauer. Die meisten von uns schaffen es, eine Weile ziemlich konsequent zu sein, aber schon nach drei oder vier Wochen fangen wir an, ein winziges bißchen zu »sündigen«, dann langen wir immer kräftiger zu, bis es schließlich mit dem Abnehmen ganz aus ist.

Damit wird allmählich klar, auf wessen Konto unsere Erfolge in der Vergangenheit eigentlich zu verbuchen waren, wer von all jenen gemäßigten Diätprogrammen überhaupt profitiert hat und je profitieren wird: nur der kleine Prozentsatz von Personen nämlich, die sowieso nicht viel Übergewicht zu verlieren haben. 10 Pfund – kein Problem. 20 oder 25 Pfund – auch hier sind die Chancen noch ziemlich gut. Aber sogar bei diesen Fällen mit relativ geringem Übergewicht besteht nur bei wenigen die Aussicht, daß sie mit einer langsamen, gemäßigten Schlankheitsdiät tatsächlich bis auf ihr Wunschgewicht herunterkommen.

Zwar dürfen wir bei fünfundachtzig Prozent dauerhafter Gewichtserhaltung stolz auf den Erfolg unserer Teilnehmer sein, die ihre verlorenen Pfunde – egal, wie viele das nun waren – nicht wieder zunehmen. Doch unsere Ergebnisse waren eben nicht perfekt; wir erkannten, *daß wir weiter nach einer Methode suchen mußten, durch die jeder einzelne seine überflüssigen Pfunde erst einmal loswerden könnte, und zwar alle!* Anschließend könnten wir dann unsere bei der Gewichtserhaltung gewonnenen Kenntnisse und Erfahrungen einsetzen.

Überlegungen dieser Art ließen mich weiter nach hilfreichen und erfolgreichen Möglichkeiten suchen, *mehr* Gewicht *schneller* abzubauen, damit die Menschen die Motivation nicht verlieren und so lange am Ball bleiben, bis sie wirklich sämtliches Übergewicht verloren haben und das neue Gewicht dann auch halten können.

## Die Intervall-Diät wird geboren

Als ich mir verschiedene Ansätze überlegte, mit deren Hilfe unsere Teilnehmer mehr Gewicht schneller verlieren könnten, kam ich immer wieder auf die Methode zurück, die ich selbst vor zweiundzwanzig Jahren angewandt hatte: drei Wochen lang schnell abnehmen, dann »Urlaub von der Diät«. Mein tägliches Pensum körperlicher Bewegung verhinderte, daß ich wieder zunahm. Wenn mir wieder danach war, legte ich ein weiteres Diät-Intervall ein. Zwar stimmt es, daß meine persönliche Abnahmemethode nicht in Einklang mit den allgemeinen Ernährungsrichtlinien stand, und wir hatten unseren Teilnehmern am Vanderbilt-Programm auch nie eine derartige Methode empfohlen. Aber ich hatte damit 75 Pfund abgenommen und mein Gewicht zweiundzwanzig Jahre lang gehalten. Was könnte man angesichts solcher Erfolge eigentlich noch einzuwenden haben? Hatte mir meine Methode etwa geschadet? Ganz im Gegenteil! Ich war – von einer Handvoll rühmlicher Ausnahmen abgesehen – erfolgreicher gewesen als alle Menschen, denen ich unter Berücksichtigung »allgemeiner Ernährungsrichtlinien« beim Abnehmen zu helfen versucht habe, und ich erfreue mich bester Gesundheit.

Wie sieht's mit meinem *Stoffwechsel* aus? Als Kind hatte ich einen so niedrigen Wert, daß mir der Kinderarzt ein Schilddrüsenpräparat verschrieb, und zwar in Vierfachdosis. Jetzt liegt mein Wert etwa fünfzehn Prozent über dem Durchschnitt meiner Altersgruppe. Ich nehme fast 3000 Kalorien täglich zu mir, etwa fünfzehn Prozent mehr als der durchschnittliche Mann von siebenundfünfzig Jahren. Und ich nehme dabei nicht zu. Was immer ich auch angestellt habe, um abzunehmen, und was immer ich auch tue, um mein Gewicht zu halten, nichts hat meinem Stoffwechsel einen verlangsamenden Dämpfer versetzt. Statt dessen bin ich gesünder als je zuvor, und mein Körper hat als Reaktion auf meine gegenwärtige vernünftige Ernährungsweise und meinen aktiven Lebensstil seinen täglichen Bedarf an Energie sogar erhöht, anstatt ihn herabzusetzen. Also fragte ich mich immer wieder: »Wenn meine Methode, intervallweise Diät zu halten, bei mir so gut geklappt hat, warum sträube ich mich dann so lange dagegen und gebe ihr nicht einfach eine Chance? Warum mache ich nicht wenigstens den Versuch, sie den Bedürfnissen derjenigen anzupassen, die sie ausprobieren wollen?«

Meine größte Sorge war, daß die guten Ergebnisse, die ich persönlich damit erzielen konnte, nicht für jeden zuträfen. Jedoch gelangten viele namhafte Fachleute im ganzen Land zur selben Erkenntnis wie ich: Die herkömmlichen Diätmethoden, selbst wenn sie durch die besten Strategien unterstützt wurden, die die Verhaltenspsychologie anzubieten hat, verhelfen zu keiner großartigen Gewichtsabnahme bei Personen, die mehr als 10 oder 15 Pfund abnehmen müßten. In dem Bemühen, wirkungsvollere Methoden zum Abnehmen zu finden, begannen viele dieser Fachleute, mit sehr kalorienarmen Diäten zu experimentieren, unter anderem auch mit pulverförmigen Diät-Drinks, mit deren Hilfe man die tägliche Kalorienzufuhr auf 400 bis 600 Kalorien beschränkte, und das über Zeiträume bis zu zwei Monaten. Derartige Diäten wollte ich wegen der möglichen ernsthaften Folgen für den Stoffwechsel nicht anwenden (auch auf die Herzfunktion können sie gravierende Auswirkungen haben und erfordern ständige ärztliche Überwachung). Außerdem habe ich selbst die rapide Gewichtszunahme beobachtet, die auf solche Diäten fast zwangsweise folgt.

Mehrere Dinge spielten zusammen, daß ich schließlich meine Meinung änderte und zu dem Versuch bereit war, eine Diät zum raschen Abnehmen zu entwerfen.

- ▷ Erstens: Was die Stoffwechselveränderungen angeht, die bei einer Diät auftreten, so scheinen die Messungen darauf hinzuweisen, daß mehrere Tage lang zunächst einmal wenig oder gar nichts passiert. Tatsächlich finden es manche Leute sehr aufregend, mit einer Diät anzufangen. Sie erleben eine Art »Stimmungshoch«, das den Stoffwechsel vorübergehend sogar leicht ankurbeln könnte.
- ▷ Zweitens: Wir und andere Forscher konnten aufzeigen, daß bei Personen mit sitzender Lebensweise, die plötzlich körperlich aktiver werden, der Stoffwechsel bei mäßig eingeschränkter Kalorienzufuhr nicht etwa gedrosselt, sondern eventuell sogar gesteigert wird. Könnte körperliche Bewegung die Erlahmung des Stoffwechsels vielleicht auch bei einer strengeren Diät verhindern?
- ▷ Drittens: Wir hatten gerade Halbzeit bei einem unserer zehnwöchigen Programme im Wintersemester 1984/85, als vier der achtzehn Frauen aus einer meiner Gruppen Unzufriedenheit darüber äußerten, wie langsam sie bei unserer üblichen 1200-Kalorien-Diät abnahmen. Ihr tägliches Bewegungspensum schafften sie spielend, hatten aber Schwierigkeiten dabei, unter der von uns empfohlenen breiten Nahrungsmittelpalette ihre Wahl zu treffen. Auch fiel es ihnen sehr schwer, konsequent alle Süßigkeiten und alkoholischen Getränke links liegen zu lassen, auf die man einfach verzichten muß, wenn man schnell abnehmen will.

Also stellte ich ihnen meinen Plan vor, der eine strenge Diät zur schnellen Gewichtsabnahme im Wechsel mit einem Pausen-Intervall vorsah, nach dessen Einhaltung man ein weiteres Mal rasch abnehmen könnte usw. – ähnlich, wie ich es vor vielen Jahren selbst praktiziert hatte. Die Frauen waren ganz versessen darauf, einen Versuch zu unternehmen. Wir beschlossen, ihren Stoffwechsel wöchentlich zu kontrollieren, um herauszufinden, ob eine drastische, aber kurzzeitige Beschränkung der Kalorienzufuhr die Stoffwechselvorgänge bremsen würde, was bei der bisherigen Diät nicht eingetreten war.

Die Ergebnisse verursachten große Aufregung. Obwohl die Pfunde bedeutend schneller dahinschmolzen, konnten wir nicht das geringste Anzeichen einer Erlahmung des Stoffwechsels feststellen. Ihr Wille zum Durchhalten nahm einen enormen Aufschwung – sie wollten alle bei der Stange bleiben und ihr Diätprogramm bis zum Ende durchziehen. Diese Ergebnisse ermutigten mich dazu, im Sommersemester 1985 einen Versuch in viel größerem Rahmen zu starten.

Wir trommelten zwanzig Frauen zusammen, die an einem Testprogramm zur Intervall-Diät teilnehmen wollten, und zwar gleich von Anfang ihrer Abnahmebemühungen an. Wir setzten sie drei Tage lang auf eine 600-Kalorien-Diät, erhöhten die Kalorienzufuhr vier Tage lang auf 900 Kalorien, anschließend eine Woche auf 1200 Kalorien. Dann wurde die 600/900-Kalorien-Phase wiederholt. Die körperliche Aktivität (schnelles Gehen oder eine im Energieaufwand entsprechende Bewegungsform) steigerte sich dabei allmählich; in der ersten Woche waren es fünfzehn Minuten, in der dritten Woche fünfundvierzig Minuten pro Tag. Wir empfahlen ein Minimum von fünf Tagen körperlicher Aktivität pro Woche, besser noch sechs oder sieben Tage, vorausgesetzt, daß sich die Teilnehmerinnen dabei wohlfühlten. Vor Beginn des Testprogramms stellten wir als Ausgangswert den Grundumsatz des Stoffwechsels (Energieverbrauch im Ruhezustand) fest; diese Werte wurden wöchentlich kontrolliert. Wir ließen auch Fragebogen ausfüllen, die Aufschluß darüber geben sollten, wie leicht oder schwer es den Teilnehmerinnen fiel, den Diätplan einzuhalten, und wie sie mit ihren Fortschritten zufrieden waren. Natürlich waren wir schon sehr gespannt auf den erzielten Gewichtsverlust im Vergleich zu den 1 bis 1½ Pfund pro Woche, die sich mit den üblichen 1200-Kalorien-Diäten durchschnittlich erreichen lassen.

## Ergebnisse des ersten klinischen Testprogramms zur Intervall-Diät

Kurz gesagt: Die Ergebnisse waren phantastisch. Der durchschnittliche Gewichtsverlust betrug 12,5 Pfund in 21 Tagen. Das bedeutet etwa ⅔ Pfund pro Tag. Die schwerste Frau nahm täglich sogar ein ganzes Pfund ab. Der Grundumsatz wurde dabei nicht gesenkt; wir konnten sogar eine kleine (aber statistisch unbedeutende) Steigerung des Stoffwechsels feststellen. Neunzig Prozent der Frauen gaben der Intervall-Diät gegenüber den langsamer wirkenden, gemäßigten Diäten, die sie früher ausprobiert hatten, den Vorzug. Und ich hatte große Schwierigkeiten, sie so weit zu bringen, das Pausen-Intervall, das ja wesentlicher Bestandteil des Diätplans ist, mindestens eine Woche lang einzuhalten.

## Ein paar persönliche Reaktionen auf die Intervall-Diät

Um zu sehen, wie die Teilnehmer auf die Diät reagierten, ließen wir sie jede Woche einen Fragebogen ausfüllen. Hier einige der typischen Kommentare, wie sie in unseren Unterlagen auftauchen:

»Es ist alles so einfach und klar. Man kann gar keine Fehler machen!«

»Es funktioniert!«

»Es ist mir leicht gefallen, die 600/900-Kalorien-Phase durchzustehen – je weniger Auswahl, desto geringer die Versuchungen.«

»Ich bin voll und ganz zufrieden mit dieser Diät. Mir fällt nichts ein, was ich daran auszusetzen hätte.«

»Das Beste daran ist, daß ich mich schlanker (und wohler) fühle.«

»Bei meinen strammen Märschen geht's mir wirklich gut. Bei früheren Schlankheitskuren hatte ich immer Schwierigkeiten, an Hüften und Oberschenkeln abzunehmen; aber weil ich jetzt so viel gehe, nehme ich dort als erstes ab. Ich kann jetzt schon eine Nummer kleiner tragen und bei Hosen sogar zwei (nach einer einzigen Diätphase). Ich find's toll!«

»Das Beste daran: Es gibt reichlich zu essen und eine angenehme Abwechslung auf dem Speisezettel (während der 1200-Kalorien-Phase).«

»Wenn ich bei der 1200-Kalorien-Phase angelangt bin, fühle ich mich wirklich belohnt dafür, daß ich bei den 600/900-Kalorien-Tagen so tapfer durchgehalten habe.«

»Ich fühle mich wohler und habe mehr Energie.«

»Es wirkt, und mein Selbstbewußtsein steigt.«

»Die 600/900-Kalorien-Phase ist viel einfacher zu schaffen, als ich es mir vorgestellt habe.«

Es war klar, daß wir bei so ausgezeichneten Ergebnissen die Intervall-Diät in unser normales Diätprogramm aufnehmen und allen anbieten mußten, die nicht an Gesundheitsstörungen litten, welche die Anwendung einer solchen Diät unklug erscheinen ließen.

## Jetzt sind Sie dran!

Und wenn Sie die Diät hinter sich gebracht haben, möchte ich Sie um eines bitten: Falls Sie sich einigermaßen im Englischen ausdrücken können, schreiben Sie mir, welche Erfolge Sie mit der Intervall-Diät erzielen konnten (genauere Anweisungen finden Sie im Anhang B). Studieren Sie erst einmal den Diätplan in aller Ruhe und führen Sie ihn genauso, wie ich es Ihnen erklären werde, drei Wochen lang durch, wobei Sie Tag für Tag durchschnittlich zwei Drittel bis ein ganzes Pfund abnehmen werden. Und dann bitte ich um eine Nachricht von Ihnen, weil ich gern herausfinden möchte, ob eine bedeutende Anzahl von Übergewichtigen mit Hilfe eines Buches wie diesem ebenso gut abnehmen kann wie durch die Teilnahme an unserem Programm. Sie sehen also, daß ich in meinem Beruf – Menschen beim Abnehmen zu helfen – nur erfolgreich sein kann, wenn *Sie* erfolgreich sind! Und das kann ich nur herausfinden, wenn Sie es mir mitteilen.

Wenn Sie mir also schreiben, setze ich Ihren Namen auf meine Liste zur Folgestudie über Gewichtserhaltung. Dann hören Sie von mir in regelmäßigen Abständen, weil ich weiterhin wissen möchte, wie es Ihnen geht. Die Teilnahme an dieser Folgestudie wird Ihnen dabei helfen, den Schwung nicht zu verlieren, bis Sie an Ihrem neuen »schlankheitsbewußten« Lebensstil selbst so sehr Gefallen finden, daß Sie nie wieder dick werden. Und uns werden Ihre Antworten die nötige Information darüber geben, wie es mit dem Langzeiterfolg aussieht.

# 4 Einstimmende Überlegungen

Es gibt drei Schlüssel zum Erfolg: erstens die Wahl des richtigen Zeitpunkts, zweitens eine umsichtige Planung und drittens den unabdingbaren, festen Entschluß, mit dem Sie sich wirklich festlegen. Lassen Sie mich erklären, was ich damit meine.

Es ist mir klar, daß es den idealen Zeitpunkt, mit einer Diät zu beginnen, nicht gibt. Aber trotzdem eignen sich manche Zeiten besser dazu als andere. Versteifen Sie sich nicht darauf, die Intervall-Diät gerade dann durchzuführen, wenn alles in Ihrem Leben sich dagegen verschwört und Sie von Ihren Plänen abbringen will. Vor allem Frauen müßten geradezu masochistisch veranlagt sein, wenn sie die erste Woche der Intervall-Diät, in der drei Tage lang 600 Kalorien, dann vier Tage 900 Kalorien erlaubt sind, auf Festtage legten wie Ostern, einen Geburtstag oder andere Feiern. Kurz vor und kurz nach einem solchen Festtag dagegen trifft es sich gut, denn die erste Woche ist genau die Phase, in der man annähernd 1 Pfund pro Tag abnimmt. Die Woche nach den Weihnachtsfeiertagen eignet sich hervorragend als erste Diätwoche, in der Sie 5 Pfund und mehr abnehmen können. Manche Frauen steigen schon kurz vor Weihnachten in die erste Diätwoche ein, so daß die Weihnachtswoche selbst mit der 1200-Kalorien-Phase zusammenfällt, die ja relativ großen Spielraum läßt. Aber Sie sollten sich niemals die Strafe auferlegen, während irgendwelcher Feiertage strenger als maßvoll Diät zu halten. Das schafft nur Spannungen, die letzten Endes zu ausschweifenderen »Freßorgien« führen können, als wenn Sie anfangs nicht so extrem gefastet hätten.

Blättern Sie also in Ihrem Kalender die nächsten Wochen durch. Der günstigste Zeitraum für Ihre erste Durchführung der Intervall-Diät sind drei zusammenhängende Wochen, in denen voraussichtlich sonst nichts ansteht, was Ihren Erfolg durchkreuzen könnte. Sie brauchen drei Wochen, in denen die Versuchungen so gering sind, wie sie entsprechend Ihren jetzigen Lebensumständen überhaupt sein können.

Dann müssen Sie den Entschluß fassen, die Diät hundertprozentig einzuhalten. Sie dürfen sich keinen Ausrutscher erlauben.

*Keinen einzigen Ausrutscher?*

Das erschreckt Sie, nicht wahr? Wenn Ihnen in Ihren Eßgewohnheiten nicht so viele »Ausrutscher« unterliefen, dann bräuchten Sie keine Schlankheitsdiät! Falls Sie jetzt solche oder ähnliche Gedanken haben, dann heißt das, daß Sie nicht genügend Selbstvertrauen in Ihre Fähigkeit besitzen, diese Aufgabe zu meistern. Sie können sich nicht einmal *vorstellen*, erfolgreich abzunehmen. Und wenn Sie es sich nicht vorstellen können, wie sollten Sie dann um alles in der Welt jemals in der Lage sein, es wirklich zu tun? Ich habe den Verdacht, daß Sie in der Vergangenheit zu viele Fehlschläge erlitten haben, um sich an eine Diät heranzuwagen, die von Anfang an Unfehlbarkeit von Ihnen verlangt.

Wenn Ihre Gefühle in diese Richtung gehen, dann *habe ich in diesem Moment mehr Vertrauen zu Ihnen als Sie selbst!* Und ich glaube, daß ich in der Lage bin, Ihnen zu zeigen, wie Sie das nötige Selbstvertrauen entwickeln können, damit Ihnen Ihr Vorhaben gelingt.

So großes Vertrauen setze ich in Sie und in diesen Diätplan erstens einmal deshalb, weil die Intervall-Diät so einfach in der Anwendung ist. Zweitens werden die vier Schritte zur Beherrschung des Gewichtsproblems, die ich Ihnen in den Kapiteln 9 bis 11 vorstelle, Ihnen dabei helfen, sich unfehlbar oder doch nahezu unfehlbar zu verhalten, wenn Sie nur ein bißchen üben und bei Beginn der Diät genügend Entschlußkraft aufbringen. Und wenn ich von jenen zwei Drittel Pfund Gewichtsverlust pro Tag spreche, die Sie sich von der Intervall-Diät erwarten können, sind dabei auch all diejenigen eingeschlossen, die eben nur fast unfehlbar sein können und ein paar Sicherheitsstrategien benutzen müssen, die ich in Kapitel 6 erkläre. Zu guter Letzt weiß ich aus Erfahrung, daß diejenigen, die sich von Anfang an vornehmen, nicht den geringsten Fehler zu machen, zum Schluß am besten abschneiden.

Warum ich Sie bitte, Unfehlbarkeit von sich selbst zu fordern und eine geistige Haltung zu entwickeln, die Sie danach streben läßt, liegt darin begründet, daß Abnehmen in den Anfangsstadien vielleicht eine der schwierigsten Aufgaben ist, die Sie jemals in Ihrem Leben anpacken werden. Dazu ist ungeheure Entschlußkraft nötig. Das Geheimnis des Erfolgs besteht zum einen in der Haltung, mit der Sie an die Sache herangehen, zum anderen in dem Diätplan selbst, der die besten Resultate bringen und damit Ihrer Anstrengungen würdig sein muß. Wenn Sie diese Resultate erst einmal sehen und spüren, werden sich Ihre Schwierigkeiten wesentlich verringern, so daß Sie sich wundern, warum das Abnehmen am Anfang so mühsam zu sein schien.

Nachdem Sie erfahren haben, welche Anforderungen die Diät und das Bewegungsprogramm an Sie stellen (siehe die Kapitel 6 und 7), *müssen Sie sich eine halbe Stunde hinsetzen und überlegen, was Sie tun müssen, um die Diät strikt durchzuhalten, ohne den kleinsten Ausrutscher.* In diesem und dem folgenden Kapitel werde ich ihnen ausführlich zeigen, was Sie bei Ihren Plänen alles zu berücksichtigen haben.

Und so führe ich meine Gruppenteilnehmer an ihre Aufgabe heran, beim ersten Treffen, bevor wir mit der Intervall-Diät beginnen:

Drei Wochen unfehlbar sein ist nicht zuviel verlangt von jemandem, der ernsthaft abnehmen möchte. Denken Sie darüber nach – ich verlange nicht von Ihnen, über einen unbegrenzt langen Zeitraum hinweg Diät zu halten. Sie brauchen sich nicht zu zwingen, so lange bei der Stange zu bleiben, bis Sie ein bestimmtes Gewicht verloren haben. Sie brauchen sich nur auf eine begrenzte Zeit einzustellen – *auf drei Wochen*. Und von diesen drei Wochen wird eine Woche relativ geringe Anforderungen an Sie stellen. Es wird Ihnen wie eine ungeheure Belohnung vorkommen, wenn Sie nach der 600/900-Kalorien-Phase Ihre Kalorienzufuhr auf 1200 Kalorien täglich steigern können. Falls Sie auf der 600/900-Kalorien-Stufe einen Drang zum »Sündigen« verspüren, richten Sie Ihre Aufmerksamkeit einfach auf die 1200-Kalorien-Woche, die bald anfangen wird, freuen Sie sich darauf und warten Sie ab. Folgen Sie meinen Ratschlägen, dann werden Sie großartige Ergebnisse erzielen. Ist's Ihnen das nicht wert, wenn Sie dabei einundzwanzig Tage lang durchschnittlich zwei Drittel Pfund pro Tag abnehmen können – vielleicht sogar ein ganzes Pfund pro Tag?

Gut – Sie sind auch nur ein Mensch. Nehmen wir an, es passiert etwas so Überwältigendes, daß Sie einen Ausrutscher einfach nicht verhindern können. Betrachten Sie so etwas nie als endgültige Niederlage – Sie haben halt eine kleine Schlappe eingesteckt. Tun Sie weiter Ihre Bestes, akzeptieren Sie Ihre menschliche Schwäche und setzen Sie sich von neuem als Ziel, unfehlbar zu sein. Das wird Ihnen immer besser gelingen – auf welche Weise, werde ich Ihnen zeigen. Wenn Sie mehr als 15 oder 20 Pfund abzunehmen haben, werden Sie die zweite Diätphase sogar besser hinter sich bringen als die erste.

Nach diesen einführenden Bemerkungen erzähle ich den Teilnehmern meiner Gruppe einiges über meine persönlichen Erfahrungen.

Über innere Haltung, Entschlußkraft und strategische Planung habe ich eine Menge gelernt, als ich mich vor zweiundzwanzig Jahren daran machte, meine 75 Pfund Übergewicht loszuwerden. Aus gesundheitlichen Gründen war es für mich zuletzt sehr wichtig geworden, daß ich abnehme. Auch für Sie muß Abnehmen sehr wichtig sein, denn die Motivation dazu kann ich Ihnen nicht vermitteln – ich kann Ihnen zeigen, wie Sie Ihr Ziel schnell und einfach erreichen können, ich kann Ihre Erfolgsmotivation verstärken, aber Sie müssen genügend Motivation mitbringen, um den ganzen Plan in die Tat umzusetzen.

Als ich über die Art von Diät nachdachte, die ich bei meinen eigenen Abnahmebemühungen anwenden wollte, erkannte ich, daß ich sämtliche »gehaltvollen« Köstlichkeiten radikal streichen müßte, wenn ich nicht herumtrödeln und ewig brauchen wollte. Das heißt Verzicht auf Kuchen, Pizzas, Kekse, Eis, Schokolade, Alkohol, Fettgebackenes – also auf alle Dinge, bei denen Zucker und Fett die Hauptkalorienquelle darstellen. Ich wußte von meinen vergangenen Fehlschlägen her, daß ich, wenn ich solche Dinge während meiner Abnahmebemühungen nicht total links liegen ließ, mich ewig mit denselben 5 bis 10 Pfund herumschlagen würde – ich würde abnehmen und wieder zunehmen, abnehmen und wieder zunehmen, aber nie wirkliche Fortschritte machen. Ich bin sicher, daß Sie das nicht weiter überrascht!

Aber wie die meisten Leute, die genau das am liebsten essen, worauf wir verzichten müssen, wenn wir erfolgreich abnehmen wollen, wußte ich auch, daß ich von mir nicht verlangen konnte, auf immer und ewig allen guten Dingen zu entsagen. Ich brauchte ein Ziel, es mußte erreichbar sein, und es mußte klar festgelegt sein.

Also fragte ich mich, wie lange ich wohl strikt durchhalten könnte, wenn ich eine gute Diät zur Verfügung hätte und auch eine gute Strategie, um bei der Stange zu bleiben. Vor mir lagen noch drei Wochen Sommerferien, bis das Semester an der Vanderbilt-Universität wieder anfing. Und so entschied ich mich willkürlich für einen Diätzeitraum von drei Wochen. Die Diät selbst sollte aus viel Obst und Gemüse bestehen, dazu käme mageres Fleisch, Fisch, Geflügel und fettarmer Käse (für Milch habe ich keine besondere Vorliebe, außer zu Schokoladenkuchen, Apfelkuchen, Keksen oder Butterbrot mit dick Marmelade drauf). Ich beschloß, mich beim Brot stark zurückzuhalten (was ich heute nicht mehr tun würde), weil ich mir damals nicht vorstellen konnte, Brot zu essen, wenn es nicht unter einer dicken Schicht Butter begraben war.

Damit hatte ich ein Zeitlimit und die Prinzipien, auf denen ich meine Diät aufbauen konnte. Jetzt stellte sich die Frage: Kann ich das drei Wochen lang stur durchhalten?

Meine Familie war mir eine große Hilfe. Ich werde mehr über ihren Beistand erzählen, wenn ich darlege, wie Sie Ihre Umgebung und andere Leute so beeinflussen können, daß Ihr Erfolg nicht in Frage gestellt wird. Ohne den bedingungslosen Rückhalt, den ich von meiner Frau und meinen Kindern bekommen habe und immer noch bekomme, hätte ich es nie geschafft, so gut abzunehmen.

Da ich bei meiner Familie so starke Unterstützung fand, war meine Hauptsorge, was mir beim Essen außer Haus passieren würde: Fünfmal in der Woche aß ich mittags in Restaurants in der Nähe meines Büros, und ein- bis zweimal die Woche war ich zum Abendessen oder zu einer Party eingeladen. Bei solchen geselligen Anlässen hatten meine früheren Diät-Bemühungen oft Schiffbruch erlitten.

Meine Ängste zerstreuten sich auf eine Weise, die ich erst voll erfaßte, als ich ein paar Jahre später darüber nachdachte. Wir gingen abends mit guten Freunden in ein Steak-Restaurant zum Essen, und ich bestellte mir als Vorspeise Scampi und anschließend ein Steak mit Salat. Meine Freunde ließen eine Bemerkung über meine »Selbstbeherrschung« fallen – ich hatte nichts von dem Buttertoast genommen und nippte an meinem Mineralwasser mit Eis, während sie ihren Aperitif schlürften. Sie fragten mich, was für eine Diät ich denn mache. Und da mir gerade aufgefallen war, daß alles, was ich aß, mit dem Buchstaben »S« begann, platzte ich ohne viel zu überlegen heraus: »Ich habe mir die Diät selbst ausgedacht und nenne sie die 4-S-Diät, was soviel bedeutet wie grenzenloses Schwelgen in Scampi, Steak, Salat und Sex.«

Alle amüsierten sich prächtig über den Namen meiner Diät. Da allmählich jeder merkte, wie rasch ich abnahm, beantwortete ich von nun an alle Fragen nach meiner Diät mit dieser »4-S-Diät«. Mit meiner Erklärung erntete ich immer ein Lächeln, aber bald entdeckte ich, daß sie mir darüber hinaus etwas viel Wertvolleres einbrachte. Potentielle Verführer wurden dadurch von vornherein entwaffnet. *Nie hat irgend jemand bei einem Essen, einer Party oder sonst einem geselligen Anlaß mich bedrängt, von meiner Diät abzuweichen, sobald ich meine Erklärung abgegeben hatte.* Daher fand ich es leicht, mich daran zu halten – in Wirklichkeit natürlich nicht nur an die »4-S«, sondern an eine reiche Auswahl an Obst, Gemüse, magerem Fleisch, Fisch und Geflügel.

Ich hatte mich zu Beginn meiner drei Diätwochen vor anderen festgelegt, und jedesmal, wenn ich jemandem meine Diät beschrieb, legte ich mich weiter fest. Egal, welche Art von Versuchungen lockten – in allen Situationen gab ich unmißverständlich zu erkennen, daß ich es ernst damit meinte, wenn ich sagte, daß ich Diät hielt. Darüber hinaus stärkte es mein Durchhaltevermögen, wenn ich mit anderen darüber redete, wann immer sich die Gelegenheit dazu ergab; und diese ergab sich bei geselligen Anlässen fast immer, weil sich so viele Menschen für Diäten interessieren. Bei jeder meiner dreiwöchigen Diätphasen nahm ich zwischen 15 und 20 Pfund ab. Eine so hohe Gewichtsabnahme war immer etwas Spektakuläres. Und alles zusammen – der rasche Gewichtsverlust, der humorvolle Name meiner Diät, meine Erklärungen vor anderen Leuten und deren Reaktionen, wobei nie jemand auch nur unbewußt versuchte, meine Anstrengungen zu untergraben – vereinte sich und gab mir ungeheuren Auftrieb. Es machte fast mehr Spaß, Diät zu halten und von allen Seiten diese unterstützenden Reaktionen zu ernten, als normal zu essen.

Erst 13 Jahre, nachdem ich mein Übergewicht losgeworden war, entstand das Vanderbilt-Gewichtskontrollprogramm. Erst damals begann ich, die Gründe zu analysieren, warum ich meine Diät so erfolgreich durchhalten konnte, und sie mit den Gründen zu vergleichen, warum so viele andere scheitern. Und erst damals begann ich zu erkennen, wie wertvoll all diese Faktoren gewesen waren, die ich zum Teil eingeplant hatte, auf die ich zum Teil aber auch zufällig gestoßen bin. Lassen Sie mich zusammenfassen:

- ▷ Ein erreichbares, zeitlich begrenztes Ziel – drei Wochen Diät, dann eine Pause.
- ▷ Einen raschen Gewichtsverlust, der stark motivierend wirkt.

- ▷ Ein bißchen Humor (der bei jeder schwierigen Aufgabe die Moral aufrecht erhält).
- ▷ Eine eindeutige Erklärung gegenüber anderen, mit der ich mich hundertprozentig festlegte und die voll respektiert wurde.
- ▷ Beifall und Verstärkung durch andere.
- ▷ Eigenverstärkung (ich »prahlte« mit meiner Diät, was Sie auch mit der Intervall-Diät tun können; ein bißchen Prahlerei wird auch Ihnen helfen).
- ▷ Unterstützung durch meine Familie.

Im nächsten Kapitel werde ich Ihnen einige konkrete Möglichkeiten vorstellen, wie Sie aus meiner gesamten persönlichen und beruflichen Erfahrung den größten Nutzen für Ihre eigenen Schlankheitsbemühungen ziehen können.

# 5 Gut begonnen ist halb gewonnen

Im vorangehenden Kapitel habe ich Ihnen ein paar allgemeine Richtlinien aufgezeigt, die Ihren Erfolg mit der Intervall-Diät sicherstellen werden. Jetzt möchte ich Ihnen drei wichtige und ganz konkrete Vorschläge machen.

- ▷ Erstens: Kümmern Sie sich um Ihr soziales Umfeld. Sorgen Sie dafür, daß Ihre Familie, Ihre Freunde und Mitarbeiter wissen, was Sie vorhaben. Wenn Sie sich durch Ihre Mitmenschen in Ihrem Verhalten beeinflussen lassen (was bei den meisten der Fall ist), dann tun Sie sich leichter, wenn Sie mit ihrer vollen Unterstützung rechnen können.
- ▷ Zweitens: Beachten Sie auch Ihre äußere Umgebung. Sorgen Sie dafür, daß Sie zu Hause und am Arbeitsplatz alles so antreffen, daß Ihre Bemühungen in jeder erdenklichen Art gefördert werden.
- ▷ Drittens: Sorgen Sie dafür, daß Sie alles, was Sie während der Diät essen wollen, schon zu Beginn der Diät im Hause haben, und planen Sie Ihren Speisezettel nach den Anweisungen, die ich Ihnen im nächsten Kapitel geben werde. Wenn Sie vorhaben, irgendwann in den drei Wochen der Intervall-Diät zum Essen ins Restaurant zu gehen, folgen Sie bitte meinen besonderen Empfehlungen für Mahlzeiten außer Haus. Ich konnte fünfmal in der Woche im Restaurant zu Mittag essen und dazu gelegentlich abends zum Essen ausgehen, und ich habe dabei trotzdem erfolgreich abgenommen. Sie können das auch.

## So schaffen Sie sich eine diätfreundliche Umwelt

Ich glaube nicht, daß ich auch nur annähernd so leicht abgenommen und anschließend mein Gewicht gehalten hätte, wenn mich nicht meine Familie uneingeschränkt unterstützt und wenn ich mir nicht täglich einen genauen Plan gemacht hätte, der mir das Abnehmen erleichtern sollte.

Ich verkündete meine Absichten meiner Frau und bat, drei Wochen lang nichts nach Hause zu bringen, was mich dazu verführen könnte, etwas anderes zu essen als mein Plan vorsah. Drei Wochen waren schließlich nicht allzu lang! Alle wünschten von Herzen, daß ich es schaffen würde, also stieß diese Seite meines Vorhabens auf kein Hindernis. Während der Diätphase gab es bei uns weder Eis noch Käsekuchen, die zu meinen kalorienträchtigen Leibspeisen gehören.

Vielleicht fragen Sie sich, warum ich mich dazu entschloß, alle Versuchungen gleich vom ersten Tag an radikal zu streichen, anstatt zu lernen, meine Gelüste zu zügeln und meine Eßgewohnheiten allmählich zu verändern. Die Antwort ist ganz einfach: Ich wollte schnell abnehmen. Ich hatte keine Zeit herumzuprobieren, welche neuen Verhaltensstrategien bei mir funktionierten und welche nicht, wenn es darauf ankam, Verlockungen zu widerstehen. Derartiges konnte warten, bis ich mich um die *Erhaltung meines Gewichts* bemühen würde. Außerdem mag ich Eis und Käsekuchen wirklich gern. Auf der ganzen Welt gab es keine Methode, mit deren Hilfe ich mir einreden könnte, meine Lieblings-Naschereien nicht zu mögen, sie während der gesamten Diätperiode zu Hause zu haben und sie nicht schließlich doch zu essen.

Zum Glück entdeckte ich im Laufe meiner Diät, daß ich meine Grundhaltung gegenüber dem Essen nicht zu ändern brauchte: Ich koche und esse leidenschaftlich gern, und zwar die verschiedensten Dinge, darunter auch solche, die »Ernährungsapostel« entrüstet von sich weisen würden. Ich habe eine Taktik entwickelt, die mir erlaubt, mit all diesen Dingen zu leben und sie in Mengen zu genießen, die keine Gefahr für mein Gewicht bedeuten. Ich will Ihnen zeigen, wie ich und andere erfolgreiche Teilnehmer des Vanderbilt-Gewichtskontrollprogramms das bewerkstelligen.

Wenn es jedoch ernst damit wird, die beste Strategie zum Abnehmen in die Tat umzusetzen – *sämtliche Versuchungen zeitweilig aus Ihrem Haus zu verbannen* –, können Sie das Pech haben, daß Ihre Familie nicht so hilfsbereit ist wie meine; das betrifft vor allem Frauen! Sogar für diese kurze Diät von drei Wochen können Sie auf nahezu unüberwindlichen Widerstand stoßen. Wahrscheinlich bekommen Sie zu hören: »Warum müssen wir alle Diät halten, bloß weil du abnehmen willst?« Ein solcher Vorwurf, der im allgemeinen nur Frauen trifft, macht mich sehr wütend. Nachdem ich mit fast dreitausend Frauen in Vanderbilt-Gewichtskontrollgruppen gearbeitet habe, kann ich in der Tat kaum ausdrücken, wie wütend ich über das Verhalten meiner Geschlechtsgenossen bin, wenn es darauf ankommt, der Frau, die sie ihren eigenen Worten nach lieben, beim Abnehmen zu helfen. Im Vergleich zu Frauen haben Männer mit ihrer Familie gewöhnlich keinerlei Schwierigkeiten, wenn sie abspecken wollen. Alle helfen zusammen, Kartoffelchips & Co. gehen aus, Mutter kocht nur noch kalorienarme Mahlzeiten, und jeder springt ein, wo er gebraucht wird, damit Vater joggen kann.

Die Unterstützung durch die Familie ist mit ein Grund dafür, daß Männern das Abnehmen leichter fällt. Sie finden es auch nicht so schwierig, nach dem

Abnehmen körperlich aktiv zu bleiben. Aber ich finde keine Worte, um meine Enttäuschung über die Partner der Frauen in meinen Gruppen auszudrücken. Ich schäme mich dafür, wie wenig Verständnis sie für die Probleme aufbringen, mit denen ihre Frauen konfrontiert werden. Sogar heute, wo wir sehr viel mehr von »Gleichberechtigung« und »Arbeitsteilung in der Ehe« reden als vor zweiundzwanzig Jahren, als ich mein Übergewicht verlor, scheinen den schönen Worten kaum wirkliche Taten zu folgen. Männer werden in ihrem Entschluß abzunehmen immer noch stärker unterstützt und ermutigt als Frauen. Ehemänner scheinen von ihren Frauen zu erwarten, daß sie die normale Lebensweise aufrechterhalten, und die Kinder ebenfalls. Von Ihnen als Frau, Ehefrau und Mutter wird erwartet, daß Sie alle beliebten Naschereien ständig zur Hand haben, und Sie werden wie eine Rabenmutter behandelt, wenn Sie nicht die übliche Tagesration Schokolade und Kekse für die Kleinen bereithalten wollen. Von Ihnen wird erwartet, daß Sie die zucker- und fetttriefenden Gerichte weiter zubereiten, die der Familie zur lieben Gewohnheit geworden sind, daß Sie Ihre Rolle als Mutter, Ehefrau und eventuell Berufstätige weiter perfekt erfüllen, ohne dabei mit den Änderungen in Ihrer Ernährung oder Ihren körperlichen Aktivitäten irgend jemand auch nur die geringsten Unannehmlichkeiten zu bereiten, bloß weil Sie gern gesünder, glücklicher und zufriedener mit sich selbst wären.

Aber gehen Sie doch einmal Ihrer eigenen Einstellung, was Sie für Ihre Familie auf den Tisch bringen sollten, auf den Grund. Vielleicht werfen Ihnen nicht nur die anderen Steine in den Weg, sondern Sie werfen selbst eifrig mit? Womöglich sind Sie wie eine erstaunlich große Anzahl Frauen der Meinung, Sie seien keine »gute Mutter« oder »gute Ehefrau«, wenn Sie Ihrer Familie wertlose Nahrungsmittel wie Kartoffelchips vorenthalten. Vielleicht befriedigt es Sie sehr, wenn Sie sehen, mit wieviel Genuß Ihre Familie solche Nahrungsmittel verspeist. Als Frau, Ehefrau und Mutter, der Ihre Familie am Herzen liegt, haben Sie vielleicht das Gefühl, daß Sie nicht genügend Liebe zeigen oder selbst nicht voll und ganz geliebt oder liebenswert sind, wenn Ihre Sprößlinge nicht in jenen Zucker- und Fettbomben schwelgen, die bei täglichem Genuß für niemanden besonders gesundheitsfördernd sind. Vielleicht setzen Sie Liebe und Fürsorge gleich mit dem Essen, das Sie Ihrer Familie vorsetzen! Seien Sie auf der Hut! Wenn Ihnen die Gefühle, von denen ich rede, nicht ganz unbekannt sind, sollten Sie einmal in Ruhe darüber nachdenken – und erkennen, daß die Gleichsetzung von Liebe und Fürsorge mit einer Keksdose niemandem gut tut. Sie erweisen keinem einen Gefallen, wenn Sie *täglich* wertlose Nahrungsmittel auf den Speisezettel setzen.

# Abnehmen und Gewicht halten sind zwei Paar Stiefel

Bevor ich Ihnen noch weitere Empfehlungen gebe, die Ihren Erfolg mit der Intervall-Diät in den nächsten drei Wochen sicherstellen helfen, möchte ich ein paar Gegensätze herausarbeiten zwischen dem, was zum größten und effektivsten Gewichtsverlust führt, und dem, was meiner Meinung nach der Gewichtserhaltung am dienlichsten ist. Gewichtsverlust und Gewichtserhaltung sind zwei grundverschiedene Dinge.

Während jeder Drei-Wochen-Phase der Intervall-Diät muß es Ihr Ziel sein, die Diät ohne die geringste Abweichung einzuhalten. Und je perfekter Sie dieses Ziel erreichen, desto besser werden Sie abschneiden. Schließlich können Sie nicht jeden Tag zwei Drittel Pfund abnehmen, ohne sich sehr genau nach dem Diätplan zu richten. Jede Versuchung aus Ihrer häuslichen Umgebung zu verbannen und ihr anderswo aus dem Weg zu gehen, ist die einfachste Methode, Ihrem Ziel möglichst schnell und zuverlässig nahe zu kommen.

Auf die Dauer jedoch ist *Ausgewogenheit und Mäßigung, nicht aber Perfektionismus* angesagt, damit Sie erfolgreich schlank bleiben. Einige unserer erfolgreichsten Teilnehmer bezeichnen ihre Methode, auch kalorienreiche Nahrungsmittel in ihren Speiseplan einzubauen, als »kontrolliertes Schlemmen«! Mit voller Absicht planen sie jede Woche eine solche Schlemmerei ein. Sie vermeiden übermäßige Selbstbeschränkung, weil sie der Ansicht sind, daß der Versuch, allzu lange allzu perfekt sein zu wollen, auf die Dauer tatsächlich zum völligen »Dammbruch« führen kann. Wenn Sie von ähnlichem Schlag sind wie diese Personen, haben vielleicht auch Sie bereits die Erfahrung gemacht, daß ständiges Verzichten Ihre Gelüste auf Kalorienbomben nur noch steigert. Und sobald Sie sich auch nur einen Happen einer solchen Köstlichkeit genehmigen, öffnen sich die Schleusen und die lange aufgestaute Gier reißt Sie mit. Bei einer gemäßigten Erhaltungsdiät dagegen sind Sie Herr über auftauchende Versuchungen, weil Sie sich ab und zu etwas gönnen; also kann sich Ihr Appetit auf Süßes und Fettes nie so lange aufstauen, daß Sie zuviel davon in sich hineinstopfen und zunehmen.

In den Kapiteln 9, 10 und 11 werden Sie sich Strategien zur Selbstbeherrschung und Beherrschung Ihres Umfeldes aneignen, die »kontrolliertes Schlemmen« zulassen, ohne daß Sie nach Erreichen Ihres Wunschgewichts wieder zunehmen. Genau wie Eis und Käsekuchen in meiner gegenwärtigen Erhaltungsdiät wieder zugelassen sind (und außerdem ein bis zwei Glas Bier nach einem schönen Dauerlauf durch den Park), werden auch Ihre Lieblingsschlemmereien wieder zu ihrem Recht kommen. Allerdings haben Sie sich dann im Griff und entscheiden selbst, wie viele dieser leckeren Sachen Sie in welcher Menge und zu welchem Zeitpunkt essen werden.

Wiederholen wir noch einmal: Während der Intervall-Diät wird Ihnen Ihre Aufgabe wesentlich leichter fallen, wenn Sie alle Versuchungen aus Ihrem häuslichen Bereich verbannen. Ich hoffe, daß Sie in der Lage sein werden, das zu tun. Frauen rate ich: Besprechen Sie sich eingehend mit Ihrem Mann und planen Sie gemeinsam, daß er und die Kinder ab und zu ins Café gehen und dort Eis, Kekse, Kuchen und Schokolade außerhalb Ihres Gesichtskreises verzehren. Es wird Ihrem Mann gut tun, etwas mit den Kindern zu unternehmen – Sie werden von ihm begeistert sein und Sie haben die Gelegenheit, allein einen strammen Spaziergang zu unternehmen!

(Wenn Sie zu den Menschen gehören, die nicht die Möglichkeit oder den Wunsch haben, alle Verlockungen aus ihrem Haus zu verbannen, oder wenn Sie wissen, daß Sie aufgrund Ihrer Lebensumstände unausweichlich mit Versuchungen konfrontiert werden, lesen Sie bitte vor Beginn der Diät die Kapitel 9 bis 11. Dort erläutere ich eine Strategie, die bei den Teilnehmern am Vanderbilt-Programm, die besondere Hilfe zur Stärkung ihrer Standhaftigkeit für die dreiwöchige Intervall-Diät benötigten, eine Erfolgsquote von fünfundneunzig Prozent hatte.)

## Auswärts essen

Während aller meiner Diätphasen habe ich mittags auswärts gegessen, jeden Tag, fünfmal in der Woche. Und zwar folgendermaßen:

In der Nähe meines Büros fand ich ein kleines Grill-Restaurant, auf dessen Speisekarte ich drei geeignete Gerichte entdeckte. Erstens die »Spezialität für Kalorienbewußte«, ein mageres Hacksteak von 150 Gramm, dazu nach Wahl zwei Beilagen aus der folgenden Liste: ein kleiner gemischter Salat, grüner Salat mit Tomatenachteln, Krautsalat, Hüttenkäse oder Obstsalat. Zweitens die »Tagessuppe«, meist Gemüse-, Tomaten-, Erbsen- oder Champignoncremesuppe, zu der ich zwei Päckchen Cracker aß. Und drittens eine große »Rohkostplatte«, die ich mit einem Eßlöffel Dressing anrichtete. Drei Wochen lang ging ich zum Mittagessen immer in dieses Restaurant. So setzte ich mich keinen besonderen Versuchungen aus. Die Bedienungen und der Besitzer kannten mich allmählich recht gut und unterstützten mich in meiner Diät. Sie begrüßten mich schon mit: »Was soll's denn heute sein, Doc? Rohkost, Suppe oder das Hacksteak?"

Ich habe schon erklärt, wie ich meine sogenannte »4-S-Diät« ausspielte, um »wohlmeinenden« Freunden, die mich bei geselligen Anlässen von meiner Diät abzubringen versuchten, den Wind aus den Segeln zu nehmen. Wenn mich jemand zu sich nach Hause zum Essen einlud, ließ ich immer durchblicken, wenn ich mich gerade in meiner Diätphase befand. Für mich bedeutete das: keine alkoholischen Getränke, kein Dessert (außer Obst und ein Stück Käse), kein Brot und keine Saucen. Wenn mein Gastgeber die Stirn hatte, etwas besonders Üppiges als Hauptgericht zuzubereiten, kratzte ich die Sauce herunter.

Beim Essen in Restaurants ging ich ähnlich vor. Ich schlug immer vor, wir sollten ein Lokal aussuchen, wo ich keine Schwierigkeiten beim Einhalten meiner Diät hätte. War das egoistisch von mir? Ich finde, nein. Der Gewichtsverlust von 15 Pfund war's wirklich wert, und für mich stand mit diesem Essen im Restaurant mehr auf dem Spiel als für irgendeinen meiner Begleiter. Es ging schließlich um mein Leben.

Es gelang uns immer, ein Restaurant zu finden, das jeden zufriedenstellte.

Wenn Sie aus gesellschaftlichen Verpflichtungen zum Essen gehen müssen, legen Sie sich vorher einen Schlachtplan zurecht, so wie ich es getan habe. Reden Sie mit Ihren Tischgenossen darüber und bauen Sie Ihr Sicherungssystem auf. Halten Sie sich vor Augen, daß die meisten deshalb ihre Diät nicht durchhalten können, weil sie sich in einem Konflikt befinden. Sie möchten gern all das essen, worauf sie vorübergehend verzichten müssen, und so schieben sie alles auf die »Umstände« und werfen das Handtuch. Statt dessen müssen Sie, sobald Sie sich zur Intervall-Diät entschlossen haben, Ihre Absichten unmißverständlich kundtun, sowohl sich selbst als auch anderen gegenüber. Und je öfter Sie Ihre Erklärung öffentlich oder nur still für sich abgeben, desto mehr stärken Sie Ihre Absicht und sichern Ihren Erfolg.

Wenn Sie außer Haus arbeiten, empfiehlt es sich, darüber nachzudenken, wie Sie mit den Versuchungen während der Arbeitszeit oder in der Mittagspause umgehen werden. Ihr Arbeitsplatz ist wahrscheinlich nicht die optimale Umgebung für jemand, der auf sein Gewicht achtet. In der Kantine und im Automaten locken Fettgebackenes und kalorienstrotzende Knabbereien, selbst wenn gesunde Alternativen angeboten werden.

Was werden Sie also tun?

Ich bin das Problem auf folgende Weise angegangen: Ich wollte nicht unvorbereitet dastehen, falls mich die Lust auf einen kleinen Imbiß überkommen sollte. Bis zum heutigen Tag nehme ich Brot und Obst mit ins Büro. Ich esse das Mitgebrachte, selbst wenn ich jemand anderen in die Kantine begleite. Und wenn ich mittags im Restaurant esse, gehen meine Kollegen und ich immer in ein Lokal, wo wir etwas Vernünftiges bekommen. Wir lassen uns auch immer bedienen und vermeiden Buffets mit Selbstbedienung. Ich möchte mich den Verlockungen eines Buffets nicht aussetzen – dabei gerate ich in innere Konflikte, wenn ich gegen meinen Drang ankämpfen muß, für mein Geld soviel wie möglich zu essen und möglichst noch mehr (noch immer verfolgt mich die Erinnerung an die verhungernden armenischen Kinder), obwohl ich weiß, daß mir anschließend die Augen zufallen, oder daß ich mich nicht sehr wohl fühlen werde, wenn ich nach der Arbeit joggen oder zum Tennisspielen gehe.

Berufstätigen Frauen, die mit der Intervall-Diät beginnen wollen, rate ich, in der 600/900-Kalorien-Woche ihr Mittagessen am besten mit zur Arbeit zu nehmen und möglichst nicht auswärts zu essen. Die Mahlzeiten sind einfach zuzubereiten und lassen sich bis zum Essen gut aufbewahren. Die 1200-Kalorien-Woche läßt dann mehr Spielraum für Mahlzeiten im Restaurant. Männer werden beim Essen auswärts wenig Schwierigkeiten haben, da ihre Tagesration nie unter 1200 Kalorien sinkt.

## Ein letzter Tip

Die Intervall-Diät ist die beste Diät für schnelle Gewichtsabnahme, die ich kenne. Wenn es Ihnen gelingt, sich möglichst genau daran zu halten, können Sie mit dem beneidenswerten Ergebnis rechnen, die nächsten drei Wochen durchschnittlich zwei Drittel Pfund pro Tag abzunehmen. Aber ich weiß, daß das Unerwartete erwartet werden muß. Damit meine ich, daß Sie einen beinahe unwiderstehlichen Drang verspüren können, etwas zu essen, das nicht in die Diät paßt, einfach, weil jemand es Ihnen vor die Nase stellt und Sie nicht darauf vorbereitet sind. Zum Beispiel improvisiert ein Kollege im Büro eine Party. Oder Sie haben ein wahnsinniges Verlangen nach einer Kleinigkeit, bevor Sie ins Bett gehen, was vielen passiert, die es gewohnt sind, nach dem Nachhausekommen eine einzige große Mahlzeit zu sich zu nehmen, die sich bis zum Schlafengehen hinzieht.

Selbstverständlich ist es auch mir während meiner Diätphasen so ergangen. Und weil ich nicht das Gefühl haben wollte, darben zu müssen, und auch nicht hungrig ins Bett gehen wollte, kam ich zu dem Schluß, daß ich ein »unbedenkliches« Nahrungsmittel brauchte, das mir einigermaßen schmeckte und von dem ich fast unbegrenzte Mengen essen konnte, ohne meine Abnahmebemühungen ernsthaft zu gefährden.

Die Suche nach einem solchen »unbedenklichen« Nahrungsmittel stellte mich jedoch vor ein Problem. Die sogenannten »erlaubten« Lebensmittel, von denen jeder (auch Sie) jederzeit beliebig viel essen kann, lassen mich leider ziemlich kalt (erlaubt in diesem Sinne sind Salat, Petersilie, Wasserkresse, Gurke, Sellerie – im nächsten Kapitel erhalten Sie eine vollständige Liste). Ich brauchte etwas Befriedigenderes als die »erlaubten« Dinge, das aber trotzdem gesund und sättigend war und relativ wenig Kalorien hatte.

Und so entschied ich, daß mein »unbedenkliches« Nahrungsmittel eine Frucht sein sollte (heute spreche ich von meiner »unbedenklichen Frucht«). Obst ist das wohlschmeckendste und substanzreichste aller kalorienarmen Nahrungsmittel. Denn ich wollte etwas haben, was mir schmeckte, so daß ich darin einen vernünftigen Ersatz für Kalorienreicheres finden würde.

Als meine »unbedenkliche Frucht« wählte ich die Grapefruit. Eine ganze Grapefruit hat nur etwa 110 Kalorien. Ich steckte mir eine in die Aktentasche und legte ein feierliches Versprechen ab, daß ich anstelle jeder anderen kalorienreichen Knabberei, über die ich stolpern würde, diese Grapefruit esse. Zumindest müßte ich die Grapefruit als erstes essen, sagte ich mir, und dann dürfte ich etwas anderes essen, wenn ich immer noch Lust darauf hätte. Aber dazu ist es nie gekommen. Die ganze Zeit, während ich die Grapefruit schälte, dachte ich daran, wie prima ich abnahm, und wie weit mich die kalorienreiche Knabberei zurückwerfen würde. Dann teilte ich die Grapefruit in Spalten und aß sie, eine nach der anderen, so langsam ich konnte. Wenn ich danach immer noch Hunger hatte, trank ich ein großes Glas Wasser.

Abends machte ich dasselbe, wenn ich vor dem Schlafengehen noch hungrig war. Manchmal verspeiste ich sogar zwei Grapefruit, sorgsam geschält und in Spalten zerteilt. Es ist schwierig, nach zwei ganzen Grapefruit noch Hunger zu haben!

Ich möchte nicht, daß Sie bei der Intervall-Diät das Gefühl haben, darben zu müssen. Deshalb hätte ich gern, daß Sie sich ebenfalls eine »unbedenkliche Frucht« aussuchen, falls auch Sie nicht viel für die ohnehin »erlaubten« Sachen übrig haben. Auch möchte ich Sie bitten, ein feierliches Versprechen abzulegen, daß Ihre »unbedenkliche Frucht« das einzige ist, was Sie während der Diät außer der Reihe essen, ganz egal, welche Versuchungen Ihren Weg kreuzen werden. Vielleicht werden Sie auf diese Weise in den nächsten drei Wochen nur 10 Pfund anstatt 15 oder 20 Pfund abnehmen, aber dafür sind Sie gegen das Schlimmste gefeit, das Ihnen passieren könnte: Sie werden nicht irgendwann »alles hinschmeißen« wollen und sich frustriert fühlen.

Im nächsten Kapitel, in dem die Intervall-Diät dargestellt ist, werde ich Ihnen eine Liste unbedenklicher Früchte an die Hand geben. Suchen Sie sich eine davon aus. Legen Sie sich zu Hause einen reichlichen Vorrat davon an und sorgen Sie dafür, daß Sie immer ein paar Früchte bei sich haben. Ihre »unbedenkliche Frucht« wird bald wie ein Zauber wirken und Sie gegen Ihr altes, dickes Ich ebenso abschirmen wie gegen die Versuchungen Ihrer Umgebung. Schon nach zwei bis drei Tagen werden sich Ihre Freunde daran gewöhnen, daß Sie in Ihre Tasche greifen und Ihre gesunde kleine Zwischenmahlzeit herausziehen; bald werden sie es aufgeben, Sie zu kleinen Seitensprüngen verführen zu wollen. Auch Sie selbst werden über Ihre Demonstration von Willensstärke überrascht sein. Der Griff nach Ihrer »unbedenklichen Frucht« wird für Sie ganz einfach und selbstverständlich werden – fast eine automatische Bewegung. Wenn Sie anfangen, auf Ihre neue Fähigkeit, »Nein danke« zu sagen und Ihre Frucht hervorzuholen, ein bißchen stolz zu werden und sich sogar etwas darauf einzubilden, dann sind Sie ganz bestimmt auf dem richtigen Weg!

Und Sie können jede Wette abschließen – wenn Sie einen Dummen finden, der sich gegen Sie zu wetten getraut –, daß Sie aus der Diät um etliches leichter und schlanker hervorgehen und auch auf Dauer schlank bleiben werden.

# 6 Die Intervall-Diät für Frauen und Männer

Bevor Sie mit der Intervall-Diät beginnen, möchte ich noch einmal ausdrücklich klarstellen, warum Sie sich streng an meine Diätanweisungen halten sollten.

*Die Intervall-Diät bewirkt keine Verlangsamung des Stoffwechsels, wenn sie genau, wie in diesem Kapitel beschrieben, durchgeführt wird.* Das bedeutet, daß Sie nach Abschluß der Diät genauso viele Kalorien benötigen werden, um Ihr verringertes Gewicht zu halten – vorausgesetzt, Sie folgen meinen Empfehlungen zur Gewichtserhaltung –, wie vor dem Beginn der Diät. Im Unterschied zu anderen Diäten, die auf raschen Gewichtsverlust abzielen, bereitet die Intervall-Diät nicht den Boden dafür, daß Sie nach Beendigung der Diät so dick werden wie zuvor.

In diesem Kapitel lege ich den vollständigen Diätplan für Frauen und Männer vor. *Beginnen Sie aber bitte erst dann mit der Diät, wenn Sie Kapitel 7 gelesen haben, in dem das zur Intervall-Diät gehörende Bewegungsprogramm beschrieben wird.* Wenn Sie wirklich auf Dauer schlank bleiben wollen, müssen Sie den gesamten Diätplan durchführen.

## Allgemeine Hinweise

### *Frauen*

Für Frauen gilt in der ersten Woche ein Stufenplan, der drei Tage lang etwa 600 Kalorien, anschließend vier Tage lang 900 Kalorien vorsieht. In der zweiten Woche nehmen Sie täglich etwa 1200 Kalorien zu sich. In der dritten Woche wiederholen Sie die 600/900-Kalorien-Phase. Sie können in der dritten Woche die Menüpläne der ersten Woche wiederholen, oder, wenn Sie gern mehr Abwechslung hätten, die zusätzlichen Menüpläne aus Kapitel 12 heranziehen.

Es ist für Frauen sehr wichtig, die Pläne der zweiten Woche einzuhalten, die die Kalorienzufuhr auf etwa 1200 Kalorien erhöhen. Wenn Sie diese

Phase überspringen, kann Ihr Stoffwechsel erlahmen. Außerdem werden Sie, wenn Sie mehr essen dürfen, sich wie im Schlaraffenland fühlen und neuen Auftrieb bekommen. Nach dieser Woche, in der Sie kaum merken, daß Sie Diät halten, werden Sie sehr gern noch einmal die 600/900-Kalorien-Phase durchmachen, in der Sie wieder rasch ein schönes Stück abnehmen. Ihr Gewichtsverlust in der zweiten Woche wird natürlich geringer sein als in der ersten und dritten Woche, aber die gesteigerte Kalorienzufuhr trägt dazu bei, daß Sie nach Abschluß der Diät nicht wieder zunehmen. Dieser Schutz ist es wert, daß Sie vorübergehend etwas langsamer abnehmen.

## *Männer*

Für Männer gilt in der ersten Woche ein Stufenplan, der drei Tage lang etwa 1200 Kalorien, anschließend vier Tage lang 1500 Kalorien vorsieht. In der zweiten Woche nehmen Sie täglich etwa 1800 Kalorien zu sich. In der dritten Woche wiederholen Sie die 1200/1500-Kalorien-Phase. Sie können in der dritten Woche die Menüpläne der ersten Woche wiederholen, oder, wenn Sie gern mehr Abwechslung hätten, die zusätzlichen Menüpläne aus Kapitel 12 heranziehen.

Es ist für Männer sehr wichtig, die Pläne der zweiten Woche einzuhalten, die die Kalorienzufuhr auf etwa 1800 Kalorien erhöhen. Falls Sie diese Phase überspringen, kann Ihr Stoffwechsel erlahmen. Bei 1800 Kalorien täglich werden Sie kaum merken, daß Sie Diät halten, und diese kleine Erholung wird Ihnen zusätzlichen Auftrieb geben, noch einmal die 1200/1500-Kalorien-Phase durchzumachen, in der Sie wieder rasch abnehmen. Ihr Gewichtsverlust in der zweiten Woche wird natürlich geringer sein als in der ersten und dritten Woche, aber die gesteigerte Kalorienzufuhr trägt dazu bei, daß Sie nach Abschluß der Diät nicht wieder zunehmen. Dieser Schutz ist es wert, daß Sie vorübergehend etwas langsamer abnehmen.

## *Zu erwartender Gewichtsverlust*

Durchschnittlich werden Personen, die die Intervall-Diät genau wie hier abgedruckt einhalten, in der ersten Woche über 5 Pfund, in der zweiten Woche 2½ Pfund und in der dritten Woche wieder bis um die 5 Pfund abnehmen. Je höher Ihr Ausgangsgewicht ist, desto größer ist die Gewichtsabnahme, mit der Sie rechnen können: bis zu durchschnittlich 1 Pfund täglich, und das 21 Tage lang. Obwohl Männer mehr Kalorien verzehren dürfen, nehmen sie meist schneller ab als Frauen. Männer brauchen mehr Kalorien als Frauen, um ihr Ausgangsgewicht aufrechtzuerhalten, und sie verbrennen mehr Kalorien bei körperlicher Aktivität, weil sie schwerer sind.

## Erlaubte Variationen der Intervall-Diät

Bei der Intervall-Diät sind einige Variationen erlaubt, damit auch Personen, die stark kalorienreduzierte Diäten nur schwer durchhalten, diese Diät anwenden können und dabei immer noch erfolgreich abnehmen. Ich habe diese Variationen vorgesehen, weil manche Frauen einfach etwas mehr Nahrung brauchen, als ihnen die normale 600/900-Kalorien-Phase zugesteht, sonst leiden sie zu bestimmten Tageszeiten an einem flauen Gefühl. Dasselbe gilt auch für Männer, die Probleme damit haben, sich strikt an die 1200-Kalorien-Pläne zu halten. Wenn Sie zu dem Personenkreis gehören, müssen Sie wissen, was Sie tun können, ohne Ihre Bemühungen ums Abnehmen nennenswert zu gefährden. Andere, die aus Nervosität den ganzen Tag vor sich hin knabbern, naschen oder sich auf die Suche nach irgend etwas Eßbarem begeben, sobald sie nichts mehr zu tun haben und sich langweilen, brauchen ebenfalls etwas, das sie als kleine Zwischenmahlzeit einschieben können, ohne die Gesamtwirkung der Diät zunichte zu machen.

Und hier die erlaubten Abweichungen, bei denen die Diät trotzdem effektiv bleibt: Sie bestehen aus dem zusätzlichen Verzehr von *erlaubtem Gemüse* und einer *unbedenklichen Frucht.* Beide zusammen bilden für Sie eine Art Sicherungssystem. Unsere Forschungen haben gezeigt, daß Frauen, die sich ab und zu ein paar dieser Abweichungen gestatten, möglicherweise nur ein halbes Pfund pro Tag verlieren, was sich aber in einundzwanzig Tagen immer noch zu einem stolzen Gewichtsverlust von 10½ Pfund zusammenaddiert. Halten Sie sich bitte an die folgenden Empfehlungen, damit Sie den Diätplan volle drei Wochen lang durchstehen. Erlauben Sie sich nur diese Abweichungen, die am wenigsten Schaden anrichten, egal, was passiert!

## Alles über die erlaubten Gemüsesorten

Bestimmte Nahrungsmittel haben so wenig Kalorien, daß Sie davon essen können, soviel Sie wollen. Wir nennen sie *erlaubtes Gemüse.* Sie enthalten nämlich im Vergleich zu ihrem Energiewert so viel Wasser und Ballaststoffe, daß Sie gar nicht so große Mengen davon essen können, um Ihre Gewichtsabnahme zu gefährden – vorausgesetzt, Sie halten sich strikt an meine anderen Hinweise. Immer, wenn Sie auf den Menüplänen »erlaubtes Gemüse in unbegrenzter Menge« sehen, können Sie von den unten aufgelisteten Gemüse- und Salatsorten essen, bis Sie sich so richtig satt fühlen (wenn Sie Salatsauce verwenden wollen, dann bitte nur kalorienfreies Salatdressing, Seite 86, oder eine gekaufte kalorienfreie Sauce).

Sie dürfen auch jede Mahlzeit mit erlaubtem Gemüse ergänzen und solches Gemüse als kleinen Snack knabbern. Weil es im Verhältnis zum Kaloriengehalt so viele Vitamine und Mineralstoffe (und dazu Ballaststoffe) enthält, erhöhen Sie damit den Nährwert Ihrer Diät beträchtlich. (Erlaubte Gemüsesorten haben weniger als 10 Kalorien pro Portion. Wenn Sie genauer wissen wollen, wieviel, können Sie im Anhang A nachblättern.)

Chicorée
Chinakohl
Endivie
Gurke
Kopfsalat
Petersilie
Radieschen
Rettich
Spargel
Spinat
Stangensellerie
Wasserkresse
Winterendivie
Zucchini

## So wählen Sie Ihre unbedenkliche Frucht

Die gerade aufgezählten erlaubten Salat- und Gemüsesorten können Ihre Mahlzeiten so abrunden, daß Sie nach dem vorschriftsmäßigen Mittag- oder Abendessen nie hungrig aufzustehen brauchen. Wenn es Ihnen jedoch so geht wie mir, dann fühlen Sie sich von den erlaubten Gemüsesorten einfach nicht immer befriedigt – ißt man sie ohne etwas dazu, haben sie wenig Eigengeschmack und, was vielleicht noch entscheidender ist, so wenig Kalorien, daß sie keinen Energieschub liefern, den Sie eventuell wirklich einmal brauchen. Deshalb bin ich der Meinung, Sie sollten sich eine *unbedenkliche Frucht* aussuchen, die Sie essen, wenn Sie *zwischen* den Mahlzeiten Hunger bekommen oder wenn Ihnen ein kalorienreiches Dessert den Mund wäßrig macht. Das habe ich vor zweiundzwanzig Jahren getan, als ich beschloß, immer, wenn ich während der drei Diätwochen ein »Betthupferl« brauchte oder zwischen den Mahlzeiten hungrig war, eine ganze Grapefruit zu schälen und zu verspeisen, *aber nur eine Grapefruit und sonst nichts.* Da ich mich an dieses feierliche Gelöbnis hielt, habe ich in jeder meiner dreiwöchigen Diätphasen nie weniger als 15 Pfund abgenommen, obwohl ich nie wirklich hungern mußte!

Eine unbedenkliche Frucht hat allerdings ein gewisses Quantum an Kalorien: von einem kleinen Apfel mit 40 Kalorien bis zur ganzen Grapefruit mit 110 Kalorien. Aus diesem Grund kann Ihnen ein Stück Obst auch Energie liefern, wenn Sie sich schlapp fühlen. Dieser Energieschub (und die Masse, die das Wasser und die Ballaststoffe bilden) wird Ihnen bis zur nächsten planmäßigen Mahlzeit durchhalten helfen, ohne sonstige Abweichungen von der Diät. Durch den darin enthaltenen Fruchtzucker schmeckt die unbedenkliche Frucht ziemlich gut – vielleicht nicht ganz so gut wie Ihre bevorzugten Schlemmereien, weil sie kein Fett enthält, aber gut genug, um Ihnen über eine Durststrecke hinwegzuhelfen. Sie müssen sich vor Augen halten, daß Sie jedesmal, wenn Sie zu Ihrer unbedenklichen Frucht greifen, etwas anderes vermeiden, was Ihnen beim Abnehmen einen Strich durch die Rechnung machen würde.

Auch vom psychologischen Standpunkt aus ist die Wahl einer unbedenklichen Frucht sehr wichtig. Sie wird zum Symbol Ihrer Anstrengungen, Ihre überflüssigen Pfunde loszuwerden. Sie nehmen Sie mit zur Arbeit, und auch zu Hause ist sie immer da. Jedesmal, wenn es Sie in den Fingern juckt, von der Intervall-Diät abzuweichen, greifen Sie zu Ihrer unbedenklichen Frucht. Glauben Sie mir, sie ist ein echtes Zaubermittel! Sie ist Ihre Garantie für hundertprozentigen Erfolg. Sogar wenn Sie während der 600/900-Kalorien-Phase zwei- oder dreimal täglich zu ihr Zuflucht nehmen – am Vormittag, am Nachmittag, vor dem Schlafengehen –, können Sie dadurch Ihre planmäßige Kalorienzufuhr um nicht mehr als 150 bis 200 Kalorien überschreiten. Selbst wenn Ihnen das noch nicht genügt und Sie drei ganze Grapefruit an einem Tag brauchen, was als 6 Fruchtportionen gilt, legen Sie nur 330 Kalorien zu und *werden dabei immer noch abnehmen.* Vielleicht nur 8 oder 10 Pfund in drei Wochen anstelle 12 oder 15 Pfund, aber sogar das ist ein Erfolg. Jedenfalls tausendmal besser, als wenn Sie völlig scheitern, weil Sie in die Pralinenschachtel oder Keksdose langen, dann unzufrieden mit sich werden, weil Sie Ihre Diät nicht durchhalten konnten, und schließlich die Zügel völlig schießen lassen. (Unbedenkliche Früchte sind auf allen Diätstufen von 1200 Kalorien an aufwärts in die Diät eingeplant, ohne daß dadurch das Kalorienlimit überschritten wird.)

Entscheidend ist jedoch, daß Sie *nur eine einzige Frucht* aussuchen, die während der Intervall-Diät Ihre Verbündete sein soll. Natürlich sollen Sie die verschiedenen Früchte essen, die in den täglichen Speiseplänen angegeben sind, da sie gezielt ausgewählt wurden, um Sie angemessen mit Vitaminen und Mineralstoffen zu versorgen. Wenn Sie jedoch bei Ihrer unbedenklichen Frucht, die Sie jederzeit essen dürfen, auch noch Abwechslung walten lassen, könnte das Ihren Appetit zu sehr anregen. Folgen Sie also meinem Rat und suchen Sie sich eine bestimmte Frucht aus der Liste unten aus. Verwenden Sie sie als Zwischenmahlzeit, wenn der Speiseplan der 1200-Kalorien-Stufe und darüber dies verlangt, oder als »Sicherheitsnetz«, wann immer Sie eines brauchen, um gefährliche Abweichungen von der Intervall-Diät zu verhindern.

Denken Sie stets daran, daß die unbedenkliche Frucht Ihre Verbündete ist. Wählen Sie aus der kurzen Liste unten eine aus, die Sie wirklich mögen. Hegen Sie ihr gegenüber »freundschaftliche« Gefühle! Ich halte Obst für eines der köstlichsten Geschenke der Natur an die Menschheit – das Wort »Frucht« stammt aus dem Lateinischen, wo es Genuß oder Genießen bedeutet. Jedesmal, wenn ich ein Stück Obst einer von Menschenhand geschaffenen, verführerischen, aber ungesunden Schlemmerei vorziehe, weiß ich, daß ich schlank und gesund bleiben werde! (Wenn Sie den genauen Kaloriengehalt der angegebenen Obstsorten wissen möchten, schlagen Sie bitte im Anhang A nach. Ich habe meine Liste auf Früchte beschränkt, die allgemein erhältlich sind, aber fast jede frische Frucht kann diesen Zweck erfüllen.)

| | |
|---|---|
| Ananas | Mandarine |
| Apfel | Melone |
| Beerenfrüchte | Orange |
| Grapefruit | Pfirsich |

## Zugelassene Getränke

Sie müssen täglich acht Viertellitergläser Wasser trinken. Wasser erleichtert das Abnehmen und trägt dazu bei, daß Sie bei einer Diät gesund bleiben und Ihre Verdauung funktioniert. Wenn es Ihnen Schwierigkeiten bereitet, die nötige Menge zu trinken, garnieren Sie Ihr Glas mit Eiswürfeln und einer Scheibe Zitrone oder Limone oder trinken Sie Mineralwasser.

Gehen Sie süßstoff-gesüßten Getränken aus dem Weg (siehe dazu die Ausführungen auf Seite 56). Bis zu zwei Tassen Kaffee oder Tee sind erlaubt, vorzugsweise schwarz. Wenn Sie keinen schwarzen Kaffee trinken können, rühren Sie einen Teelöffel fettarme Kondensmilch ein, was Ihnen lediglich 8 Kalorien mehr einbringt. In Maßen dürfen Sie auch Kräutertees trinken, aber ich würde als tägliches Getränk keine Tees empfehlen, die abführende Wirkung haben. Zur Abwechslung können Sie es auch mit natriumarmer Bouillon versuchen (oder kochen Sie selbst eine Suppe aus Fleisch- oder Gemüsebrühe, in die Sie weitere Gemüse einlegen; Rezept Seite 81).

## Garmethoden und Portionsgrößen

Bereiten Sie die Speisen auf der 600-Kalorien-Stufe ohne Fettzusatz zu und verwenden Sie auf den 900- und 1200-Kalorien-Stufen nur die angegebenen, äußerst geringen Fettmengen. Gewöhnen Sie sich an, mit Kräutern und Gewürzen anstelle von Salz zu würzen (siehe dazu die Anmerkungen zu Salz weiter unten).

Ich habe viele Rezepte entwickelt, damit Sie sehen, wie köstlich es schmecken kann, wenn Sie nur sehr sparsam mit zusätzlichen Fettkalorien umgehen. Für alles, was auf den Menüplänen der Intervall-Diät mit einem Sternchen versehen ist, finden Sie das dazugehörige Rezept mit Serviervorschlägen im Rezeptteil (dieser beginnt auf Seite 75).

Wieviel Sie von einem Gericht jeweils essen dürfen, steht sowohl bei den Menüplänen als auch bei den Rezepten – dort finden Sie auch die Kalorien-Joule-Angabe pro Portion.

Wenn Sie jedoch das Abwiegen, Messen und Kalorienzählen genauso lästig finden wie ich, gibt es ein praktisches Verfahren, an das Sie sich halten können, wenn Sie nach Ihren eigenen Vorstellungen kochen oder auswärts essen: Sie bleiben mit ziemlicher Sicherheit innerhalb der Diätrichtlinien, wenn Sie nur kleine Standardportionen wie in guten Restaurants oder in der Kantine zubereiten bzw. bestellen.

Wenn Sie keine rechten Vorstellungen von Portionsgrößen haben, lohnt es sich, eine Waage und einen Meßbecher zu kaufen und damit ein paar Tage zu arbeiten. Dann wissen Sie, wie groß eine Portion in etwa sein sollte, und können mit dem Abmessen aufhören.

## *Standardportionen für Gemüse*

Im allgemeinen rechnet man für eine Standardportion Gemüse (andere Sorten als *erlaubtes Gemüse*) mit etwa 65 bis 100 Gramm – Sie können sich auch den Inhalt eines kleinen Weinglases (0,1 Liter), randvoll gefüllt, vorstellen, was dieser Menge in etwa entspricht. Einige Gemüsesorten haben so wenig Kalorien, daß die Standardportion bis zu doppelt so groß ist. Welche Gemüse unter diese Kategorie fallen, werden Sie sehen, wenn Sie die Diät durchmachen. Einige Gemüse sind sogar ohne Mengenbegrenzung erlaubt.

## *Standardportionen für Fleisch, Fisch und Geflügel*

Angemessene Portionen für die 600/900-Kalorien-Stufe bei der Intervall-Diät für Frauen sind im allgemeinen 75 Gramm Fleisch, Fisch oder Geflügel im gekochten Zustand, was einem Rohgewicht von etwa 100 Gramm entspricht (Abweichungen von dieser Regel sind in den Menüplänen vermerkt). Die Portionen von Frauen steigen bei der 1200-Kalorien-Stufe auf 110 oder 150 Gramm (roh etwa 150 oder 200 Gramm) an.

Die Portionen für Männer betragen, gekocht gewogen, auf der 1200-Kalorien-Stufe entweder 110 oder 150 Gramm (roh etwa 150 oder 200 Gramm), und 150 Gramm (roh etwa 200 Gramm) auf der 1500- und 1800-Kalorien-Stufe (wenn abweichende Portionsgrößen empfohlen werden, hängt das zum einen davon ab, was für den Rest des Tages auf dem Menüplan steht, zum anderen davon, wieviel Kalorien die jeweilige Fleisch- oder Fischsorte selbst hat).

### *Standardportionen für Getreideprodukte*

Eine Portion entspricht 1 Scheibe Brot, 25 Gramm Getreide-Frühstücksflokken, 80 Gramm gekochtem Reis oder 5 Vollkorncrackern.

### *Standardportionen für Milchprodukte*

Eine Portion entspricht ¼ Liter fettarmer Milch, 25 Gramm Hartkäse oder 100 Gramm körnigem Frischkäse.

## Zwischenmahlzeiten und Snacks

Frauen, die auf der 600/900-Kalorien-Stufe irgendeine andere Zwischenmahlzeit als die *erlaubten Gemüsesorten* essen, nehmen so viele zusätzliche Kalorien zu sich, daß sie ihren Gewichtsverlust bremsen. Sollte sich Ihr Hunger auf unangenehme Weise melden, lege ich Ihnen dringend nahe, auf Ihre *unbedenkliche Frucht* auszuweichen. Auch wenn Sie dann langsamer abnehmen, steht das in keinem Verhältnis zu dem, was passieren würde, wenn Sie irgend etwas anderes als Ihre unbedenkliche Frucht essen. Schärfen Sie sich ein, daß die erlaubten Gemüsesorten und Ihre unbedenkliche Frucht für Sie Netz und doppelten Boden bedeuten! Greifen Sie darauf zurück, dann nehmen Sie *garantiert* ab.

Zwischenmahlzeiten sind ab der 1200-Kalorien-Stufe in allen Menüplänen enthalten, und zwar in Form einer unbedenklichen Frucht. Es besteht kein absolutes Muß für Sie, diese Zwischenmahlzeiten wirklich zu essen. Aber wenn Sie die 1200-Kalorien-Stufe oder höhere Stufen erreichen, sollten Sie einmal den Versuch machen, mitten am Vormittag, mitten am Nachmittag und vor dem Schlafengehen ein solches Stück Obst zu essen. Wie ich schon gesagt habe, bin ich nie hungrig zu Bett gegangen. Und nach einem »Grapefruit-Betthupferl« konnte ich immer gut schlafen und bin nie mitten in der Nacht mit Heißhunger aufgewacht.

Die meisten unserer Teilnehmer, die sich während der Intervall-Diät angewöhnen, gesunde Zwischenmahlzeiten einzuschieben, und die diese Gewohnheit später beibehalten (das heißt, Obst, Gemüse und kalorienarme Getreideprodukte, wie zum Beispiel ohne Fett hergestelltes Popcorn, zu essen, anstatt zum Hamburger usw. zu greifen), haben weniger Schwierigkeiten, ihr Gewicht auf Dauer zu halten. Ich selbst esse den ganzen Tag über immer wieder ein Stück Obst. Damit Sie nicht in Versuchung geraten, selbst davon zuviel zu essen und Ihre Gewichtsabnahme dadurch zu stark zu bremsen, empfehle ich Ihnen, während der drei Wochen der Intervall-Diät bei Ihrer unbedenklichen Frucht als einzigem Snack zwischendurch zu bleiben. Damit können Sie sicher sein, daß Sie den Rahmen der Kalorienrichtlinien nie überschreiten. In der Erhaltungsdiät werden wir später für mehr Abwechslung sorgen.

## Grundsätzliches über Austauschmöglichkeiten

Während der 600/900 Kalorien-Woche ist es für Frauen das Beste, wenn sie auf den Ersatz der angegebenen Speisen durch etwas anderes soweit wie möglich verzichten. Sogar auf dieser Stufe mit stark eingeschränkter Kalorienzufuhr wurde die Diät so entwickelt, daß sie den Tagesbedarf an den wichtigsten Vitaminen und Mineralstoffen deckt, wo immer möglich, und daß das Elektrolyt-Gleichgewicht, das die Herzleistung beeinflußt, gewahrt bleibt. Selbstverständlich können Sie erlaubtes Gemüse und Ihre unbedenkliche Frucht zusätzlich verzehren. Auf der 1200-Kalorien-Stufe haben Sie etwas mehr Spielraum, vorausgesetzt, Sie beachten beim Austausch von Nahrungsmitteln gewisse Diätgrundsätze. Sowohl Männer als auch Frauen können ihren Speisezettel sehr flexibel gestalten, sobald die Kalorienzufuhr auf 1500 Kalorien oder mehr steigt. Wenn Sie bei irgendeinem Menüplan etwas austauschen müssen, weil Sie etwas Bestimmtes nicht erhalten oder nicht mögen, lesen Sie bitte den folgenden Abschnitt über den Austausch von Nahrungsmitteln durch.

## Austauschmöglichkeiten und andere Änderungen bei der Intervall-Diät

### *Austausch von Nahrungsmitteln*

Die Tagespläne zur Intervall-Diät sind so ausgearbeitet, daß sie dem Körper auf allen Kalorienstufen den größtmöglichen Nährwert zuführen. Deshalb ist es am allerbesten, wenn Sie sich so genau wie möglich daran halten. Außerdem habe ich bei der Durchsicht tausender Diätprotokolle die Erfahrung gemacht, daß Abweichungen mit großer Wahrscheinlichkeit zu einem höheren Kalorienverbrauch führen, und dies bremst mit großer Wahrscheinlichkeit Ihre Gewichtsabnahme. Warum sich Abweichungen gleich so negativ auswirken, ist recht leicht verständlich: Die meisten von uns ziehen alles vor, was mehr Kalorien hat (mehr Fett oder Zucker), und zwar in jeder Kategorie von Lebensmitteln!

Trotzdem dürfen Sie von bestimmten Austauschmöglichkeiten Gebrauch machen, wenn Sie etwas wirklich nicht mögen. Die Regeln sind einfach:

▷ Eine Portion Gemüse dürfen Sie durch eine Portion einer anderen Gemüsesorte ersetzen.
▷ Ein Stück Obst dürfen Sie durch eine andere Obstsorte ersetzen.
▷ Eine Portion eines Getreideprodukts oder Brot dürfen Sie durch eine Portion eines anderen Getreideprodukts oder eine andere Brotsorte ersetzen.
▷ Eine Portion Fleisch, Fisch oder Geflügel dürfen Sie durch eine Portion einer anderen Sorte Fleisch, Fisch oder Geflügel ersetzen.
▷ Eine Portion eines Milchprodukts dürfen Sie durch eine Portion eines anderen Milchprodukts ersetzen.

Wenn Sie bei Ihrer Diät ein Nahrungsmittel durch ein anderes ersetzen, achten Sie bitte auch auf die richtige Portionsgröße. Bei Gemüse, Obst, Fleisch, Fisch und Geflügel nehmen Sie dieselbe, bei Milch- und Getreideprodukten die entsprechende Portion. Die Entsprechungen sind

*bei Milchprodukten:*
25 Gramm Hartkäse = 100 Gramm körniger Frischkäse
= ¼ Liter fettarme Milch;

*bei Getreideprodukten:*
25 Gramm Getreide-Frühstücksflocken = 1 Scheibe Brot
= 5 Vollkorncracker = 80 Gramm Reis (gekocht gewogen).

Berücksichtigen Sie bitte auch, daß Sie Ihren Bedarf an Nährstoffen am besten bei einer möglichst abwechslungsreichen Ernährung decken. Eine breite Auswahl an Nahrungsmitteln hat außerdem einen weiteren Vorzug: Abwechslung auf dem Speisezettel verhindert, daß Sie größere Mengen von Konservierungsmitteln oder Pestiziden zu sich nehmen, die eventuell in einem bestimmten, von Ihnen bevorzugten Nahrungsmittel enthalten sein könnten.

Ich könnte jetzt pingelig sein und weiter ausführen, welche Nahrungsmittel einander im Kaloriengehalt am nächsten kommen und sich deshalb für einen Austausch am besten eignen, aber ich bin der Meinung, daß 5 oder 10 Kalorien hin oder her nicht so viel ausmachen, als daß die ganze Rechnerei der Mühe wert wäre. Was den unterschiedlichen Nährstoffgehalt betrifft, fahren Sie am besten, wenn Sie ein Nahrungsmittel durch ein möglichst ähnliches ersetzen. Zum Beispiel ein grünes Gemüse durch ein anderes grünes Gemüse, eine Sorte Wintersquash durch eine andere Sorte usw. Damit können Sie nicht viel falsch machen, vorausgesetzt, Sie ernähren sich vielseitig und essen nicht nur immer ein oder zwei bestimmte Dinge aus jeder Kategorie.

Beschäftigen Sie sich eingehend mit den Menüplänen und den Rezepten, dann werden Sie bald ein Gefühl für die Portionsgrößen bekommen, wenn Sie es nicht schon haben.

## *Mahlzeiten auslassen, zusammenlegen, in anderer Reihenfolge essen*

Müssen Sie sich exakt an die Abfolge der Mahlzeiten halten? Oder können Sie das Frühstück abends essen und umgekehrt?

Viele unserer Teilnehmer am Vanderbilt-Gewichtskontrollprogramm jonglieren mit den Speisen ganz nach Belieben herum, was sehr gut zu klappen scheint. Damit die angemessene Nährstoffzufuhr auch wirklich gewährleistet ist, achten Sie bitte unbedingt darauf, *daß Sie am Ende des Tages alles gegessen haben, was auf dem Tagesplan steht.* Und tauschen Sie die Speisen nur innerhalb einer Kategorie aus. Manchmal allerdings ist eine Umschichtung der Mahlzeiten doch hinderlich beim Abnehmen, wenn Sie sich nämlich alles für abends aufheben (oder für das Ende Ihres Tages vor dem Schlafengehen, wann immer das sein mag).

Auch wenn Sie einen ungewöhnlichen Arbeitsrhythmus haben, sollten Sie versuchen, die Mahlzeiten in ihrem normalen Ablauf zu sich zu nehmen (zuerst das Frühstück usw.) und daran erst etwas zu ändern, wenn sich diese Reihenfolge als unbefriedigend herausstellt. Die meisten Abweichungen vom normalen Mahlzeiten-Schema werden keine nennenswerten Auswirkungen haben.

*Auf der 600-Kalorien-Stufe* sollten Sie jedenfalls zwei Portionen Getreideprodukte, zwei Portionen Milchprodukte, zwei verschiedene Gemüsesorten, zwei verschiedene Früchte und etwa 75 Gramm mageres Fleisch, Fisch oder Geflügel verzehren – viel einfacher kann ich es wirklich nicht mehr machen!

*Auf der 900-Kalorien-Stufe* kommt eine weitere Portion eines Getreideprodukts sowie eine weitere Portion mageres Fleisch, Fisch oder Geflügel hinzu. Außerdem bleibt noch Spielraum für 1 Teelöffel Fett oder Öl zum Abschmecken oder als Aufstrich.

*Auf der 1200-Kalorien-Stufe* essen Sie insgesamt vier Portionen Getreideprodukte, zwei Portionen Milchprodukte, zwei verschiedene Früchte, zwei verschiedene Gemüsesorten und zwei Portionen mageres Fleisch, Fisch oder Geflügel. Und dazu dürfen Sie noch 1 Eßlöffel Fett oder Öl zum Abschmecken oder als Aufstrich verwenden.

### *Ersatzmöglichkeiten für Vegetarier*

Vegetarier können die Intervall-Diät durchführen, indem sie Fleisch, Fisch oder Geflügel durch Gerichte aus jeweils zwei einander ergänzenden Eiweißträgern ersetzen: Hülsenfrüchte, Getreide, Samen und Nüsse. Die Verbindung von einer Sorte Getreide mit einer Sorte Hülsenfrüchte liefert das hochwertigste Eiweiß bei gleichzeitig geringstem Kaloriengehalt. Auch ein Sojaprodukt wie Tofu kann jedesmal »einspringen«, wenn in den Menüplänen ein Nahrungsmittel tierischer Herkunft vorgesehen ist. Ein kleiner Zusatz von Käse zu pflanzlichen Nahrungsmitteln erhöht die Qualität des verfügbaren Proteins. 80 Gramm Bohnen mit 80 Gramm Reis (jeweils gekocht gewogen) hat annähernd den Kaloriengehalt einer 75-Gramm-Portion von magerem Fleisch (gegart gewogen).

## Diätgetränke mit Süßstoff (und zuckerhaltige Getränke)

Ich hoffe, ich kann Sie davon überzeugen, sich während der Intervall-Diät wenigstens zu einem durchzuringen: daß Sie nämlich drei Wochen lang keine mit Süßstoff gesüßten »Diätgetränke« trinken. Ich möchte, daß Sie selber merken, wie Diätgetränke Ihren Appetit auf Süßigkeiten am Leben erhalten und letzten Endes nur dazu führen, daß Sie zu viele Süßigkeiten essen, die Zucker und damit Kalorien enthalten.

*Ich möchte jede Wette eingehen, daß künstlicher Süßstoff Ihre Gier nach Süßem schürt und zu erhöhter Kalorienaufnahme führt. Ich würde sogar doppelt so hoch setzen wie Sie, weil ich noch nie jemand getroffen habe, der sich mit Süßstoff völlig zufrieden fühlt und nicht den »echten Stoff« in sich hineinschlingt, was sich auf das Gewicht verheerend auswirkt.*

Wenn ich Sie dazu bringen kann, künstlich gesüßte Diätgetränke aufzugeben, und wenn Sie auch nur ein wenig ähnlich reagieren wie die Teilnehmer am Vanderbilt-Programm, werden Sie bald eine Schärfung Ihres Geschmackssinns feststellen. Künstlich gesüßte Diätgetränke können Ihre Sensibilität gegenüber Süßem abstumpfen, so daß Sie mehr als die normale Menge Süßmittel brauchen, um Ihren Gaumen zu befriedigen. Wenn das bei Ihnen bereits der Fall ist und Sie sich entschließen können, keinen künstlichen Süßstoff mehr zu verwenden, werden schon nach ein bis zwei Wochen natürliche, ungesüßte Nahrungsmittel unglaublich süß zu schmekken beginnen, und es wird Ihnen viel leichter fallen, sich an Ihre Diät zu halten oder mehr Dinge mit größerem Nährwert zu essen.

Meiner Meinung nach fachen Diätgetränke (und künstlich gesüßte Desserts) den Appetit lediglich an, ohne ihn zu stillen, was möglicherweise damit endet, daß Sie bei anderer Gelegenheit zu viel in sich hineinschlingen. Wenn Sie Durst haben, trinken Sie doch einmal einfaches Wasser! Wenn Sie unwiderstehliche Lust auf Süßes haben, greifen Sie auf Ihre *unbedenkliche Frucht* zurück. Wenn Sie sowohl Durst als auch unwiderstehliche Lust auf Süßes haben, dann tun Sie eben beides: Essen Sie Ihre Frucht und trinken Sie Wasser.

Die Hersteller von Diätnahrung schlagen Kapital aus der natürlichen Vorliebe des Menschen für Süßes, und vielleicht haben sie Sie schon süchtig gemacht! Versuchen Sie einmal, auf Diätprodukte zu verzichten; und wenn Sie Schwierigkeiten dabei haben, wird dies meine Meinung bestätigen.

Denken Sie einmal einen Augenblick darüber nach: »Irgend jemand« macht ein Vermögen damit, Sie mit künstlich Gesüßtem einzudecken, Produkten ohne Nährwert, und Sie schlucken das alles und bleiben dick!

Wenn Sie beim Verzicht auf alle künstlichen Süßmittel Entzugserscheinungen spüren sollten, hoffe ich, daß Sie sich wirklich darüber empören werden, daß man Sie um des Profits willen derart manipuliert und süchtig macht. Und hoffentlich ist Ihre Empörung so stark, daß Sie sich hartnäckig bemühen werden, nie wieder im Leben künstlichen Süßstoff zu verwenden. Der Verzicht auf künstlichen Süßstoff ist vielleicht der entscheidende Faktor bei Ihrem Kampf mit Ihrem Gewicht.

Ich selbst bin ein ziemlich gutes Beispiel dafür, wie Sie die Gier nach Süßem abbauen können. Im Gegensatz zur Vergangenheit, vor zweiundzwanzig Jahren, verwende ich heute keinen künstlichen Süßstoff und trinke alle Getränke ohne Zucker. Nur zum Backen nehme ich kleine Mengen Zucker, meist nur die Hälfte dessen, was in einem normalen Rezept steht (über »Mangel an Masse« brauchen Sie sich keine Sorgen zu machen – es war nie notwendig, daß ich zum Ausgleich größere Mengen einer anderen Zutat verwendete). Verglichen mit meinem Süßempfinden, als ich noch dick war, ist meine Sensibilität gegenüber Süßem derart gestiegen, daß für mich die meisten fertig gekauften Getreide-Frühstücksflocken süß schmecken, auch ohne Zusatz von Zucker oder Honig. Trockenfrüchte wie Rosinen oder Datteln liegen mit ihrer Süße für mich an der Grenze des Erträglichen. Und während ich vor zweiundzwanzig Jahren für eine richtig schöne Schlemmerei ein halbes Pfund Schokolade brauchte, genügen mir dazu heute zwei Riegel oder höchstens 50 Gramm voll und ganz – weniger als ein Viertel dessen, was ich als Fettwanst vertilgt hatte. Heute ist es mir möglich, einen einzigen Riegel Schokolade zu genießen, ohne gleich eine unersättliche Gier nach Mehr zu empfinden.

Zwar wäre es mir am liebsten, Sie würden lernen, kleine Mengen Zucker, Honig oder Melasse (statt künstlichem Süßstoff) beim Backen oder Kochen zu verwenden, wenn das Rezept ein Süßmittel verlangt. Ich bin in diesem Punkt jedoch nicht unerbittlich, vorausgesetzt, der Süßstoff ist mit weiteren Zutaten gut vermengt, und Sie benutzen ihn nur in kleinen Mengen, so daß die Speise nicht zu intensiv gesüßt wird.

## *Vom Umgang mit Zucker*

Trinken Sie keine Soft Drinks – Erfrischungsgetränke, die Zucker enthalten. Bei allen Lebensmitteln darf Zucker als Zutat nur eine untergeordnete Rolle spielen und muß im Gesamtprodukt gut mit den anderen Zutaten vermischt sein.

Zucker (Saccharose) kommt in natürlicher Form in vielen Nahrungsmitteln vor; *in raffinierter Form* ist er jedoch erst seit etwa hundert Jahren in beliebigen Mengen erhältlich.

Wenn wir bedenken, daß sich unsere Fähigkeit, die in unserer natürlichen Umwelt vorkommenden Nahrungsmittel zu verwerten, in einem etwa zwei Millionen Jahre dauernden Prozeß entwickelt hat, dann dürfen wir mit Sicherheit sagen, daß unser Körper nicht dazu gemacht ist, mit raffiniertem Zucker, der schließlich ein verhältnismäßig neues Produkt ist, fertig zu werden. Bei einigen Menschen lösen industriell hergestellte Lebensmittel mit hohem Saccharosegehalt Reaktionen aus, die nicht nur das Gewicht fürchterlich hochschnellen lassen, sondern auch zu einem Insulinüberschuß führen. Zuviel Insulin entzieht dem Blut Glykogen, was vorübergehend Symptome von *Hypoglykämie* oder *Unterzucker* hervorrufen kann. Die Krankheit der Hypoglykämie kommt an sich selten vor; die vorübergehenden Symptome von Unterzucker jedoch können den Appetit ankurbeln. Vermeiden Sie es nach Möglichkeit, raffinierten Zucker pur zu verwenden, was ebenso für Süßstoff gilt – mischen Sie ihn höchstens als untergeordnete Zutat mit mehreren anderen Zutaten.

Sollen Sie sich wirklich bemühen, Zucker völlig aufzugeben und nie mehr Kuchen, Schokolade und andere Süßigkeiten zu essen?

Ich meine, nein.

Die Bemühung um völlige Enthaltsamkeit kann eine so enorme versteckte Gier aufbauen, daß der kleinste Ausrutscher eine verheerende Lawine auslösen kann. In den Kapiteln 9 bis 11 zeige ich Ihnen, wie Sie lernen können, maßvolle Eßgewohnheiten zu entwickeln, und wie Sie die unselige Neigung, kalorienreich zu schlemmen, in den Griff bekommen können. Es gibt ein goldenes Mittelmaß auch beim Genuß Ihrer Lieblingsspeisen. Räumen Sie ihnen in Ihrer Ernährung ganz bewußt einen Platz ein. Genießen Sie sie planvoll und nicht zwanghaft – etwas Zwanghaftes bekommt Genuß oft dann, wenn es gleichzeitig mit Schuldgefühlen beladen ist. Planvolles Genießen kann Sie dagegen vor einer zwanghaften Freßorgie schützen.

Einige erfolgreiche Teilnehmer unseres Programms planen ein bis zwei Portionen eines üppigen Desserts oder Schokolade in ihre tägliche Erhaltungsdiät ein. Sie sind jetzt aktiv genug, um dabei nicht zuzunehmen. Meinerseits ziehe ich es vor, Dinge mit größerem Nährwert zu essen. Ich habe meinen goldenen Mittelweg gefunden und esse mein Schlemmerdessert oder womöglich etwas Schokolade nur einmal in der Woche, manchmal auch zweimal. So habe ich nie das Gefühl, ich müßte mir etwas versagen. Und da ich solche Süßigkeiten nicht jeden Tag esse, habe ich auch nicht mehr das Verlangen, sie als regelmäßigen Bestandteil in meine Ernährung einzubauen.

Ich sorge auch dafür, daß ich nicht durch ständige Vorräte in die Versuchung komme, mich an Schokolade oder Desserts zu vergreifen. Statt dessen stehen bei uns Schalen mit Obst herum, und wir können davon essen, wann immer wir Lust darauf haben, ohne uns über die Auswirkungen auf unser Gewicht Gedanken machen zu müssen.

### *Was sollen Sie tun, wenn Sie gezwungen sind, von der Diät abzuweichen?*

Nehmen wir an, Sie werden krank und können nicht essen, was an diesem Tag auf dem Menüplan steht. Oder nehmen wir an, Sie sind zum Abendessen eingeladen und weichen schließlich von der Diät ab, weil nichts da ist, was als geeigneter Ersatz dienen könnte. Wie können Sie wieder ins Diätprogramm einsteigen und den Schaden, den Ihre Abnahmebemühungen davongetragen haben, möglichst gering halten?

Das Beste ist es, wenn Sie einfach zum folgenden Tag der Intervall-Diät übergehen, als ob nichts geschehen wäre. Vollenden Sie den 21-Tage-Zyklus in 21 Tagen, trotz irgendwelcher Ausrutscher an einem bestimmten Tag. Zwingen Sie sich nicht zu einer ermüdenden Wiederholung, indem Sie wieder mit dem ersten Tag anfangen oder einen bestimmten Tagesplan so oft befolgen, bis Sie endlich alles richtig gemacht haben. Das ist nicht nur frustrierend, sondern würde auch dem Nährwert des gesamten Diätplans zuwiderlaufen.

Egal, was passiert – vollenden Sie die 21 Diättage in 21 Tagen, indem Sie mit dem Diätprogramm einfach weitermachen. Dann gönnen Sie sich eine Pause, und beim zweiten Durchgang klappt's sicher besser.

## Der Nährwert der Intervall-Diät

Die Intervall-Diät wurde eigens so entwickelt, daß die empfohlenen Tagesmengen der bekannten, wichtigsten Vitamine und Mineralstoffe über den gesamten Zeitraum von 21 Tagen hinweg in etwa erreicht werden. Dasselbe gilt für meine Empfehlungen, wie Sie sich später ernähren sollten, um schlank zu bleiben.

Auf der 1200-Kalorien-Stufe und auf allen höheren Stufen (sowie bei der Erhaltungsdiät) entspricht das Verhältnis von Kohlenhydraten, Fett und

Eiweiß den Empfehlungen der amerikanischen Gesundheitsbehörde: fünfundfünfzig bis sechzig Prozent des Energiebedarfs werden durch Kohlenhydrate, fünfundzwanzig bis dreißig Prozent durch Fett und fünfzehn Prozent durch Eiweiß gedeckt.

Entgegen anderslautenden Behauptungen ist keine andere Ernährungsform bekannt, die Ihrer Gesundheit förderlicher wäre als die Empfehlungen der genannten Institution.

Wenn die Energiezufuhr bei der Intervall-Diät unter die 1200-Kalorien-Grenze sinkt, wie es bei der 600/900-Kalorien-Stufe der Fall ist, steigt der Eiweißanteil auf etwa vierzig Prozent, der Fettanteil sinkt auf etwa zwanzig Prozent und der Anteil an Kohlenhydraten auf etwa vierzig Prozent. Diese Änderungen sind vorübergehend notwendig, da es wichtig ist, genügend Eiweiß bereitzustellen, damit die Diät überhaupt genießbar ist, der Proteinvorrat des Körpers erhalten bleibt und das Muskelgewebe nicht angegriffen wird.

Trotz des guten Nährwerts der Intervall-Diät könnte es für Sie wichtig sein, ein *Multivitamin- und Mineralstoffpräparat* einzunehmen, solange Sie Diät halten.

Der Ersatz einiger Nahrungsmittel durch andere könnte die Versorgung mit bestimmten Nährstoffen in Frage stellen. Wenn Sie zum Beispiel Milch aus Ihrer Diät streichen und auch Sardinen und Lachs aus der Dose nicht mögen, sondern statt dessen auf körnigen Frischkäse oder anderen Käse als Calciumquelle zurückgreifen, erhält Ihr Körper relativ wenig Calcium. Solange sich diese verringerte Calciumzufuhr auf einen kurzen Zeitraum beschränkt, sind gefährliche Auswirkungen unwahrscheinlich; auf lange Sicht jedoch können sich daraus Gefahren ergeben. Wenn Sie weniger Calcium zu sich nehmen, als Sie täglich brauchen, holt es sich Ihr Körper aus den Knochen, die dadurch nach und nach geschwächt werden. Damit könnten Sie in einem späteren Alter anfälliger für Osteoporose sein, als wenn Sie immer ausreichend mit Calcium versorgt gewesen sind. Deshalb halte ich es für eine kluge Entscheidung, täglich ein Calciumpräparat in Form von Calciumgluconat, Calciumlactat oder Calciumcarbonat einzunehmen, das Ihnen etwa 200 Milligramm Calcium zuführt – zusammen mit dem Calcium aus Ihrem täglichen Menüplan werden Sie damit leicht die empfohlene Tagesmenge für diesen Nährstoff decken.

*Zwei weitere Gründe sprechen für die vorübergehende Einnahme von Vitaminpräparaten.* Erstens: Wenn Sie rotes Fleisch nicht mögen und vom Speisezettel streichen (oder Vegetarier sind), kann das zu einem leichten Mangel an Eisen und einigen Vitaminen der B-Gruppe führen, denn rotes Fleisch ist in der Ernährung der meistes Menschen eine der Hauptquellen für diese Nährstoffe. Andere Fleischsorten oder auch Gemüse bieten womöglich in diesem Fall keinen ausreichenden Ersatz, und ein Mangel an diesen Nährstoffen könnte bewirken, daß Sie sich schlapp und lethargisch fühlen.

Zweitens: Der Bedarf des Körpers an Vitaminen und Mineralstoffen kann sich während einer kalorienreduzierten Diät ändern. Obwohl dafür meines Wissens noch keine Beweise vorliegen, bedeutet eine solche Diät für den Körper Stress, und Ihr Bedarf an »Stress-Vitaminen« – den Vitaminen des B-Komplexes und Vitamin C – könnte steigen. Außerdem haben neueste Forschungen erwiesen, daß auch intensive körperliche Aktivität den Bedarf an gewissen Vitaminen der B-Gruppe und Eisen erhöht, und auch Sie könnten davon betroffen sein, da Sie sich von einem körperlich inaktiven in einen aktiven Menschen verwandeln werden. Ein Vitamin- und Mineralstoffpräparat wird all diesen womöglich auftauchenden Bedürfnissen gerecht.

*Welches Vitamin- und Mineralstoffpräparat ist das beste?* Ich rate Ihnen, zur Apotheke zu gehen und ein Präparat zu wählen, das die empfohlenen Tagesmengen der wichtigsten Vitamine und Spurenelemente annähernd enthält. Höhere Dosierungen halte ich nicht für empfehlenswert, da auch ein

---

Ergänzung der Redaktion:

**Tagesmengen an Vitaminen und Spurenelementen für Erwachsene**
empfohlen von der Deutschen Gesellschaft für Ernährung (DGE)

| | *Männer (Frauen)* |
|---|---|
| Eiweiß | 55 (45) g |
| Vitamin A | 9000 I.E.* (= 9 mg Retinoläquivalente) |
| Vitamin C | 75 mg |
| Vitamin $B_1$ (Thiamin) | 1,4 (1,2) mg |
| Vitamin $B_2$ (Riboflavin) | 1,7 (1,5) mg |
| Niacin | 18 (15) mg |
| Vitamin D | 200 I.E.* (= 0,005 mg) |
| Vitamin E | 18 I.E.* (= 12 mg Tocopheroläquivalente) |
| Vitamin $B_6$ (Pyridoxin) | 1,8 (1,6) mg |
| Folsäure | 0,4 (0,16) mg |
| Vitamin $B_{12}$ | 0,005 mg |
| Pantothensäure | 8 mg |
| Calcium | 800 mg |
| Eisen | 12 (18) mg |
| Phosphor | 800 mg |
| Jod | 0,18 mg |
| Magnesium | 350 (500) mg |
| Zink | 15 mg |
| Kupfer | 2–4 mg |
| Mangan | 2–5 mg |
| Kalium | 3,5 mg |

* I.E. = Internationale Einheiten. Sie bezeichnen die Wirkung einer bestimmten Gewichtsmenge eines reinen Vitamins: 1 I.E. Vitamin A (Retinol) = 0,3 μg Retinol = 0,344 μg Retinylacetat = 0,6 μg β-Carotin (Provitamin A) = 1,2 μg andere Provitamin-A-Carotinoide.

Zuviel an bestimmten Nährstoffen schaden kann, und in Ihrer Diät sind die meisten – wenn nicht gar alle – ohnehin schon enthalten, selbst wenn Sie von Austauschmöglichkeiten Gebrauch machen; das gilt sogar bereits für die 600/900-Kalorien-Stufe.

Sprechen Sie auch mit Ihrem Arzt über die Ergänzung Ihrer Diät durch Vitaminpräparate und lassen Sie sich vom Apotheker beraten. Studieren Sie die auf der Packung angegebene Zusammensetzung; es macht nichts, wenn einige Nährstoffe dem empfohlenen Tagesbedarf nicht hundertprozentig entsprechen. Wichtig ist nur, daß Sie Überdosierungen vermeiden; wenn Sie unsicher sind, wird Ihnen Ihr Apotheker bei der Wahl des Präparats behilflich sein.

## Ein ernstes Wörtchen zum Thema Salz

Wer salzt, nimmt nicht ab. Salzen Sie also bei der Zubereitung von Speisen entweder überhaupt nicht, oder schmecken Sie nur mit einem Hauch Salz ab, wie ich es in meinen Rezepten empfehle. Viele Menschen entdecken, daß sie ihren Salzkonsum stark einschränken können, wenn sie erst nach dem Kochen salzen. Auch *Sojasauce* hat einen recht hohen Salzgehalt (etwa ein Siebtel davon besteht aus Salz; 1 Teelöffel Sojasauce enthält etwa 285 Milligramm Natrium, verglichen mit 2000 bis 2200 Milligramm bei 1 Teelöffel reinem Tafelsalz). Deshalb sollten Sie die empfohlenen Mengen nicht überschreiten, wenn in einem meiner Rezepte Sojasauce vorkommt. Schauen Sie sich nach natriumarmer Sojasauce um, die hier und da erhältlich ist und genauso gut schmeckt.

Wenn Sie Salz überhaupt verwenden, sollten Sie unter allen Umständen mein Rezept für *Kräutersalz* ausprobieren (Seite 104). Kräutersalz hat nur ein Siebtel des Salzgehalts von normalem Tafelsalz, das heißt, es enthält auch weit weniger Natrium als viele käufliche Sorten von Salzersatz. ⅛ Teelöffel Salz hat 225 bis 250 Milligramm Natriumgehalt, Kräutersalz nur etwa 40 Milligramm. Obwohl Kräutersalz einen ebenso hohen Natriumgehalt hat wie normale Sojasauce, ist es ungefährlicher in der Verwendung, weil Sie wahrscheinlich viel sparsamer damit umgehen werden (einige Sorten von Salzersatz enthalten statt Natrium Kalium, aber sie schmecken bei weitem nicht so gut wie Kräutersalz).

Ein Teller *Fertigsuppe,* zum Beispiel Champignoncremesuppe, kann 1000 Milligramm Natrium enthalten – eine einzige Portion! Dasselbe gilt für *Diät-Fertiggerichte.* Wie es auch bei *sauer Eingelegtem* zu beobachten ist, kann eine so hohe Dosis Natrium gewaltige Mengen Wasser speichern – mehrere Kilos.

Da *Cracker* oft auf meinen Menüplänen stehen, sollten Sie sich unbedingt nach salzarmen oder salzlosen Crackern umsehen.

Manche Hersteller von *Dosen- oder Tiefkühlware* haben die veränderte Einstellung gegenüber dem Salzkonsum erkannt und bieten Produkte »ohne Salzzusatz« an. Möglicherweise lohnt es sich für Sie, solche Produkte einmal zu probieren.

## Die Intervall-Diät für Paare

Zwar haben wir für Frauen und Männer getrennte Diätpläne erstellt, aber Paare können die Intervall-Diät auch gemeinsam durchführen. Männer verwenden dazu als Grundlage die Intervall-Diät für Frauen und nehmen zusätzlich etwa 600 Kalorien pro Tag mehr zu sich, und das über den ganzen Diätzeitraum hinweg.

### *1. und 3. Woche*

Für den sicheren Erfolg ihrer Diät ergänzen Männer die Intervall-Diät für Frauen jeden Tag um folgendes:

- ▷ 2 weitere Portionen Getreideprodukte (Brot, Getreideflocken oder Cracker).
- ▷ Um die Hälfte größere Portionen Fleisch, Fisch oder Geflügel.
- ▷ 1 Eßlöffel Butter, Öl oder normales Salatdressing.
- ▷ 3 unbedenkliche Früchte.

Dies ist die gesündeste Art, die 600 Kalorien, die Männer zusätzlich zur Intervall-Diät für Frauen benötigen, in der ersten und dritten Woche bereitzustellen.

### *2. Woche*

In der zweiten Woche, in der die Kalorienzufuhr bei Frauen etwa 1200 Kalorien, bei Männern 1800 Kalorien beträgt, haben Männer einen sehr großen Spielraum. Da die 1200-Kalorien-Diät für Frauen so ausgelegt ist, daß sie den Tagesbedarf an wesentlichen Vitaminen und Mineralstoffen deckt, könnte ein Mann auf viele verschiedene Weisen zu seinen zusätzlichen 600 Kalorien kommen und sich dabei stets vollwertig ernähren. Die besten Ergebnisse lassen sich erzielen, wenn Männer als Grundlage die Speisepläne für Frauen benutzen (die bereits 3 unbedenkliche Früchte und 1 Eßlöffel Fett als Aufstrich oder zur Geschmacksverfeinerung enthalten) und jeden Tag zusätzlich folgendes essen:

▷ 2 weitere Portionen Getreideprodukte (Brot, Getreideflocken oder Cracker).
▷ Um die Hälfte größere Portionen Gemüse und Hauptgerichte.

Damit erreichen Männer etwa 1700 Kalorien pro Tag. Der leichte Fehlbetrag ergibt sich daraus, daß die Gerichte für die Männer-Diät in der zweiten Woche mit etwas mehr Fett zubereitet werden als die Gerichte für Frauen. Dies erklärt sich aus unserer Absicht, bei allen Tagesplänen mit 1200 Kalorien und mehr den Ernährungsempfehlungen der amerikanischen Gesundheitsbehörden zu folgen. Deren Richtlinien empfehlen, 55 bis 60 Prozent des gesamten Kalorienbedarfs durch Kohlenhydrate, 25 bis 30 Prozent durch Fett und etwa 15 Prozent aus Eiweiß zu decken. Wenn sich unser Kalorienlimit nach oben verschiebt, dürfen Männer mehr von allen Nährstoffen zu sich nehmen, einschließlich Fett! Aber ich würde das nicht übertreiben.

Frauen mögen bitte beachten, daß die Menüpläne und Rezeptvorschläge der zweiten Woche bei der Intervall-Diät für Männer wahrscheinlich sehr geeignet sind als Grundlage für Ihre spätere Erhaltungsdiät. Ich werde in Kapitel 8 erläutern, wie sich die Menüpläne für Männer beim Übergang zur Erhaltungsdiät verwenden lassen.

## Tips für Alleinstehende und Diäthaltende mit Familie

### *Alleinstehende*

Ich weiß, daß es für jemanden, der allein lebt, sehr schwer ist, eine Diät durchzuführen und für sich allein zu kochen – vielleicht noch schwerer, als sich ohne Schlankheitsdiät gesund zu ernähren. Jedesmal, wenn meine Frau auf Konzerttournee geht und ich tage- oder wochenlang allein zu Hause bin, habe ich keine rechte Lust, mir eine ausgewogene Mahlzeit zuzubereiten. Aber es geht, sogar ohne große Mühe, wenn man ein bißchen vorausplant.

Die beste Methode ist es meiner Meinung nach, zwei Portionen zuzubereiten (die Hälfte eines für vier Portionen berechneten Rezepts) und die nicht benötigte Portion im Kühlschrank aufzubewahren oder einzufrieren. Sie werden später in der Diät dasselbe noch einmal essen, und dann haben Sie das Gericht gleich fertig zur Hand. Die meisten Speisen halten sich drei bis fünf Tage im Kühlschrank, im Tiefkühlfach natürlich mehrere Monate. Wichtig ist nur, daß die Speisen im Kühlschrank gut zugedeckt und im Tiefkühlfach sachgemäß verpackt sind. Sie können auch das ganze Rezept zubereiten und in getrennten Portionspäckchen einfrieren. Das erspart

Ihnen später Zeit und Mühe. Solche größeren Mengen kochen wir oft an den Wochenenden, und die Reste sind uns in der folgenden Woche sehr willkommen, wenn meine Frau und ich beide spät von der Arbeit heimkommen und zu müde sind, um eine vollständige Mahlzeit frisch zuzubereiten.

## *Diäthaltende mit Familie*

Nehmen Sie so oft wie möglich Ihr Diätgericht als Grundlage und kochen Sie so viel davon, daß alle satt werden; kalorienreiche Zutaten werden erst später und getrennt für die Familie zugefügt. Zuerst klappt das oft nicht so recht, weil viele Familienmitglieder nicht an eine gesunde und wertvolle Ernährung gewohnt sind. Sie möchten lieber etwas anderes essen und rümpfen die Nase über die Gemüse, bestehen vielleicht auf Gebratenem oder anderen Gerichten, die nicht in die Diät hineinpassen, mit viel Fett oder Zucker. Für solche Gelegenheiten ist ein Mikrowellenherd Gold wert, weil Sie Ihre eigenen Gemüse in wenigen Minuten garen können. Vielleicht müssen Sie Ihre Mahlzeit getrennt zubereiten. Die einfachen Kochmethoden der Intervall-Diät werden Ihnen dies leicht machen – Sie brauchen ja keine raffinierten Gourmet-Gerichte auf den Tisch zu bringen.

Wenn Sie aber gut vorausplanen, können Sie meiner Meinung nach Ihren Wunsch, schnell abzunehmen, mit den kulinarischen Vorlieben Ihrer Familie unter einen Hut bringen. Sehen Sie sich die Menüpläne an und überlegen Sie, ob Sie das Abendessen nicht doch auf der Grundlage Ihres Hauptgerichts zubereiten können. Fügen Sie einfach hinzu, was Ihrer Familie schmeckt und das Gericht verlockender (wenn auch weniger gesund) für sie macht. Und wenn nötig, kochen Sie Ihre Mahlzeiten und vielleicht sogar einige der Mahlzeiten für die Familie am Wochenende im voraus. Berechnen Sie die Mengen so großzügig, daß Sie genug für die nächste Woche oder Wochen haben, und frieren Sie die Speisen portionsweise ein.

Und nun denken Sie noch einmal an meinen Rat und setzen sich eine halbe Stunde hin, bevor Sie mit der Intervall-Diät beginnen, um zu überlegen, wie Sie es entsprechend Ihren besonderen Lebensumständen anpacken müssen, um die Diät so perfekt wie möglich einhalten zu können. Wenn Sie das Thema mit Ihrer Familie durchdiskutieren und genau erklären, was Sie die nächsten drei Wochen tun wollen und müssen, werden Sie sicher mit ihrer Hilfe und Unterstützung rechnen können. Zeigen Sie Ihren Angehörigen die Menüpläne der Intervall-Diät und besprechen Sie, was nötig ist, damit alle glücklich und zufrieden bleiben, während Sie abnehmen.

***Ihre persönliche Kurzfassung der Intervall-Diät zum Kopieren oder Ausschneiden***

Damit Sie es mit der Durchführung der Intervall-Diät noch bequemer haben, habe ich eine Kurzfassung der Speisepläne, die ich Ihnen im Anschluß mitteilen werde, erstellt. Die Kurzfassung für Frauen beginnt auf Seite 213, die Kurzfassung für Männer auf Seite 221. Sie können Ihre Kurzfassung kopieren und überall mitnehmen, damit Sie sich leichter tun, den ganzen Tag über die richtigen Nahrungsmittel auszuwählen. Sie können den Plan Ihren Freunden zeigen, wenn sie über Ihren Gewichtsverlust zu staunen beginnen. Falls Ihre Freunde beschließen sollten, mit in die Diät einzusteigen, sorgen Sie bitte dafür, daß sie sich an die in der Kurzfassung gegebenen Richtlinien halten. Haben Sie keinen Kopierer in erreichbarer Nähe, können Sie die Kurzfassung auch aus dem Buch herausschneiden, da die Seiten so angeordnet sind, daß die restlichen Kapitel davon unberührt bleiben.

# Der vollständige Intervall-Diätplan: Menüpläne für Frauen

Zusätzliche Informationen über Größe und Kaloriengehalt der Portionen finden Sie im Rezeptteil (Seite 75 ff.), in dem für alle mit einem Sternchen (*) versehenen Speisen das genaue Rezept enthalten ist. Probieren Sie diese ausgezeichneten Rezepte bitte aus! Sie beweisen, daß kalorienarme Küche keineswegs langweilig und unbefriedigend sein muß.

## *1. Woche*

Wenn Paare die Intervall-Diät gemeinsam machen möchten, können die Männer die Menüpläne für Frauen mitbenutzen, wenn sie sie durch folgendes ergänzen:

- ▷ 2 zusätzliche Portionen Getreideprodukte (Brot, Getreideflocken, Cracker).
- ▷ Um die Hälfte größere Portionen Fleisch, Fisch oder Geflügel.
- ▷ 1 EL Butter, Öl oder normales Salatdressing.
- ▷ 3 unbedenkliche Früchte.

Für Männer sind an den ersten drei Tagen 1200 Kalorien und an den folgenden vier Tagen 1500 Kalorien vorgesehen.

### 1. Tag

Frühstück
½ Grapefruit, 1 Scheibe Vollkornbrot mit 1 Scheibe Käse (25 g, siehe auch Mexikanischer Käsetoast*), kalorienfreies Getränk

Mittagessen
50 g Lachs naturel (siehe auch Lachs mit Kräutern*), erlaubtes

Gemüse in unbegrenzter Menge, 5 Vollkorncracker, kalorienfreies Getränk

Abendessen
Brathähnchen* (75 g gegartes Fleisch), je 1 Portion Blumenkohl* (100 g) und Rote Rübchen* (65 g), 1 Apfel, kalorienfreies Getränk

## 2. Tag

Frühstück
½ Banane, 25 g ballaststoffreiche Getreideflocken (siehe Seite 78), 200 ml Mager- oder fettarme Milch, kalorienfreies Getränk

Mittagessen
100 g körniger Frischkäse (siehe auch Angemachter Hüttenkäse*), erlaubtes Gemüse in unbegrenzter Menge, 1 Scheibe Vollkornbrot, kalorienfreies Getränk

Abendessen
Pochiertes Fischfilet* (75 g gegarter Fisch), je 1 Portion Brokkoli* (100 g) und Möhren* (65 g), ½ Grapefruit, kalorienfreies Getränk

## 3. Tag

Frühstück
1 Scheibe Weizenvollkornbrot, 1 EL Erdnußmus, 1 Apfel, kalorienfreies Getränk

Mittagessen
Thunfisch mit Vinaigrette* (mit 50 g Thunfisch naturel) oder Sardinen mit Senfsauce* (3 mittelgroße Sardinen), 5 Vollkorncracker, erlaubtes Gemüse in unbegrenzter Menge, kalorienfreies Getränk

Abendessen
Steak oder Hacksteak, gegrillt* (75 g gegartes Fleisch), 1 Portion Spargel* (100 g), 1 Portion gemischter Salat*, kalorienfreies Salatdressing*, 1 Scheibe Käse (25 g), 1 Orange, kalorienfreies Getränk

## 4. Tag

Frühstück
½ Banane, 25 g ballaststoffreiche Getreideflocken (siehe Seite 78), 200 ml Mager- oder fettarme Milch, kalorienfreies Getränk

Mittagessen
Thunfischsalat* (mit 50 g Thunfisch naturel), erlaubtes Gemüse in unbegrenzter Menge, 2 Scheiben Weizenvollkornbrot, 1 TL Mayonnaise oder kalorienarmes Salatdressing*, ½ Grapefruit, kalorienfreies Getränk

Abendessen
Brathähnchen* (75 g gegartes Fleisch), Möhren* (65 g), 1 Portion gemischter Salat*, 1 Scheibe Käse (25 g), 1 Apfel, kalorienfreies Getränk

## 5. Tag

Frühstück
150 g Beerenfrüchte, 100 g körniger Frischkäse (siehe auch Angemachter Hüttenkäse*), 5 Vollkorncracker, kalorienfreies Getränk

Mittagessen
Sardinen mit Senfsauce* (3 mittelgroße Sardinen) oder Thunfisch mit Vinaigrette* (mit 50 g Thunfisch naturel), erlaubtes Gemüse in

unbegrenzter Menge,
2 Scheiben Weizenvollkornbrot,
1 TL Mayonnaise oder kalorien-armes Salatdressing*, ½ Grapefruit, kalorienfreies Getränk

Abendessen
Steak oder Hacksteak, gegrillt* (75 g gegartes Fleisch), je 1 Portion grüne Bohnen* (65 g) und Brokkoli* (100 g), 1 Scheibe Käse (25 g), 1 Apfel, kalorienfreies Getränk

### 6. Tag

Frühstück
½ Netzmelone, 1 Scheibe Käse (25 g), 1 Scheibe Weizenvollkorn-brot (siehe auch Mexikanischer Käsetoast*), kalorienfreies Getränk

Mittagessen
1 hartgekochtes Ei (siehe auch Curryeier ohne Füllung*), erlaubtes Gemüse in unbegrenzter Menge,
2 Scheiben Weizenvollkornbrot,
1 TL Mayonnaise oder kalorien-armes Salatdressing*, ½ Grapefruit, kalorienfreies Getränk

Abendessen
Pochiertes (oder gegrilltes) Fisch-filet* (75 g gegarter Fisch), je 1 Portion Spargel* (100 g) und /Erbsen* (65 g), 1 Apfel, kalorienfreies Getränk

### 7. Tag

Frühstück
½ Banane, 25 g ballaststoffreiche Getreideflocken (siehe Seite 78), 200 ml Mager- oder fettarme Milch, kalorienfreies Getränk

Mittagessen
150 g Beerenfrüchte,
100 g körniger Frischkäse (siehe auch Angemachter Hüttenkäse*),
2 Scheiben Weizenvollkornbrot, kalorienfreies Getränk

Abendessen
Brathähnchen* (75 g gegartes Fleisch), je 1 Portion Blumenkohl* (100 g) und Möhren* (65 g), 1 Apfel, kalorienfreies Getränk

## *2. Woche*

In der zweiten Woche dürfen Frauen am Vormittag, am Nachmit-tag und später am Abend eine kleine Zwischenmahlzeit ein-schieben, und zwar je eine Portion Ihrer persönlichen *unbedenklichen Frucht*. Sie müssen diese zusätz-lichen Snacks außerhalb des unten abgedruckten Menüplans nicht essen, aber sie sind in der vor-gesehenen Kalorienmenge von 1200 Kalorien bereits enthalten. Außerdem dürfen Sie Ihren täg-lichen Speiseplan um 1 Eßlöffel Butter, Margarine, Öl oder nor-males Salatdressing bereichern, zum Kochen oder als Aufstrich. Bei Paaren, die gemeinsam Diät halten, ergänzt der Mann die Menüpläne für Frauen täglich um folgendes:

▷ 2 weitere Portionen Getreide-produkte (Brot, Getreideflocken oder Cracker).
▷ Um die Hälfte größere Portionen Gemüse und Hauptgerichte.

Nach Belieben dürfen Männer auch einen zusätzlichen Eßlöffel Fett oder Salatdressing zu sich nehmen. Für Männer sieht die Intervall-Diät in der zweiten Woche einen Kalorienverbrauch von 1800 Kalorien vor. Zusätzliche Information über Größe und Kaloriengehalt der Portionen finden Sie bei den Rezepten.

**8. Tag**

Frühstück
½ Grapefruit, 1 Scheibe Weizenvollkornbrot, 1 EL Erdnußmus, 200 ml Mager- oder fettarme Milch, kalorienfreies Getränk

Mittagessen
1 große Portion Bunter Obstsalat* (etwa 250 g), 1 Scheibe Käse (25 g), 5 Vollkorncracker, kalorienfreies Getränk

Abendessen
Lachssteak (110 g, siehe auch Indische Lachssteaks „Royal"*), 1 Portion Erbsen mit Silberzwiebeln* (65 g), 1 Portion gemischter Salat*, kalorienfreies Getränk

**9. Tag**

Frühstück
½ Banane, 25 g ballaststoffreiche Getreideflocken (siehe Seite 78), 200 ml Mager- oder fettarme Milch, kalorienfreies Getränk

Mittagessen
Große Salatplatte* (mit je 1 Scheibe = 25 g Käse und Putenfleisch, dazu beliebige Salatgemüse), 5 Vollkorncracker, kalorienarmes Salatdressing*, kalorienfreies Getränk

Abendessen
Hähnchen (110 g gegartes Fleisch; siehe auch Hähnchen „Tomasi"*), 1 kleine gebackene Kartoffel (90 g), grüne Bohnen (130 g, siehe auch Grüne Bohnen mit Mandeln*), 1 Scheibe Käse (25 g), 1 Apfel, kalorienfreies Getränk

**10. Tag**

Frühstück
Frisches Obst Ihrer Wahl, in Scheiben geschnitten (150 g), 100 g körniger Frischkäse, 1 Scheibe Weizenvollkornbrot, kalorienfreies Getränk

Mittagessen
1 Sandwich* (mit 50 g Fleisch oder Käse), erlaubtes Gemüse in unbegrenzter Menge, 1 Orange, kalorienfreies Getränk

Abendessen
Gemüse, pfannengerührt* (200 g), 80 g brauner oder wilder Reis* (gekocht gewogen), 2 EL geriebener Käse, 1 Apfel, kalorienfreies Getränk

**11. Tag**

Frühstück
150 g frische Ananas (oder anderes frisches Obst), 1 Scheibe Käse (25 g), 1 Scheibe Weizenvollkornbrot, kalorienfreies Getränk

Mittagessen
Spinatsalat* (große Portion, 200–300 g, mit Champignons, Paprika und gehacktem Ei), kalorienarmes Salatdressing*, 1 Apfel oder 1 Birne, 1 Scheibe Käse (25 g), kalorienfreies Getränk

Abendessen
Steak (150 g gegartes Fleisch, siehe auch Steak flambiert mit Cognac* oder Lende mariniert*), 1 kleine gebackene Kartoffel (90 g), Möhren mit Sellerie, gedünstet* (130 g), ½ Grapefruit, kalorienfreies Getränk

## 12. Tag

Frühstück
In Scheiben geschnittenes frisches Obst (75 g), 25 g ballaststoffreiche Getreideflocken (siehe Seite 78), 200 ml Mager- oder fettarme Milch, kalorienfreies Getränk

Mittagessen
Thunfischsalat* (mit 75 g Thunfisch naturel) oder Sardinen mit Senfsauce* (4–5 mittelgroße Sardinen), erlaubtes Gemüse in unbegrenzter Menge, dazu Tomaten- und Paprikascheiben, kalorienarmes Salatdressing*, 1 Scheibe Weizenvollkornbrot, kalorienfreies Getränk

Abendessen
Schweinekotelett mit Kräutern* (150 g gegartes Fleisch), Squash oder Zucchini* (½ Squash oder 1 Zucchini), Brokkoli mit schwarzen Oliven* (100 g), ½ Grapefruit, kalorienfreies Getränk

## 13. Tag

Frühstück
½ Melone, 1 hart- oder weichgekochtes Ei, 1 Scheibe Weizenvollkornbrot, kalorienfreies Getränk

Mittagessen
Hacksteak (110 g gegartes Fleisch), 100 g körniger Frischkäse, Tomatenscheiben, erlaubtes Gemüse in unbegrenzter Menge, kalorienarmes Salatdressing*, kalorienfreies Getränk

Abendessen
100 g Spaghetti oder Linguini (gekocht gewogen), dazu 1 Portion Knoblauch-Muschelsauce* oder Fleischsauce*, 2 EL Parmesan, 1 Portion gemischter Salat*, 1 Stück Obst nach Wahl, kalorienfreies Getränk

## 14. Tag

Frühstück
½ Grapefruit, 90 g Haferflocken, 2 EL Rosinen, 1 Prise Zimt, 100 ml Mager- oder fettarme Milch, kalorienfreies Getränk

Mittagessen
1 Scheibe Weizenvollkornbrot, getoastet, und Mexikanischer Bohnenaufstrich* oder 1 Sandwich*, erlaubtes Gemüse in unbegrenzter Menge, 150 g frisches Obst (nach Möglichkeit verschiedenes), kalorienfreies Getränk

Abendessen
Rinderbraten* (100 g gegartes Fleisch, einschließlich Gemüse), 1 Portion gemischter Salat*, kalorienarmes Salatdressing*, 1 Scheibe Käse (25 g), 1 Apfel, kalorienfreies Getränk

### *3. Woche*

Wiederholen Sie den Menüplan der ersten Woche oder benutzen Sie die zusätzlichen Menüpläne in Kapitel 12 für die 600/900-Kalorien-Stufe.

> Wenn Sie mit der Intervall-Diät am Ende des 21. Tages angelangt sind, richten Sie sich bitte unbedingt nach meinen Anweisungen zur darauffolgenden vierten Woche, dem Übergang zu einer Erhaltungsdiät (Kapitel 8).

## Der vollständige Intervall-Diätplan: Menüpläne für Männer

### *1. Woche*

Männer dürfen, müssen aber nicht, täglich drei Zwischenmahlzeiten in Form von *unbedenklichen Früchten* nehmen, ohne das Kalorienlimit zu überschreiten. Sie dürfen Ihren täglichen Speiseplan durch 1 Eßlöffel Butter, Margarine oder normales (statt kalorienarmes) Salatdressing ergänzen und liegen immer noch innerhalb des Richtwertes.

#### 1. Tag

<u>Frühstück</u>
½ Banane,
25 g ballaststoffreiche Getreideflocken (siehe Seite 78),
200 ml Mager- oder fettarme Milch,
kalorienfreies Getränk

<u>Mittagessen</u>
Große Salatplatte* (mit je 25 g Käse und Putenfleisch, dazu beliebige Salatgemüse), kalorienarmes Dressing*, 5 Vollkorncracker, kalorienfreies Getränk

<u>Abendessen</u>
Brathähnchen* (110 g gekochtes Fleisch), 1 kleine gebackene Kartoffel (90 g), 1 Portion grüne Bohnen* (130 g), 1 Apfel,
1 Scheibe Käse (25 g),
kalorienfreies Getränk

#### 2. Tag

<u>Frühstück</u>
½ Grapefruit, 1 Scheibe Weizenvollkornbrot, 1 EL Erdnußmus,
200 ml Mager- oder fettarme Milch,
kalorienfreies Getränk

<u>Mittagessen</u>
1 große Portion Bunter Obstsalat* (etwa 250 g), 1 Scheibe Käse (25 g), 5 Vollkorncracker, kalorienfreies Getränk

<u>Abendessen</u>
Pochiertes (oder gegrilltes) Fischfilet* (150 g gegarter Fisch), 1 Portion Erbsen mit Silberzwiebeln* (65 g), 1 Portion gemischter Salat*, kalorienarmes Salatdressing, kalorienfreies Getränk

#### 3. Tag

<u>Frühstück</u>
150 g in Scheiben geschnittenes Obst Ihrer Wahl, 100 g körniger Frischkäse, 1 Scheibe Weizenvollkornbrot, kalorienfreies Getränk

Mittagessen
Sandwich* (mit 50 g Käse oder Fleisch), erlaubtes Gemüse in unbegrenzter Menge, 1 Orange, kalorienfreies Getränk

Abendessen
Gemüse, pfannengerührt* (200 g), 80 g brauner oder wilder Reis* (gekocht gewogen), 2 EL geriebener Käse, 1 Apfel, kalorienfreies Getränk

## 4. Tag

Frühstück
150 g Beerenfrüchte, 40 g ballaststoffreiche Getreideflocken (siehe Seite 78), 200 ml Mager- oder fettarme Milch, 1 Scheibe Weizenvollkornbrot, 1 TL Konfitüre, kalorienfreies Getränk

Mittagessen
Spinatsalat* (mit Champignons, Paprika, gehacktem Ei und kalorienarmem Salatdressing*), 5 Vollkorncracker, 1 Apfel oder 1 Birne, kalorienfreies Getränk

Abendessen
½ Grapefruit, Steak (150 g gegartes Fleisch, siehe auch Steak, flambiert mit Cognac*, oder Lende, mariniert*), 1 kleine gebackene Kartoffel (90 g), Möhren mit Sellerie, gedünstet* (130 g), kalorienfreies Getränk

## 5. Tag

Frühstück
½ Melone, 1 hart- oder weichgekochtes Ei, 2 Scheiben Weizenvollkornbrot, 1 TL Konfitüre, kalorienfreies Getränk

Mittagessen
Hacksteak (110 g gegartes Fleisch, siehe auch Steak oder Hacksteak, gegrillt*), 100 g körniger Frischkäse, erlaubtes Gemüse in unbegrenzter Menge, 1 Scheibe Weizenvollkornbrot, 1 Stück Obst Ihrer Wahl, kalorienfreies Getränk

Abendessen
100 g Spaghetti oder Linguini (gekocht gewogen), dazu 1 Portion Knoblauch-Muschelsauce* oder Fleischsauce*, 4 EL geriebener Parmesan, 1 Portion gemischter Salat*, kalorienarmes Salatdressing*, ½ Grapefruit, kalorienfreies Getränk

## 6. Tag

Frühstück
150 g in Scheiben geschnittenes Obst, 40 g ballaststoffreiche Getreideflocken (siehe Seite 78), 1 Scheibe Weizenvollkornbrot, 200 ml Mager- oder fettarme Milch, kalorienfreies Getränk

Mittagessen
Thunfischsalat* (mit 75 g Thunfisch naturel) oder Sardinen mit Senfsauce* (4–5 mittelgroße Sardinen), erlaubtes Gemüse in unbegrenzter Menge, dazu Tomaten- und Paprikascheiben, kalorienarmes Salatdressing*, 2 Scheiben Weizenvollkornbrot, kalorienfreies Getränk

Abendessen
Schweinekotelett mit Kräutern* (150 g gegartes Fleisch), 1 Portion Squash oder Zucchini*, Brokkoli mit schwarzen Oliven* (100 g),

1 Scheibe Weizenvollkornbrot, ½ Grapefruit, kalorienfreies Getränk

### 7. Tag

Frühstück
½ Grapefruit, 90 g Haferflocken, 2 EL Rosinen, 1 Prise Zimt, 100 ml Mager- oder fettarme Milch, kalorienfreies Getränk

Mittagessen
2 Scheiben Weizenvollkornbrot, dazu 2 Portionen Mexikanischer Bohnenaufstrich* und 1 Scheibe Käse (25 g) sowie Tomatenscheiben oder 1 Sandwich*, erlaubtes Gemüse in unbegrenzter Menge, kalorienarmes Salatdressing*, 150 g verschiedenes Obst, kalorienfreies Getränk

Abendessen
Rinderbraten* (100 g gegartes Fleisch, einschließlich Gemüse), 1 Portion gemischter Salat*, kalorienarmes Salatdressing*, 1 Apfel, kalorienfreies Getränk

## *2. Woche*

Auch in der zweiten Woche können Sie Ihren täglichen Speisezettel sowohl um drei *unbedenkliche Früchte* als auch um 1 Eßlöffel Butter, Margarine oder normales Salatdressing bereichern, ohne das Kalorienlimit zu überschreiten.

### 8. Tag

Frühstück
½ Melone, 2 Scheiben Weizenvollkornbrot, 2 Scheiben Käse (je 25 g), kalorienfreies Getränk

Mittagessen
Sandwich mit Thunfischsalat* (mit 75 g Thunfisch naturel), erlaubtes Gemüse in unbegrenzter Menge, 1 Portion Obst Ihrer Wahl, kalorienfreies Getränk

Abendessen
Brathähnchen* (150 g gegartes Fleisch), Spinat-Brokkoli-Auflauf* (65 g; oder 100 g ohne weitere Zutaten gekochter Brokkoli), 1 Portion Squash oder Zucchini*, 1 Apfel, 1 Scheibe Käse von 25 g (falls Sie keinen Auflauf essen), kalorienfreies Getränk

### 9. Tag

Frühstück
90 g Haferflocken, 2 EL Rosinen, 1 Prise Zimt, 100 ml Mager- oder fettarme Milch, 1 Scheibe Weizenvollkornbrot, 1 TL Konfitüre, kalorienfreies Getränk

Mittagessen
1 große Portion Bunter Obstsalat* (etwa 250 g), 100 g körniger Frischkäse, 5 Vollkorncracker, kalorienfreies Getränk

Abendessen
Gegrilltes (oder pochiertes) Fischfilet* (150 g gegarter Fisch), Tomaten au gratin* (½ Tomate), 1 kleine gebackene Kartoffel (90 g), 1 Scheibe Käse (25 g), 1 Apfel, kalorienfreies Getränk

### 10. Tag

Frühstück
1 Orange, 2 Scheiben Weizenvollkornbrot, 2 Scheiben Käse (je 25 g), kalorienfreies Getränk

Mittagessen
Thunfischsalat*
(mit 75 g Thunfisch naturel)
auf Salatblättern mit Tomaten- und Paprikascheiben, erlaubtes Gemüse in unbegrenzter Menge, kalorienarmes Salatdressing*, kalorienfreies Getränk

Abendessen
Steak (150 g gegartes Fleisch, siehe auch Steak, flambiert mit Cognac*, oder Lende, mariniert*),
Spinat, pfannengerührt* (110 g),
1 kleine gebackene Kartoffel (90 g) mit Joghurt-Gemüse-Dressing* (oder 2 EL saure Sahne),
1 Stück Obst nach Wahl,
kalorienfreies Getränk

## 11. Tag

Frühstück
½ Melone,
100 g körniger Frischkäse,
1 Scheibe Weizenvollkornbrot,
1 TL Konfitüre,
kalorienfreies Getränk

Mittagessen
Sandwich* (mit 50 g Fleisch oder Käse), erlaubtes Gemüse in unbegrenzter Menge,
kalorienarmes Salatdressing*,
kalorienfreies Getränk

Abendessen
Indische Lachssteaks „Royal"*
(150 g gegarter Fisch),
Erbsen mit Silberzwiebeln* (65 g),
1 Portion gemischter Salat*,
kalorienarmes Salatdressing*,
1 Stück Obst nach Wahl,
1 Scheibe Käse (25 g),
kalorienfreies Getränk

## 12. Tag

Frühstück
½ Grapefruit,
2 Scheiben Weizenvollkornbrot,
1 EL Erdnußmus,
1 TL Konfitüre, kalorienfreies Getränk

Mittagessen
1 Teller Suppe (fertig gekauft, oder siehe im Rezeptteil unter Suppen),
10 Vollkorncracker,
2 Scheiben Käse (je 25 g),
erlaubtes Gemüse in unbegrenzter Menge,
kalorienarmes Salatdressing*,
kalorienfreies Getränk

Abendessen
Kalbshackbraten*
(oder 150 g gegartes mageres Fleisch beliebiger Sorte),
Möhren* (65 g),
1 Portion gemischter Salat*,
kalorienarmes Salatdressing*,
1 Apfel, kalorienfreies Getränk

## 13. Tag

Frühstück
150 g Beerenfrüchte,
40 g ballaststoffreiche Getreideflocken (siehe Seite 78),
1 Scheibe Weizenvollkornbrot,
1 TL Konfitüre,
200 ml Mager- oder fettarme Milch,
kalorienfreies Getränk

Mittagessen
Große Salatplatte*
(mit je 25 g Käse und Putenfleisch, dazu beliebige Salatgemüse),
kalorienarmes Salatdressing*,
5 Vollkorncracker,
kalorienfreies Getränk

Abendessen
Brathähnchen*
(150 g gegartes Fleisch oder Hähnchenbrust mit Mandeln*), 80 g brauner oder wilder Reis* (gekocht gewogen), Brokkoli* (100 g), 1 Scheibe Käse (25 g), 1 Apfel, kalorienfreies Getränk

### 14. Tag

Frühstück
150 g in Scheiben geschnittene Früchte nach Wahl, 100 g körniger Frischkäse, 1 Scheibe Weizenvollkornbrot, 1 TL Konfitüre, kalorienfreies Getränk

Mittagessen
Sandwich* (mit 50 g Fleisch oder Käse), erlaubtes Gemüse in unbegrenzter Menge, kalorienarmes Salatdressing*, ½ Grapefruit, kalorienfreies Getränk

Abendessen
Fisch Ihrer Wahl (150 g gegarter Fisch, siehe auch Regenbogenforelle, im Ofen gegart*), Tomaten au gratin* (½ Tomate), Bohnen mit Schnittlauch* (130 g, oder auch Variation mit Champignons), 1 Scheibe Weizenvollkornbrot, 1 Scheibe Käse (25 g), 1 Stück Obst Ihrer Wahl, kalorienfreies Getränk

## *3. Woche*

Wiederholen Sie den Menüplan der ersten Woche oder benutzen Sie die zusätzlichen Menüpläne in Kapitel 12 für die 1200/1500-Kalorien-Stufen.

Wenn Sie mit der Intervall-Diät am Ende des 21. Tages angelangt sind, richten Sie sich bitte unbedingt nach meinen Anweisungen zur darauffolgenden vierten Woche, dem Übergang zu einer Erhaltungsdiät (Kapitel 8).

## Rezepte

Die Rezepte und Serviervorschläge zur Intervall-Diät wollen Ihnen zeigen, daß kalorienarme Küche durchaus nicht langweilig und reizlos sein muß. Wenn's ganz einfach und schnell gehen soll, können Sie die Nahrungsmittel aber auch nur kochen oder mit ein wenig Wasser dünsten. Außerdem dürfen Sie Ihre eigenen Lieblingsrezepte weiter verwenden, vorausgesetzt, Sie kochen ohne Fett, Zucker oder sonst etwas, was den Kaloriengehalt nennenswert steigert.
Sie erleichtern sich das Abnehmen wesentlich, wenn Sie kein Salz verwenden. Falls Sie nicht ganz darauf verzichten können, salzen Sie am besten erst nach dem Kochen, bei Tisch. Probieren Sie doch einmal mein Rezept für Kräutersalz aus (Seite 104), das den Natriumgehalt um fünfundachtzig Prozent herabsetzt. Die Mischung ist wirklich gut!
Außer bei den *erlaubten Gemüsen* halten Sie sich bitte strikt an die empfohlenen Portionsgrößen. Sie haben ja Ihre *unbedenkliche Frucht*, die Sie essen dürfen, wenn der Hunger Sie zu sehr plagt.

## *Getreideprodukte: Brot, Cracker, Getreideflocken*

Ich möchte Ihnen empfehlen, Vollkornbrot und Vollkorncracker zu essen oder zumindest Brot und Cracker, die überwiegend aus Vollkornmehl gebacken sind. Wenn Vollkornmehl die Hauptzutat ist, wird es auf Packungen an erster Stelle genannt. Wenn Sie offenes Brot kaufen, fragen Sie Ihren Bäcker.
Ich ziehe Vollkornbackwaren vor, weil sie mehr Vitamine und Mineralstoffe enthalten als Weißmehlgebäck, außerdem haben sie dreimal so viel Ballaststoffe.
Bei den meisten Vollkornbrotsorten hat eine dünne Brotscheibe von 30 Gramm etwa 65 bis 75 kcal/272 bis 314 kJ, die üblichen Vollweizen-Cracker haben pro Stück etwa 17 kcal/71 kJ (5 Cracker haben ungefähr 85 kcal/355 kJ).

### Brot

Hier sind zwei ausgezeichnete Brotrezepte, die eine hervorragende Bäckermeisterin eigens für die Intervall-Diät entwickelt hat. Sie werden beim Ausprobieren der Rezepte sehen, daß unter das Weizenvollkornmehl, die Hauptzutat, kleine Mengen anderer Mehlsorten gemischt werden; so entsteht ein leichterer, lockerer Teig als bei der ausschließlichen Verwendung von Vollkornmehl. Kleine Mengen anderer Mehlsorten erhöhen außerdem den Gesamtnährwert des Brotes, da sie ein zusätzliches Spektrum an Nährstoffen liefern. Beide Brotrezepte verwenden Rührteig, so daß die Brote rasch und einfach gebacken werden können.

### Haferbrot

*¼ TL Zucker*
*¼ TL gemahlener Ingwer*
*2 Würfel Hefe*
*90 g Haferflocken*
*1 EL Butter*
*1½ EL Salz*
*5 EL Melasse*
*450 g Weizenvollkornmehl*
*70 g Sojamehl*
*70 g Weizenmehl Type 405*
*25 g Weizenkeime*
*Fett für die Form*

Zucker und Ingwer mit 60 ml warmem Wasser verrühren, die Hefe darin auflösen und gehen lassen. Haferflocken, Butter, Salz und Melasse mit 470 ml warmem Wasser vermengen, die Hefemischung dazugießen. 280 g Weizenvollkornmehl untermengen und 100mal kräftig durchschlagen, bis alles gut durchgemischt ist. Nun das Sojamehl zufügen und kräftig rühren, anschließend das Weizenmehl, die Weizenkeime und das restliche Vollkornmehl; jedesmal kräftig rühren. Zum Schluß noch 3 Minuten kräftig durchschlagen, bis alle Zutaten gut vermischt sind. Der so entstandene Teig ist weich und klebrig und braucht nicht geknetet zu werden. Mit einem warmen, angefeuchteten Tuch bedecken und an

einem zugfreien, warmen Ort gehen lassen, bis der Teig sein Volumen verdoppelt hat – etwa 1 bis 1¼ Stunden. Noch einmal durchschlagen und in 3 Kastenformen von 9 × 18 cm Größe verteilen, falls Sie kleinere Brote möchten, oder in 2 Kastenformen von 12 × 23 cm Größe. Mit einem feuchten Tuch bedecken und nochmals etwa 45 Minuten gehen lassen, bis der Teig erneut sein Volumen verdoppelt hat. Der Teig läßt sich leichter mit einem angefeuchteten Löffel in die Formen füllen und in die Ecken drücken. Die Oberfläche wird wie ein gepflügter Acker aussehen, aber das beeinträchtigt den Geschmack nicht.
Backofen auf 180 °C vorheizen und die Brote 55 Minuten backen. Wenn auch der Boden eine schöne Kruste bekommen soll, die Brote aus den Formen herausnehmen und noch 5 Minuten auf den Rost in den Ofen stellen (nach Belieben). Die Brote auf einem Gitter auskühlen lassen. Bei baldigem Verzehr in einer Plastiktüte im Kühlschrank aufbewahren. Oder einfrieren, wenn Sie das Brot längere Zeit aufheben wollen.

## Cracker

Etliche Crackersorten enthalten sehr viel Salz, was Ihre Gewichtsabnahme ernstlich bremsen wird. Wählen Sie natriumarme Sorten und meiden Sie auch Salzbrezeln oder Salzstangen.
Vergleichen Sie die Zusammensetzung der einzelnen Produkte. Wenn Sie keine Cracker finden, bei deren Zutaten Vollkornmehl an erster Stelle genannt wird, suchen Sie nach einer Marke, bei der Vollkornmehl oder Kleie wenigstens als zweite Zutat aufgelistet ist.

## Weizenvollkornbrot

*700 g Weizenvollkornmehl*
*70 g Gerstenmehl (oder Weizenmehl Type 405)*
*70 g Sojamehl*
*100 g Zucker (nach Belieben 50 g weißer Zucker, gemischt mit 50 g unraffiniertem braunem Zucker)*
*1 EL Salz*
*(oder nur 2 TL, was wir vorziehen, da das Brot dann etwas süßer schmeckt)*
*2 Päckchen Trockenhefe*
*Fett für die Form*

Das Mehl in eine große Schüssel geben, Zucker, Salz und Hefe untermischen. 820 ml heißes Wasser dazugießen und alles gut vermischen. 200mal kräftig durchschlagen, bis ein glatter Teig entstanden ist – es dauert mindestens 3 Minuten, bis sich Mehl und Wasser vollkommen miteinander verbunden haben.
Dieser Teig ist ziemlich weich und braucht nicht geknetet zu werden.
2 Kastenformen von etwa 12 × 23 cm Größe gut einfetten. Den Teig mit einem Holzlöffel darin verteilen, gut in die Ecken streichen und oben glätten. Leichter geht das, wenn Sie den Kochlöffel in Wasser tauchen.
Mit einem nassen Handtuch zudecken und an einem warmen, zugfreien Ort gehen lassen, bis der

Teig sein Volumen verdoppelt hat. Backofen auf 200 °C vorheizen und die Formen in den Ofen schieben. Nach 15 Minuten die Hitze auf 180 °C herunterschalten und weitere 45 Minuten backen. Damit die Kruste nicht zu dunkel wird, können Sie die Brote nach 30 Minuten Backzeit mit Folie abdecken. Die fertigen Brote aus der Form stürzen und testen, ob sie durchgebacken sind: Sie müssen hohl klingen, wenn Sie von unten dagegenklopfen. Sollten die Brote unten noch weich sein, etwa 10 Minuten weiterbacken. Die Brote auf einem Gitter auskühlen lassen, dabei mit einem Tuch bedecken. Erst essen, wenn das Brot völlig erkaltet ist.
Zum baldigen Verzehr (innerhalb einer Woche) in einer Plastiktüte im Kühlschrank aufbewahren. Wenn Sie die Brote nicht so schnell aufessen können, frieren Sie sie, in Gefrierbeuteln verpackt, ein.
*Variation:* Wenn Sie reines Vollkornbrot haben möchten, ersetzen Sie das Gersten- und Sojamehl durch Weizenvollkornmehl und backen das Brot genauso, wie im Rezept beschrieben.

### Getreideflocken

Ich hoffe, daß Sie eine Sorte von der untenstehenden Liste mögen. Sie lassen sich ausgezeichnet in eine kalorienreduzierte Diät einbauen, da sie einen besonders hohen Gehalt an Ballaststoffen aufweisen. Diese Sorten sind gemeint, wenn in meinen Menüplänen »ballaststoffreiche Getreideflocken« verlangt sind:

All Bran
Bran Buds
Puffweizen
Hafer-Kleieflocken
Haferflocken
oder andere natriumarme, fertig abgepackte Frühstücksflocken.

Wie viele Kalorien 1 Portion dieser Getreideflocken hat, steht auf der Packung; im allgemeinen liegt die Kalorienzahl zwischen 70 und 110 kcal/293 und 460 kJ pro Portion.

## *Milch und Milchprodukte*

### Milch

*Magermilch* hat so gut wie kein Fett und enthält etwa 80 kcal/335 kJ pro Viertelliter. *Fettarme Milch* mit 1,5% Fettgehalt hat etwa 110 kcal/460 kJ. Ich selbst verwende fettarme Milch, weil sie wegen ihres Fettgehalts viel länger sättigt als Magermilch (außerdem schmeckt sie mir besser).

### Käse

Mit Käse harmonieren zahlreiche Kräuter und Gewürze. Meine Lieblingskräuter sind Dill, Rosmarin, Salbei und Thymian; probieren Sie auch einmal Kümmel, Sellerie- und Dillsamen. Hervorragend schmeckt gewürzter Cheddar oder Schweizer Käse auf einer Scheibe Vollkornbrot, die dann im Mikrowellengerät oder unter dem Grill überbacken wird. So erhalten Sie ein würziges,

getoastetes Sandwich zum Frühstück oder Mittagessen. Die besten Gewürze für einen solchen Käsetoast sind Chilipulver, Kreuzkümmel oder Currypulver, dazu auch immer eine Prise Cayennepfeffer.
Achten Sie bitte immer darauf, die für den jeweiligen Käse angegebenen Portionsgrößen nicht zu überschreiten. Viele Sorten sind stark salzhaltig. 25 Gramm Cheddar enthalten etwa 200 Milligramm Natrium, Blauschimmelkäse fast 400. Münster, Tilsiter und Schweizer Käse gehören zu den natriumärmsten Sorten mit etwa 100 Milligramm pro 25 Gramm.
Probieren Sie mal Mexikanischen Käsetoast nach dem folgenden Rezept, wenn in der Diät 1 Scheibe Käse (25 g) und 1 Scheibe Weizenvollkornbrot angegeben sind.

## Mexikanischer Käsetoast

Ergibt 1 Portion
Pro Portion 170 kcal/712 kJ

*25 g Käse (Cheddar, Schweizer Käse)*
*Chilipulver*
*1 Scheibe Weizenvollkornbrot*
*Prise Cayennepfeffer (nach Belieben)*

Käse sehr fein hobeln, damit Sie das ganze Brot damit belegen können. Kräftig mit Chilipulver würzen und, falls gewünscht, noch eine Prise Cayennepfeffer darüberstreuen. Im Mikrowellenherd ist der Käse schon nach weniger als 1 Minute geschmolzen, unter dem Grill im Ofen dauert es etwas länger, auch müssen Sie immer nachsehen, daß nichts zu stark bräunt.
Jedesmal, wenn im Menüplan 1 Scheibe Käse und 1 Scheibe Brot vorgesehen ist, können Sie daraus einen solchen Käsetoast zubereiten. Variieren Sie das Rezept durch andere Kräuter und Gewürze.

## Angemachter Hüttenkäse

Körniger Frischkäse der Magerstufe steht in der Intervall-Diät natürlich als eines der wichtigsten Milchprodukte auf dem Speisezettel. Er ist eine sehr gute Quelle für Eiweiß, Kohlenhydrate und Calcium. Mir schmeckt Hüttenkäse mit fast jeder Obstsorte, ausgenommen Zitrusfrüchte. Wenn Sie Hüttenkäse pur nicht besonders mögen oder nach einer Weile nicht mehr sehen können, machen Sie ihn doch mit einer oder mehreren Kräutersorten und Gewürzen an, die ich im Abschnitt »Käse« oben erwähnt habe. Besonders lecker finde ich es auch, meinen Hüttenkäse mit Zwiebel- oder Knoblauchpulver zu bestreuen, vielleicht auch noch mit zerstoßenen Selleriesamen.
*Portionen:* Rechnen Sie für 1 Portion 100 g körnigen Frischkäse; diese Menge enthält etwa 90 kcal/377 kJ.

## *Eier*

### Curryeier ohne Füllung

Wenn Sie hartgekochte Eier unter einem ordentlichen Klecks Mayonnaise begraben, haben Sie den Kaloriengehalt mindestens verdoppelt. Das ist völlig unnötig. Schneiden Sie die Eier in Scheiben und bestreuen Sie sie mit einem oder mehreren der folgenden Gewürze: Currypulver, Chilipulver, Kreuzkümmel, Zwiebelpulver, Selleriesamen, frisch gemahlenem schwarzem Pfeffer. Ich finde, daß alle diese Gewürze den Gaumen so befriedigen, daß ich keine Mayonnaise und kein Salz mehr brauche.
*Portionen:* 1 Portion besteht aus 1 Ei und enthält etwa 80 kcal/335 kJ.

## *Sandwiches*

Als Sandwich bezeichne ich hier zusammengeklappte Brote mit einem beliebigen Belag: Schinken (oder einer Scheibe Fleisch) und Käse oder einem Aufstrich aus Gemüse oder Käse.
Damit Ihr Sandwich nicht zur Kalorienbombe wird, wählen Sie mageres Fleisch oder Gemüse und nur ganz wenig Dressing dazu. Zwei Scheiben Brot, mit je 25 g Fleisch und Käse belegt, enthalten etwa 295 kcal/1235 kJ. Mayonnaise hat etwa 33 kcal/138 kJ pro Teelöffel, Ketchup 16 kcal/70 kJ pro Eßlöffel, bei Senf fällt der Kaloriengehalt nicht ins Gewicht. Wenn Sie den Sandwich noch mit *erlaubtem Gemüse* aufstocken, erhalten Sie eine sättigende Mittagsmahlzeit mit 350 kcal/1465 kJ. (Im Vergleich dazu hat der typische Hamburger vom Schnellimbiß ca. 650 kcal/2720 kJ! Er kann bis zu fünfmal soviel Fett enthalten wie Ihre magere Fleischscheibe und wird in drei- bis sechsmal soviel Mayonnaise oder Salatdressing »ertränkt«, damit er überhaupt schmeckt.)
Probieren Sie zur Abwechslung auch einmal die folgenden Aufstriche; Sie können damit wunderschöne belegte Brote machen. Servieren Sie als Beilage Bohnensprossen, ein Tomatenviertel oder eine Scheibe Käse. Wenn Sie das Brot kurz unter den Grill schieben, erhalten Sie einen warmen Snack.

### Crabmeat-Aufstrich

Ergibt 12 Portionen zu je 50 g
Pro Portion 35 kcal/146 kJ

*180 g Crabmeat (Dose)*
*1 Selleriestange und*
*1 kleine Zwiebel, beide fein gewürfelt*
*Kräutersalz (Seite 104)*
*½ grüne Paprikaschote, fein gewürfelt*
*150 g Bohnensprossen*
*220 g körniger Frischkäse*
*Salatdressing nach Bedarf*

Alle Zutaten vorsichtig vermischen und mit etwas Salatdressing binden.

## Fleischaufstrich

Ergibt 5 Portionen zu je 50 g
Pro Portion 95 kcal/398 kJ

*225 g gekochtes Fleisch oder Geflügel*
*1 kleine Zwiebel, gehackt*
*4 EL Weizenkeime (oder gekochte Kidneybohnen aus der Dose)*
*2 EL Sojamehl*
*Kräutersalz (Seite 104)*
*frisch gemahlener schwarzer Pfeffer*
*Ketchup oder Salatdressing nach Bedarf*

Alle Zutaten in den Mixer geben und zu einer glatten Masse pürieren. Nach Bedarf mit wenig Ketchup oder Salatdressing geschmeidig rühren.

## Mexikanischer Bohnenaufstrich

Er gehört zu meinen Lieblingsrezepten. Köstlich schmeckt Brot mit mexikanischem Bohnenaufstrich, einer Scheibe Käse oder Tomate darauf, gewürzt mit einer kräftigen Prise Origano und dann überbacken.

Ergibt 6 Portionen zu je 50 g
Pro Portion 90 kcal/377 kJ

*1 Dose rote Kidneybohnen*
*1 kleine Zwiebel, 3 EL Ketchup*
*⅛ TL Cayennepfeffer*
*Kräutersalz (Seite 104)*
*frisch gemahlener schwarzer Pfeffer*

Alle Zutaten im Mixer zu einer glatten Masse pürieren. Wenn sie cremiger sein soll, noch etwas mehr Ketchup zufügen.

## Sandwich mit Thunfisch- oder Lachssalat

Bereiten Sie den Thunfisch- oder Lachssalat nach dem Rezept auf Seite 84 zu. Ein Sandwich aus 2 Scheiben Brot, ¼ des Salatrezepts, ein paar Salatblättern und/oder Bohnensprossen enthält zwischen 260 und 325 kcal/1088 und 1360 kJ, je nachdem, wieviel Mayonnaise Sie verwenden.

# *Suppen*

## Grundbrühe

Nach diesem Rezept bereite ich verschiedene Suppen zu und koche Reis und Kartoffeln darin. Die Brühe eignet sich auch zum Einweichen und Kochen von Bohnen. Fügen Sie nur eine winzige Prise Salz zu, so hat Ihre Brühe nur einen Bruchteil des Natriumgehalts der üblichen käuflichen Suppen und Brühwürfel. Sammeln Sie alles Puten- und Hühnerklein – allerdings ohne die Leber! –, entfernen Sie sämtliche Haut- und Fettreste und frieren Sie die Stücke sofort ein. Warten Sie, bis sich die Teile von 4–6 Vögeln angesammelt haben, dann können Sie die Brühe kochen.

*Geflügelklein (Hälse, Herzen und Mägen) von 4–6 Vögeln*
*1 großes Lorbeerblatt*
*je 1 TL Rosmarin, Salbei, Thymian und Estragon*
*2 große Stangen Sellerie samt Blättern, in 5 cm lange Stücke geschnitten*
*Salz und Pfeffer*
*1 große Zwiebel*
*2 große Möhren, in 5 cm lange Stücke geschnitten*
*Gemüsereste nach Belieben*

Geflügelteile in einen großen Topf geben und gut mit Wasser bedekken (Sie brauchen etwa 1½–2 l). Aufkochen lassen und abschäumen. Sämtliche weiteren Zutaten zufügen; an Gemüseresten können Sie alle grünen Gemüse (außer Kohl, Blumenkohl und Brokkoli) dazugeben, die Sie zu Hause haben, und auch leicht Angewelktes noch verwerten. Die Suppe noch einmal aufkochen lassen, dann die Hitze herunterschalten. Mindestens 2 Stunden köcheln lassen. Gemüse und Geflügelteile mit einem Schaumlöffel herausheben. Die Gemüse pürieren und zurück in die Brühe geben. Die Geflügelteile aufbewahren und kleine, kalorienarme Snacks daraus zubereiten.
Die Brühe in Portionen zu ½ l oder 1 l teilen und in Plastikbehältern einfrieren.

## Donnerstags-Gemüsesuppe

Ergibt 2–3 Portionen
Pro Portion 15–20 kcal/
63–84 kJ

Diese Suppe habe ich so genannt, weil ich sie zum ersten Mal an einem Donnerstag zubereitet habe, einen Tag vor meiner Fernsehsendung über kalorienarmes Kochen. Draußen war es kalt, mit Temperaturen um den Nullpunkt. Was wärmt an einem solchen Tag besser als ein Teller dampfend heiße Suppe?

In ¼ l Brühe (selbst gekocht oder aus einem natriumarmen Brühwürfel) eine geviertelte Zwiebel, je 1 in Scheiben geschnittene Möhre und Selleriestange sowie alles einlegen, was Sie sonst an Gemüseresten gerade haben (Rotkohl färbt die Suppe schön rot). So lange kochen, bis die Gemüse gar sind, aber noch Biß haben. Mit beliebigen Kräutern abschmecken: zum Beispiel Thymian, ein paar Zweiglein Rosmarin, etwas Petersilie usw.
Ein Teller Suppe enthält etwa 15–20 kcal/63–84 kJ; je nachdem, wieviel Gemüse Sie zufügen, ergibt dieses Rezept 2–3 Teller, also insgesamt 40–60 kcal/167–251 kJ.

Diese Suppe ist eine weitere Speise, die Sie fast ebenso uneingeschränkt essen dürfen wie die *erlaubten Gemüse* (einige der Gemüse, die Sie für die Suppe verwenden, haben vielleicht mehr als 10 kcal/41,9 kJ pro Portion).

*Variation:* Wenn Sie ein paar Kartoffeln hineingeben, wird die Suppe etwas herzhafter, und ich möchte Ihnen sehr empfehlen, dies gelegentlich zu tun. Dadurch sättigt die Suppe noch besser und hält länger vor. Eine kleine Kartoffel von etwa 90 g erhöht den Kaloriengehalt der Suppe lediglich um 90 kcal/376 kJ.

## *Salate*

### Bunter Obstsalat

Ergibt 1 Portion
Pro Portion 200 kcal/837 kJ

»Bunt« ist dieser Obstsalat deshalb, weil Sie in bunter Reihe alle Früchte verwenden können, die Sie zur Hand haben. Schneiden Sie sie klein und beträufeln Sie sie mit etwas Zitronensaft, damit sie länger frisch aussehen und angenehm säuerlich schmecken. Dann streuen Sie 1 EL von *einer* der folgenden Zutaten darüber:

*Kokosraspel*
*gehackte ungesalzene Nüsse (egal, welche Sorte)*
*Rosinen oder kleingeschnittene Datteln*

Würzen Sie den Salat nach Belieben mit den folgenden Gewürzen:

*Zimt, Muskat, Nelkenpfeffer, Ingwer, Anis, Kardamom.*

Für eine Hauptmahlzeit rechnen Sie 250–300 g Obstsalat in beliebiger Zusammensetzung, mit 1 EL Nüssen oder Rosinen bestreut.

### Große Salatplatte

Ergibt 1 Portion
Pro Portion 300–400 kcal/ 1256–1674 kJ

*Mehrere Blätter Römischer Salat*
*¼ Kopf beliebiger Blattsalat, in Streifen geschnitten*
*4 EL Rotkohl, gehobelt*
*4 EL Möhren, geraspelt*
*25 g Schweizer Käse, in dünne Stifte geschnitten*
*25 g weißes Truthahn- oder Hähnchenfleisch, in Streifen geschnitten*
*weiteres Gemüse nach Belieben*
*1 hartgekochtes Ei, geviertelt (nach Belieben)*
*1 Tomate, geviertelt*
*1 Streifen grüne Paprikaschote*
*kalorienarmes Salatdressing (Seite 86)*
*Kräutersalz (Seite 104)*
*frisch gemahlener schwarzer Pfeffer*

Salat, Fleisch, Käse und Gemüse auf den Salatblättern dekorativ anrichten, mit 1–2 EL Dressing beträufeln. Einen Hauch Kräutersalz darüberstreuen und schwarzen Pfeffer darübermahlen.
Der Kaloriengehalt dieser Salatplatte hängt davon ab, ob Sie das Ei zufügen oder weglassen, welche Gemüse Sie zusätzlich verwenden und wieviel Dressing Sie nehmen.

## Gemischter Salat

Ergibt 1 Portion
Pro Portion 40 kcal/167 kJ

*½ Möhre, in dünne Scheiben geschnitten*
*1 Selleriestange, in dünne Scheiben geschnitten, oder*
*¼ grüne Paprikaschote, gewürfelt*
*Blattsalat oder grünes Gemüse (erlaubtes Gemüse) nach Belieben*
*4 EL Rotkohl, gehobelt, oder*
*4 Champignons, in Scheiben geschnitten*
*2 dünne Scheiben milde, rotschalige Zwiebel*
*kalorienfreies Salatdressing (Seite 86)*
*Kräutersalz (Seite 104)*

Die Gemüse in einer Schüssel vermischen. Mit kalorienfreiem Dressing anrichten und, wenn Sie möchten, mit Kräutersalz abschmecken. Wenn Sie kalorienarmes Dressing verwenden, steigt der Kaloriengehalt um 33 kcal/ 138 kJ pro EL Dressing.

## Lachs mit Kräutern

Pro Portion 156 kcal/653 kJ

Sogar Lachs aus der Dose schmeckt köstlich, wenn Sie ihn mit den passenden Kräutern würzen. Ich finde Thymian, Majoran oder Salbei – immer nur 1–2 Prisen – am besten. Auch Selleriesamen oder die Senfsauce, die ich zu den Sardinen vorschlage (etwas Senf und ein paar Tropfen Zitronensaft oder Essig), schmecken gut dazu. Mit Toast, Vollkorncrackern und/oder einem Blatt Römischem Salat servieren.
Rechnen Sie pro Portion 75 g Lachs.

## Thunfisch mit Vinaigrette

Pro Portion 120 kcal/502 kJ

Selbstverständlich kaufen Sie keinen Thunfisch in Öl, sondern in Wasser eingelegten Thunfisch (naturel). Ich esse meinen Thunfisch am liebsten so, wie er ist, nur mit ein paar Tropfen frisch gepreßtem Zitronensaft oder Weinessig gewürzt. Wenn Sie's gern ein bißchen raffinierter hätten, sollten Sie einmal an das kalorienfreie Dressing (Seite 86) etwas Estragon geben und den Thunfisch damit anmachen.
Für 1 Portion rechnet man 75 g.

## Thunfisch- oder Lachssalat

Ergibt 3 Portionen
Pro Portion
Thunfischsalat 136 kcal/569 kJ
Lachssalat 166 kcal/695 kJ

*1 150g-Dose Thunfisch oder Lachs naturel*
*1 große Möhre*
*2 Stangen Sellerie*
*etwa 1 EL Mayonnaise oder kalorienfreies Salatdressing (Seite 86)*

Im Mixer den Fisch und die Gemüse fein pürieren, dabei so viel Salat-

dressing oder Mayonnaise zufügen, daß die Masse so cremig wie gewünscht wird. Sie können den Salat aber auch von Hand anmachen, wenn Sie Möhre und Sellerie in feine Scheibchen schneiden oder fein hacken. Mit Blattsalat und Tomate servieren oder als Sandwich aus 2 Scheiben Brot und mit Bohnensprossen.
Die Kalorienangaben beziehen sich auf mit Mayonnaise angemachten Salat. Wenn Sie kalorienfreies Salatdressing verwenden, sparen Sie pro Portion 33 kcal/138 kJ ein.

## Spinatsalat

Ergibt 1 Portion
Pro Portion 115 kcal/481 kJ

*150 g frischer Spinat, gewaschen und geputzt*
*3 große Champignons, in Scheiben geschnitten*
*½ hartgekochtes Ei, gehackt*
*1 spanische Zwiebel, in Scheiben geschnitten (nach Belieben)*
*3 Streifen grüne Paprikaschote*
*kalorienfreies oder kalorienarmes Dressing (Seite 86)*

Spinat auf eine große Platte geben, dann die anderen Zutaten dekorativ darauf anrichten. Spinatsalat ist immer ein besonderes Fest fürs Auge, vor allem, wenn Sie ihn mit ein paar Scheibchen der milden spanischen Zwiebel garnieren.
Die Kalorienangaben gehen davon aus, daß Sie kalorienfreies Dressing verwenden. Bei kalorienarmem Dressing kommen pro EL noch 33 kcal/138 kJ dazu. Natürlich können Sie auch fertig gekauftes kalorienarmes Salatdressing nehmen; beachten Sie dann bitte die Angaben auf dem Etikett.

## Sardinen mit Senfsauce

Pro Portion 88 kcal/368 kJ

Sardinen habe ich in meine Diät aufgenommen, weil sie eine hervorragende kalorienarme Eiweiß- und Calciumquelle sind, sogar wenn sie in Öl eingelegt sind. Aufgrund ihres Nährwerts eignen sie sich hervorragend für die 600/900-Kalorien-Stufe.
Gießen Sie das Öl ab; verrühren Sie etwas Dijon-Senf mit ein wenig Zitronensaft oder Essig und träufeln Sie die Senfsauce auf die Sardinen. Auf einem oder zwei Blättern Römischem Salat anrichten, dazu beliebige Sorten von *erlaubtem Gemüse* reichen.
1 Portion besteht aus 50 g oder 3 mittelgroßen Sardinen.

## *Salatdressings*

### Joghurt-Gemüse-Dressing

Pro Eßlöffel 12 kcal/50 kJ

*120 g fettarmer Joghurt*
*100 g körniger Frischkäse*
*½ grüne Paprikaschote, klein geschnitten*
*4 Radieschen, in Scheiben geschnitten*
*2 EL Schnittlauchröllchen*
*1 EL Mohn*
*Kräutersalz (Seite 104)*

Alle Zutaten in den Mixer geben und zu einem glatten Dressing pürieren. Ausgezeichnet zu Salaten und gebackenen Kartoffeln.
*Variation:* Pürieren Sie ein paar Zwiebelscheiben mit. Oder fügen Sie 50 g Blauschimmelkäse hinzu (Achtung: Mit Blauschimmelkäse steigen gleichzeitig der Natriumgehalt um 40 mg pro EL Dressing und der Kaloriengehalt auf 22 kcal/ 92 kJ pro EL).

### Kalorienfreies Salatdressing

*120 ml Weinessig*
*½ TL Kräutersalz (Seite 104)*
*1 EL Petersilie, fein gehackt*
*1 Knoblauchzehe, zerdrückt, oder ¼ TL Knoblauchpulver*

Alle Zutaten in ein Schraubglas geben und kräftig schütteln.
*Variationen:* Nehmen Sie zur Abwechslung auch andere Kräuter und Essigsorten. Estragon ist eines der besten Kräuter für Salatdressings. Und probieren Sie doch einmal verschiedene Obstessigsorten, wenn Sie sie bekommen können, zum Beispiel Himbeer- oder Erdbeeressig – sie schmekken ausgezeichnet. Falls Ihnen dieses Dressing zu sauer ist, können Sie es mit 60–120 ml Wasser verdünnen.

### Kalorienarmes Salatdressing

Pro Eßlöffel 33 kcal/138 kJ

*60 ml feinstes Olivenöl*
*60 ml Wasser*
*60 ml Wein- oder Obstessig*
*1 Knoblauchzehe, zerdrückt*
*½ TL Salz*
*1 TL getrockneter Estragon*

Alle Zutaten in ein Schraubglas geben und kräftig schütteln. Lassen Sie sich durch den Wasseranteil in diesem Rezept nicht verwirren – es mildert den Geschmack ab und spart Kalorien. Viele handelsübliche Dressings enthalten Wasser, um den Kaloriengehalt zu verringern, genau wie unser Rezept. Vor Gebrauch mehrere Stunden stehen lassen. Vor jeder Verwendung noch einmal durchschütteln.
*Variationen:* Verändern Sie dieses Dressing mit anderen Kräutern. 1 TL Dijon-Senf macht das Dressing pikant-scharf.

## Kalorienfreies Balsamdressing

Pro Eßlöffel 2 kcal/9 kJ

*180 ml Wasser*
*60 ml Balsamessig*
*3 TL Kapern*
*2 TL Dijon-Senf*
*1½ TL getrocknetes Basilikum*
*1 EL Petersilie, fein gehackt (nach Belieben)*

Alle Zutaten in den Mixbecher geben und den Mixer auf höchster Stufe eine Weile laufen lassen. Den Essig je nach Geschmack dosieren.

# *Fleischgerichte: Rindfleisch, Schweinefleisch, Kalbfleisch*

Wahrscheinlich haben Sie schon einige erprobte Rezepte, nach denen Sie Ihr Fleisch am liebsten zubereiten. Ihrer Verwendung steht nichts im Wege, solange Sie magere Fleischstücke dazu nehmen und kein Fett oder Öl benutzen. Wer schnelle Steaks mag, wird vielleicht die drei folgenden Varianten von Filetsteak oder magerem Hacksteak ausprobieren wollen. Ähnlich würzen können Sie auch andere Rindersteaks.

## Steak oder Hacksteak, gegrillt

Pro 25 g gegartes Fleisch
55 kcal/230 kJ

<u>Chinesisch gewürzt</u>
Ein mageres Hacksteak mit Ingwerpulver, frisch gemahlenem schwarzem Pfeffer, einem Hauch Knoblauch- und Zwiebelpulver und 1 TL Sojasauce würzen. Wenn Sie Ihren Salzverbrauch mäßigen möchten, sollten Sie natriumarme Sojasauce ausprobieren. Am besten schmeckt mir die Sorte Tamari. Das Hacksteak ohne Fettzugabe in der Pfanne braten oder im Ofen grillen. Es schrumpft beim Garen um ein Viertel des ursprünglichen Gewichts. Steak können Sie auf dieselbe Weise zubereiten. Genaueres über die Portionsgrößen finden Sie am Schluß dieses Rezepts.

<u>Italienisch gewürzt</u>
Fleisch großzügig mit Knoblauch- und Zwiebelpulver bestreuen, außerdem mit Ihrer persönlichen Auswahl an Kräutern wie Origano, Basilikum, Thymian, Majoran und Petersilie. Etwas schwarzen Pfeffer darübermahlen. Salz ist dabei nicht nötig; Sie sollten also erst probieren und gegebenenfalls bei Tisch nachsalzen. Ohne Fettzugabe in der Pfanne braten oder im Ofen grillen. Nach dem Wenden das Steak mit 1 TL Ketchup oder Chilisauce bestreichen.

<u>Mexikanisch gewürzt</u>
Fleisch reichlich mit Chilipulver, Paprikapulver und einem Hauch

Cayennepfeffer bestreuen. Kreuzkümmel und Basilikum verleihen dem Steak eine interessante Geschmacksnote. Ohne Fettzugabe in der Pfanne braten oder im Ofen grillen. Salzen Sie bitte erst nach dem Probieren bei Tisch.

*Portionen:* Mageres Rindfleisch und mageres Hacksteak (Tartar) haben im gegarten Zustand etwa 55 kcal/230 kJ pro 25 g. Für 1 Portion rechnet man auf der 600/900-Kalorien-Stufe 75 g (gegart gewogen; = 165 kcal/691 kJ), auf der 1200-Kalorien-Stufe 110 g (gegart gewogen; = 248 kcal/1038 kJ) und auf allen höheren Stufen 150 g (gegart gewogen; = 330 kcal/1381 kJ).

## Steak, flambiert mit Cognac

Pro 25 g gegartes Fleisch
55 kcal/230 kJ

Würzen Sie Ihr Steak, wie es Ihnen am besten schmeckt, und braten Sie es ohne Fett in der Pfanne. Kurz vor dem Servieren mit 2 EL Cognac übergießen und mit einem Streichholz anzünden. Flammen erlöschen lassen und das Steak servieren. Übrigens gehen so gut wie alle Kalorien des Cognacs in Flammen auf.

## Lende, mariniert

Ergibt 6 Portionen zu je 100 g
Pro Portion 220 kcal/920 kJ

Sie können jede der beiden folgenden Marinaden zu jedem beliebigen Stück Fleisch verwenden. Ich nehme am liebsten Lende, da sie eines der magersten Fleischstücke ist und sie durch die Marinade schön zart wird. Beide Marinaden eignen sich auch vorzüglich zum Grillen im Freien. Wenn Sie anderes Fleisch verwenden, muß alles Fett sorgfältig weggeschnitten werden (die meisten Kalorien in jeder Art von Steak stammen vom Fett, nicht vom Eiweiß).

*1 dicke Scheibe Lende von 900 g*
*1 EL Salatöl*
*120 ml trockener Weißwein*
*1 kleine Zwiebel, gehackt*
*¼ TL Thymian*
*1 Lorbeerblatt*
*2 Knoblauchzehen, gehackt*
*2 TL Schnittlauchröllchen*

Die Lende muß über Nacht in der Marinade liegen, damit sie wirklich zart wird und das Aroma schön annimmt. Legen Sie das Fleisch in eine Schüssel und übergießen Sie es mit der Marinade, oder stecken Sie zwei Plastiktüten ineinander und geben das Fleisch und die Marinade hinein (eine Tüte könnte undicht sein). Noch zarter und aromatischer wird das Fleisch, wenn Sie es auf beiden Seiten im Abstand von 1 cm mit der Gabel einstechen.
Die abgetupfte Lendenschnitte auf beiden Seiten etwa 4 Minuten fett-

frei braten oder grillen, beim Umdrehen mit Marinade bestreichen. Zum Servieren schräg in dünne Scheiben schneiden (schräg zur Faser geschnittenes Fleisch sieht schöner aus und ist auch leichter zu essen). Mit der Sauce aus der Pfanne überziehen. Bei Tisch mit Salz und Pfeffer abschmecken.
Und nun als Variation die zweite Marinade. Wenn Sie sie einmal versucht haben, wird Ihnen immer das Wasser im Munde zusammenlaufen, sobald Sie daran nur denken:

Orientalische Marinade
*1 EL Salatöl*
*60 ml Tamari*
*60 ml trockener Rotwein*
*4 Knoblauchzehen, gehackt*
*4 Schalotten, gehackt*
*6 Pfefferkörner*
*¼ TL gemahlener Koriander*
*etwa 2,5 cm großer Würfel frischer Ingwer, geschält und gerieben oder fein gehackt (Sie müssen frischen Ingwer nehmen, Ingwerpulver hat hier einfach nicht das richtige Aroma)*

Das Fleisch über Nacht in die Marinade einlegen und dann in der Pfanne braten, wie oben beschrieben.
900 g rohe Lende ergeben etwa 6 Portionen – wieviel genau, hängt von Ihrem Appetit ab. Auf jeden Fall müssen Sie beim Garen mit etwa 25 Prozent Gewichtsverlust gegenüber dem Rohgewicht rechnen.

## Rinderbraten

Dieser Braten wird mit italienischen Gewürzen aromatisiert.

Ergibt 6 bzw. 8 Portionen
Pro Portion 275 kcal/1151 kJ bzw. 325 kcal/1360 kJ

*900 g mageres Bratenstück vom Rind (Ober- oder Unterschale ohne Fett oder Lendenbraten)*
*4 Knoblauchzehen, gehackt*
*2 mittelgroße Zwiebeln, in Scheiben geschnitten*
*1 grüne Paprikaschote, in Ringe geschnitten*
*4 Selleriestangen, in 5 cm lange Stücke geschnitten*
*6 große Möhren, in 5 cm lange Stücke geschnitten*
*12 neue Kartoffeln*
*2 TL Sojasauce*
*1 Spritzer Worcestersauce*
*1 700g-Dose Tomaten oder 1 375g-Dose Tomatensauce bzw. Tomatenpüree*
*120 ml kräftiger Rotwein (nach Belieben)*
*Salz und Pfeffer*
*1 Lorbeerblatt*
*1 EL italienische Kräutermischung (fertig gekauft; oder selbst gemischt aus je ½ TL Origano, Basilikum, Majoran, Estragon und Thymian, dazu ¼ TL Rosmarin)*

Das Fleisch in einen großen Bräter legen. Knoblauch, Zwiebelscheiben und Paprikaringe darauf verteilen. Mit den anderen Gemüsen umlegen. Sojasauce und Worcestersauce mit den Tomaten oder der Tomatensauce vermischen und

beides in den Topf zum Fleisch gießen, ebenso den Wein, falls Sie welchen verwenden. Gewürze und Kräuter darüberstreuen. Den Backofen auf 120 °C vorheizen und den Braten in 4–5 Stunden garen, das Fleisch soll zerfallen, wenn Sie es mit der Gabel anstechen.
Bei 6 Portionen ist die Portionsgröße 110 g gegartes Fleisch, bei 8 Portionen 75 g. Bei der Kalorienangabe ist der Gemüseanteil bereits berücksichtigt.

## Schweinekoteletts mit Kräutern

Pro 25 g gegartes Fleisch
55–70 kcal/230–293 kJ

*4 magere Schweinekoteletts, 2,5–3,5 cm dick*
*1 TL Maisstärke oder Mehl*
*2 EL Tamari*
*1 Knoblauchzehe, gehackt*
*je ½ TL Rosmarin, Thymian, Estragon, Origano, Salbei und Basilikum*
*frisch gemahlener schwarzer Pfeffer*
*Salz*

Von den Koteletts alles Fett wegschneiden. Das Fleisch auf beiden Seiten im Abstand von etwa 1 cm mit der Gabel einstechen, gut mit Maisstärke oder Mehl einreiben. Tamari mit dem Knoblauch, den Kräutern und etwas Pfeffer in eine flache Schale geben und die Koteletts darin mindestens 2 Stunden marinieren, am besten jedoch über Nacht. Das Fleisch muß ringsum gut mit Marinade überzogen sein. Sollte die Marinade nicht reichen, noch etwas Tamari zufügen und dafür später nicht alles von der in der Schale zurückbleibenden Marinade verwenden. Während der Marinierzeit das Fleisch zwei- bis dreimal wenden.
Die Koteletts samt Marinade mit 120 ml Wasser in einen Topf geben und zugedeckt 45 Minuten ganz leise simmern lassen – nicht köcheln, da sonst das Fleisch zäh wird. Die Koteletts herausheben, den Topf mit der Flüssigkeit beiseite stellen. Wenn Sie das Fleisch ordentlich von Fett befreit haben, sollten auf der Flüssigkeit nur sehr wenige Fettaugen schwimmen. Mit Küchenkrepp entfernen.
Die Koteletts in einer Pfanne auf beiden Seiten anbräunen. Die fertigen Koteletts auf einer vorgewärmten Platte anrichten. Die Flüssigkeit im Topf etwas einkochen lassen; abschmecken, ob Sie noch Salz zufügen müssen. Sie können nach Belieben mehr Wasser zugießen oder 60 ml trockenen Weißwein (der Alkohol verdampft, nur das Weinaroma bleibt). Die Sauce ist in 2–3 Minuten fertig. Über die Koteletts gießen und das Fleisch servieren (vielleicht möchten Sie etwas Sauce für die gebackene Kartoffel abzweigen, die ebenfalls auf dem Menüplan steht).
*Lammkoteletts* können Sie mit einer ähnlichen Marinade zubereiten. Allerdings werden sie nach dem Marinieren ohne Wasserzugabe in der Pfanne zubereitet, 7–8 Minuten auf jeder Seite (ohne Deckel), dann herausnehmen. Entweder 120 ml

Wasser oder je zur Hälfte Wasser und trockenen Rotwein zum Bratfond in die Pfanne gießen, erhitzen und rühren, bis die Sauce fertig ist. Wenn Sie alles sichtbare Fett sorgfältig entfernt haben, können Sie mit 55 kcal/230 kJ pro 25 g magerem Fleisch rechnen. Falls Sie's aber nicht perfekt geschafft haben, sollten Sie lieber 70 kcal/293 kJ ansetzen bzw. 315 kcal/1318 kJ für eine Portion von 110 g und 420 kcal/1758 kJ für eine Portion von 150 g.

### Kalbshackbraten

Ergibt 8 Portionen
Pro Portion 220 kcal/921 kJ

*450 g Hackfleisch vom Kalb*
*1 400g-Dose rote Kidneybohnen, abgetropft*
*75 g Semmelbrösel*
*1 Ei*
*2 EL Sojasauce*
*1 Spritzer Worcestersauce*
*frisch gemahlener schwarzer Pfeffer*
*⅛ TL Cayennepfeffer*
*1 475g-Dose Tomatensauce*
*1 TL Origano*
*1 TL Basilikum*

Die Bohnen im Mixer pürieren, zum Hackfleisch geben. Semmelbrösel, Ei, Sojasauce, Worcestersauce, schwarzen Pfeffer, Cayennepfeffer und etwa 3 EL Tomatensauce untermischen. Zu einem Braten formen und in eine tiefe Form legen. Mit der restlichen Tomatensauce übergießen, mit Origano und Basilikum bestreuen. Wenn Sie gern scharf essen, nochmals mit Cayennepfeffer würzen. Den Backofen auf 180 °C vorheizen und den Hackbraten in 1 Stunde garen.

## *Geflügel*

### Brathähnchen

Pro 25 g gegartes Fleisch
helles Fleisch 45 kcal/188 kJ
dunkles Fleisch 50 kcal/209 kJ

Es gibt zahllose Arten, Geflügel zuzubereiten. Ich werde Ihnen außer den folgenden sehr einfachen Rezepten später noch mehrere andere Rezepte vorstellen. Allerdings ist es während der 600/900-Kalorien-Phase Ihrer Diät wahrscheinlich am besten, sich an einfache Zubereitungsarten zu halten, damit sich nicht etliche Hundert Kalorien außer der Reihe in die Diät einschleichen. Ein Hähnchen im Ofen zu braten ist eine jener simplen, aber köstlichen Zubereitungsarten. Eine Bratreine mit Alufolie auskleiden und ein in Stücke zerteiltes kleines Brathähnchen darauflegen. Mit Ihren Lieblingsgewürzen bestreuen und bei 150 °C etwa 1 Stunde im Ofen garen. Vor dem Essen die Haut entfernen (das Aroma der Gewürze zieht beim Garen zum großen Teil ins Fleisch ein; Sie dürfen aber selbstverständlich bei Tisch noch nachwürzen). Probieren Sie zur Abwechslung einmal folgende Würzmischungen:

Würzmischung 1
Reichlich mit gehackten Zwiebeln, Knoblauchpulver und etwas Kräutersalz (Seite 104) bestreuen.

Würzmischung 2
Reichlich mit einer Kräutersorte oder mit einer Mischung aus Kräutern bestreuen, zum Beispiel mit Majoran, Origano, Rosmarin, Estragon, Thymian. Schwarzen Pfeffer darübermahlen.

Würzmischung 3
Reichlich mit Chilipulver, Paprikapulver und einem Hauch Cayennepfeffer bestreuen. Erst bei Tisch nach dem Probieren salzen.

Würzmischung 4
Der Kaloriengehalt verringert sich beträchtlich, wenn Sie das Hähnchen bereits vor dem Garen enthäuten. Dabei besteht jedoch die Gefahr, daß das Fleisch im Ofen austrocknet. Dies können Sie verhindern, wenn Sie das Fleisch mit folgender Sauce einpinseln: 8 EL Ketchup, 2 EL Tamari, 50 ml Sherry. Anschließend mit Kräutern Ihrer Wahl bestreuen (Salz ist bei der Verwendung von Tamari überflüssig). Decken Sie das Fleisch während der Hälfte der Garzeit mit Alufolie ab, dann bleibt es schön saftig.

*Portionen:* Auf der 600/900-Kalorien-Stufe besteht 1 Portion aus 75 g gegartem Fleisch, sie enthält 135 kcal/565 kJ bzw. 150 kcal/628 kJ, je nachdem, ob Sie helles oder dunkles Fleisch verwenden. Auf der 1200-Kalorien-Stufe besteht 1 Portion aus 110 g gegartem Fleisch, der Energiegehalt beträgt 208 kcal/871 kJ für helles, 225 kcal/942 kJ für dunkles Fleisch. Auf der 1500- und 1800-Kalorien-Stufe besteht 1 Portion aus 150 g Fleisch; helles Fleisch hat 270 kcal/1130 kJ, dunkles 300 kcal/1265 kJ. Die Sauce zum Bestreichen erhöht den Kaloriengehalt um 15–30 kcal/63–126 kJ, je nach Portionsgröße.

## Zitronenhähnchen

Ergibt 4–6 Portionen
Pro Portion wie »Brathähnchen« (Seite 91)

*Etwa 1500 g Hähnchenteile, enthäutet*
*4 EL Zitronensaft*
*1 Zwiebel, in nicht zu feine Stücke geschnitten*
*1 Knoblauchzehe, sehr fein gewürfelt*
*¼ TL Thymian*
*¼ TL Majoran*
*¼ TL frisch gemahlener schwarzer Pfeffer*
*1 EL Petersilie, fein gehackt*

In einer ofenfesten Form alle Zutaten gut vermischen, mindestens 1 Stunde zugedeckt im Kühlschrank durchziehen lassen. Die Fleischstücke gelegentlich wenden. Den Backofen auf 180 °C vorheizen und die Hähnchenteile zugedeckt in etwa 1½ Stunden garen. Zitronenhähnchen schmeckt auch aufgewärmt so gut, daß Sie vielleicht gleich das doppelte Rezept zubereiten wollen.

## Hähnchen »Tomasi«

Dieses Gericht ist die Abwandlung eines traditionellen ungarischen Rezepts. Wir sind nicht sicher, daß es wirklich aus der Stadt Tomasi stammt, aber uns gefällt der Name!

Ergibt 6–8 Portionen
Pro Portion 300 kcal/1256 kJ

*1350 g Hähnchenteile, enthäutet*
*2 TL Butter*
*1 mittelgroße Zwiebel, gehackt*
*1 Knoblauchzehe, fein gehackt*
*5 TL Paprikapulver*
*¼ TL Cayennepfeffer*
*⅛ l Bouillon*
*240 g fettarmer Joghurt*
*4 EL fettarme Milch*
*Salz und schwarzer Pfeffer*

1 TL Butter in einer großen Pfanne zerlassen und die Hähnchenteile darin anbräunen. Herausheben und auf Küchenpapier entfetten. Die restliche Butter in die Pfanne geben, die Zwiebel und den Knoblauch darin anbraten. Deckel aufsetzen und weiterdünsten, bis die Zwiebelstücke glasig sind. Die Hähnchenteile zurück in die Pfanne legen, mit Paprikapulver und Cayennepfeffer bestreuen und die Bouillon angießen. Zugedeckt köcheln lassen, bis das Fleisch weich ist. Die Hähnchenteile nochmals herausheben, Pfanne vom Herd ziehen.
Die Flüssigkeit in der Pfanne mehrere Minuten abkühlen lassen. Dies ist wichtig, damit der Joghurt nicht gerinnt. In die lauwarme Flüssigkeit den Joghurt und die Milch geben und die Sauce glattrühren. Bei schwacher Hitze zurück auf den Herd stellen, mit Pfeffer und Salz abschmecken und das Fleisch wieder einlegen. Vorsichtig erhitzen, aber nicht mehr aufkochen lassen!
Eine Portion besteht aus 150 g.
Bei der Kalorienangabe ist die Sauce nicht berücksichtigt. Rechnen Sie pro Eßlöffel Sauce mit etwa 10 kcal/42 kJ.

## Hähnchenbrust mit Mandeln

Ergibt 8 Portionen
Pro Portion 223 kcal/933 kJ

*80 ml Tamari*
*2,5 cm großer Würfel frischer Ingwer, fein gehackt (oder 1 TL Ingwerpulver)*
*3 Knoblauchzehen, fein gehackt (oder 1 TL Knoblauchpulver)*
*1350 g Hähnchenbrust, entbeint und enthäutet*
*70 g Weizenvollkornmehl*
*50 g Mandeln, fein gemahlen*
*½ TL Salz*
*½ TL Pfeffer*
*2 EL Erdnuß- oder Maiskeimöl*

In einer großen Schüssel Tamari, Ingwer und Knoblauch verrühren. Die Hähnchenbrust in mundgerechte Stücke schneiden und in der Sauce marinieren. In einer zweiten Schüssel Mehl, Mandeln, Salz und Pfeffer vermischen. Über das Hähnchenfleisch streuen und das Fleisch wenden, bis es ringsum gut von der Mehlmischung überzogen ist. Das Öl im Wok oder einer großen Pfanne bei starker Hitze sehr heiß werden lassen. Das Hähnchenfleisch hineingeben, Hitze auf mittlere Einstellung herunterschalten. Zugedeckt unter häufigem Wenden etwa 20 Minuten braten. Dazu passen sehr gut Reis und eine grüne Gemüsesorte.

## *Fisch*

### Pochiertes Fischfilet

Das Garziehen im Sud ist wohl die einfachste Art, Fischfilets oder -steaks wie Lachs oder Heilbutt kalorienarm zuzubereiten.

Ergibt 6–8 Portionen
Pro 25 g gegarter Fisch
50 kcal/209 kJ

*235 ml trockener Weißwein*
*470 ml Wasser*
*1 EL Petersilie, fein gehackt*
*1 Lorbeerblatt*
*1 Zitrone, in dünne Scheiben geschnitten*
*Kräutersalz (Seite 104)*
*1 Zwiebel, in dünne Scheiben geschnitten (nach Belieben)*
*1 Möhre, in dünne Scheiben geschnitten (nach Belieben)*
*240 ml Muschelsauce (Fertigprodukt, nach Belieben)*
*900 g Fischfilet oder -steaks*
*Zitronenscheiben und Petersilienstengel zum Garnieren*

Wein, Wasser, Petersilie, Lorbeerblatt, Zitronenscheiben und Kräutersalz in einen Topf geben. Falls gewünscht, auch Zwiebel, Möhre und Muschelsauce zufügen. Zum Kochen bringen, Hitze zurückschalten und den Sud 30 Minuten köcheln lassen. Durchseihen. Den rohen Fisch in Einzelportionen von etwa 100–200 g teilen, je nachdem, wieviel auf Ihrem Menüplan steht (das Gewicht verringert sich beim Garen um ein Viertel). Mit dem Sud in eine tiefe Auflaufform geben. Zugedeckt bei 150 °C in etwa 20 Minuten garen, bis sich der Fisch mit der Gabel zerpflücken läßt. Den Fisch mit ein paar Eßlöffeln Sud auf eine vorgewärmte Platte geben und mit Folie abdecken, damit er nicht austrocknet. Den restlichen Sud in einen Topf gießen und auf die Hälfte einkochen lassen. Vor dem Servieren über den Fisch gießen. Mit weiteren Zitronenscheibchen und Petersilienbüschelchen garnieren.

Vereinfachte Garmethode
Ich habe ausgezeichnete Ergebnisse mit einem verkürzten Verfahren gehabt, das nur 5 Minuten dauert, sobald die Zutaten einmal beisammen sind.
Legen Sie den Fisch mitten auf ein Stück Alufolie, das so groß ist, daß Sie es über dem Fisch zusammenfalten können. Die Folie samt Fisch in eine ofenfeste Form legen. Mit Kräutersalz und den Zutaten des Rezepts oben, die Sie mögen, würzen. Die Flüssigkeitszugabe auf ¼ l Weißwein, ¼ l Wasser und (nach Belieben) ¼ l Muschelsauce beschränken, direkt über den Fisch gießen und die Folie fest zusam-

menfalten, so daß sie völlig abdichtet. Den Backofen auf 150 °C vorheizen und den Fisch in etwa 30 Minuten garen, bis er sich mit einer Gabel zerpflücken läßt. Vor dem Servieren etwas abkühlen lassen. Den Sud probieren und gegebenenfalls einkochen lassen, damit er kräftiger schmeckt. Über den Fisch gießen und sofort servieren.
*Portionen:* Für 1 Portion rechnet man auf der 600/900-Kalorien-Stufe 75 g, auf der 1200-Kalorien-Stufe 110 g und auf allen höheren Stufen 150 g gegarten Fisch.

## Regenbogenforelle, im Ofen gegart

Ergibt 4 Portionen
Pro Portion 125 kcal/523 kJ

*4 kleine Regenbogenforellen von je etwa 340 g*
*1 EL Öl*
*Kräutersalz (Seite 104)*
*frisch gemahlener schwarzer Pfeffer*

Backofen auf 250 °C vorheizen. Öl in eine mit Alufolie ausgekleidete flache Form gießen, den Fisch darin gut wenden, salzen, pfeffern und in etwa 12 Minuten im Ofen garen, er muß sich mit einer Gabel zerpflücken lassen. Sie können den Fisch auch nur bei Oberhitze garen.
*Variation:* Wenn Sie Forellen gern mit Zwiebel- und Knoblauchgeschmack mögen, bestreuen Sie sie vor dem Garen mit Zwiebel- und Knoblauchpulver.

## Indische Lachssteaks »Royal«

Ergibt 4 Portionen
Pro Portion 330 kcal/1381 kJ

*4 Lachssteaks von etwa 2,5 cm Dicke (zu je 200 g)*
*4 EL Hühner- oder Gemüsebrühe*
*2 EL Zitronensaft*
*½ TL Fenchelkörner, zerdrückt*
*¼ TL Kreuzkümmel*
*¼ TL gemahlener Koriander*
*1 Prise Salz*
*frisch gemahlener schwarzer Pfeffer*

Lachs in eine flache Glasschale legen, mit Brühe und Zitronensaft übergießen und mit den Gewürzen bestreuen. Zugedeckt im Kühlschrank mindestens 2 Stunden ziehen lassen, dabei den Lachs gelegentlich wenden. Eine feuerfeste Form oder Fettpfanne mit Folie auskleiden und die Lachssteaks darauflegen. Den Grill im Backofen vorheizen. Auf jedes Lachssteak 2 TL Marinade träufeln; Steaks 6–8 Minuten unter den Grill schieben, bis sie an den Rändern leicht bräunen. Wenden, die restliche Marinade darüberlöffeln und weitere 6–8 Minuten grillen.
1 Portion sollte aus 150 g fertig gegartem Fisch bestehen.
*Hinweis:* Dieses Gericht hat ein zartes, vornehmes Aroma. Es ist nicht scharf oder überwürzt – eine Vorstellung, die viele Menschen mit der indischen Küche verbinden.

## Gegrilltes Fischfilet

Ergibt 4–6 Portionen
Pro 25 g gegarter Fisch
50 kcal/209 kJ

*1 EL Öl*
*1 EL Zitronensaft*
*frisch gemahlener schwarzer Pfeffer*
*675 g Fischfilets (Scholle, Flunder usw.)*
*2 EL Petersilie, gehackt*
*1 Zitrone (6 Rädchen), Salz*

Öl, Zitronensaft und Pfeffer in eine flache Form oder Grillpfanne geben und gut vermischen. Den Fisch sorgfältig darin wenden, so daß er auf beiden Seiten von der Mischung überzogen wird. Mit Petersilie bestreuen und leicht andrücken. Den Fisch auf jeder Seite 3–4 Minuten grillen, bis er an den Rändern gut gebräunt ist. Mit Zitronenrädchen servieren. Bei Tisch nach Bedarf salzen.
*Portionen:* Siehe »Pochiertes Fischfilet« (Seite 94), Angaben am Schluß des Rezepts.

# *Nudelgerichte*

Rechnen Sie pro Portion 100 g gekochte Spaghetti oder Linguini (schmale Bandnudeln), was etwa 50 g ungekochten Nudeln entspricht. Eine solche Portion hat etwa 200 kcal/837 kJ. Zwei Saucen stehen zur Wahl.

## Knoblauch-Muschelsauce

Diese ungewöhnliche, sehr aromatische Sauce enthält eine beachtliche Menge Champignons und Muscheln, so daß Sie etwas weniger Nudeln nehmen können und dafür etwas mehr Sauce bekommen; eine so große Portion ist relativ kalorienarm.

Ergibt 4 Portionen
Pro Portion 70 kcal/293 kJ

*2 EL feines Olivenöl*
*4 Knoblauchzehen, fein gehackt*
*1 große Zwiebel, gehackt*
*½ grüne Paprikaschote, gehackt*
*225 g Champignons, in Scheiben geschnitten*
*1½ TL getrockneter Thymian*
*2 EL Petersilie, gehackt*
*1 Prise Cayennepfeffer*
*2 150g- oder 175g-Gläser gehackte Muscheln*
*Salz, frisch gemahlener schwarzer Pfeffer*

Das Öl in einem Topf erhitzen, Knoblauch, Zwiebel und Paprika darin glasig dünsten (gegebenenfalls etwas Wasser zugießen und den Deckel aufsetzen). Champignons zufügen und bei geschlossenem Topf etwa 3 Minuten mitdünsten. Die Gewürze sowie die gehackten Muscheln samt Flüssigkeit zugeben und kurz erhitzen. Mit 100 g gekochten Nudeln hat 1 Portion etwa 270 kcal/1130 kJ. Wenn Sie möchten, können Sie auch Parmesan darüberstreuen; berechnen Sie 50 kcal/209 kJ pro Eßlöffel Parmesan.

## Fleischsauce

Ergibt 6 Portionen
Pro Portion 125 kcal/523 kJ

*450 g mageres Rindfleisch, durchgedreht*
*1 große Zwiebel, gehackt*
*1 Selleriestange, gehackt*
*1 grüne Paprikaschote, gehackt*
*1 700g-Dose Tomaten*
*1 150g-Dose Tomatenpüree*
*1 EL Worcestersauce*
*1 TL Chilipulver*
*½ TL Origano*
*½ TL Basilikum*
*Salz*
*frisch gemahlener schwarzer Pfeffer*

Das Hackfleisch ohne Fett anbraten – wenn Sie wirklich mageres Fleisch bekommen, brauchen Sie anschließend kein Fett wegzugießen. Zwiebel, Sellerie und Paprika zufügen und ein paar Minuten mitbraten. Die restlichen Zutaten zugeben und die Sauce zum Kochen bringen. Dann die Hitze sofort herunterschalten und die Sauce ohne Deckel etwa 1 Stunde köcheln lassen, bis sie so dick ist, wie gewünscht. Nach Bedarf können Sie während des Köchelns etwas Wasser oder 4 EL trockenen Rotwein zufügen.
Mit 100 g gekochten Nudeln hat 1 Portion etwa 325 kcal/1360 kJ. Rechnen Sie zusätzlich 50 kcal/209 kJ je Eßlöffel Parmesan, falls Sie welchen darüberstreuen.

# *Gemüse und Beilagen*

Um den Kaloriengehalt auf ein Minimum zu beschränken, wird man die meisten Gemüsesorten entweder über kochendem Wasser dämpfen, in sehr wenig Wasser ohne Fettzugabe dünsten oder im Mikrowellengerät nach Anweisung garen. Auf der 600/900-Kalorien-Stufe verwenden wir kein Fett oder andere Zugaben, die den Kaloriengehalt unnötig erhöhen – wir halten uns statt dessen an Kräuter. Auf allen höheren Diätstufen dürfen Sie Ihr Gemüse mit ein wenig Fett und anderen kalorienhaltigen Zutaten verfeinern.
Alle Gemüsesorten können »ohne alles« oder nur gewürzt mit einem Hauch Salz (am besten Kräutersalz, Seite 104) und Pfeffer verzehrt werden. Die folgenden Rezepte wollen für etwas mehr Abwechslung sorgen – vielleicht haben Sie noch nicht die Erfahrung gemacht, welche Wunder Kräuter und Gewürze bei den alltäglichsten Gerichten bewirken können. Wenn Sie mit Kräutern und Gewürzen umgehen lernen, können Sie sowohl Ihren Salzverbrauch als auch die Fettzugaben beim Kochen leichter einschränken oder darauf ganz verzichten.
Denken Sie auch immer daran, daß die meisten Gemüsesorten den größten Nährwert haben, wenn Sie sie roh essen. Zwar zeige ich Ihnen hier, wie Sie Ihr Gemüse für die Intervall-Diät auf schmackhafte Art

garen können, doch tun Sie gut daran, jeden Tag eine Sorte Gemüse roh zu essen. Garen Sie Gemüse jedenfalls nicht zu lange – es schmeckt am besten, wenn es noch Biß hat.

## Möhren

Auf meinem persönlichen Speisezettel stehen Möhren an zweiter Stelle, gleich nach Brokkoli. Mir schmecken Möhrenscheibchen, die nur mit ein wenig Wasser im Mikrowellengerät gegart sind (richten Sie sich nach den Anweisungen zu Ihrem Gerät). Dill und/oder Schnittlauch runden das Möhrengemüse schön ab.

## Möhren à l'Orange

Ergibt 4 Portionen zu je 65 g
Pro Portion 23 kcal/96 kJ

*260 g Möhren*
*4 EL Wasser*
*1 EL abgeriebene Orangenschale (von unbehandelter Orange)*
*Kräutersalz (Seite 104)*

Die Möhren in Scheiben schneiden und mit dem Wasser aufsetzen. Orangenschale zufügen und das Gemüse weich dünsten. Bei Tisch mit Kräutersalz abschmecken.
*Variationen:* Statt Orangenschale 1 EL frischen oder 1 TL getrockneten Dill zufügen. Oder 2 EL Schnittlauch bzw. gehacktes Grün von Frühlingszwiebeln untermischen.

## Möhren mit Sellerie, gedünstet

Dünsten bezeichnet im herkömmlichen Sinn das Garen in Fett mit wenig Flüssigkeitszugabe. Wenn Sie jedoch auf Ihr Gewicht achten müssen, können Sie beim Zubereiten Ihrer Mahlzeiten nichts Schlimmeres tun, als auch nur 1 Gramm mehr Fett zu verwenden, als Sie zum Abrunden des Aromas wirklich brauchen. Dünsten heißt bei mir deshalb soviel wie Garen im Mikrowellengerät oder wie köcheln (mit wenig Wasser in einen Topf geben und zugedeckt bei schwacher Hitze garen).

Ergibt 1 Portion
Pro Portion 25 kcal/105 kJ

*1 Möhre, in ½ cm dicke Scheiben geschnitten*
*1 Selleriestange, in 5 cm lange Stücke geschnitten*
*4 EL Wasser*
*knapp 1 TL Butter*
*¼ TL Schnittlauchröllchen (nach Belieben)*

Das Gemüse mit dem Wasser in einen Topf geben und bißfest dünsten, auf keinen Fall zu weich werden lassen (nehmen Sie auch für größere Gemüsemengen immer nur 4 EL Wasser – dies reicht für bis zu 4 Möhren und Selleriestangen). Die Flüssigkeit abgießen und die Butter unterziehen. Beim Garen im Mikrowellengerät folgen Sie bitte den Anweisungen des Herstellers und ziehen die Butter kurz vor dem Servieren unter das Gemüse.

Ich kenne keine bessere Würzzutat für Möhren mit Sellerie als Schnittlauch. Wenn Sie gerne Schnittlauch essen, geben Sie ihn gleich zu Beginn des Garvorgangs zu.

## Möhren mit Zwiebeln

Ergibt 6 Portionen zu je 65 g
Pro Portion 27 kcal/113 kJ

*Knapp 400 g Möhren*
*1 Zwiebel, gehackt*
*4 EL Wasser*
*1–2 EL Petersilie, gehackt*
*Salz*
*frisch gemahlener schwarzer Pfeffer*

Die Möhren in Scheiben schneiden. Zusammen mit allen anderen Zutaten in einen Topf geben und kurz aufkochen lassen. Bei schwacher Hitze weich dünsten.

## Grüne Bohnen mit Mandeln

Ergibt 4 Portionen zu je 65 g
Pro Portion 38 kcal/159 kJ

*250 g grüne Bohnen, tiefgefroren*
*4 EL Wasser*
*Salz*
*frisch gemahlener schwarzer Pfeffer*
*2 EL Mandelblättchen*

Die Bohnen in dem Wasser knackig weich kochen. Die restlichen Zutaten zufügen und noch weitere 5 Minuten leise köcheln lassen.

## Grüne Bohnen mit Schnittlauch

Ergibt 8 Portionen zu je 65 g
Pro Portion 18 kcal/75 kJ

*500 g grüne Bohnen, frisch oder tiefgefroren*
*4 EL Wasser*
*2 EL Petersilie, fein gehackt*
*1 EL Schnittlauch oder das Grün von Frühlingszwiebeln, gehackt*
*½ EL Kräutersalz (Seite 104)*

Die ungewürzten Bohnen mit dem Wasser weich dämpfen oder dünsten (oder im Mikrowellengerät nach Anweisung garen). Erst kurz vor dem Servieren Petersilie und Schnittlauch sowie das Salz darüberstreuen.
1 Portion besteht aus 65 g Bohnen.
*Variationen:* Die grünen Bohnen können Sie mit 225 g Champignons, 1 großen, in Scheiben geschnittenen Zwiebel oder 1 Dose Silberzwiebeln (abgetropft) mischen, ohne daß sich der Kaloriengehalt einer 65g-Portion nennenswert ändert.

## Blumenkohl mit Bohnenkraut

Pro Portion 30 kcal/125 kJ

Einen mittelgroßen Blumenkohl in 5 cm große Röschen teilen, mit je 2 TL Bohnenkraut und Origano bestreuen. Bißfest dämpfen.
1 Portion besteht aus 100 g gegartem Blumenkohl.

## Erbsen mit Silberzwiebeln

Ergibt 4 Portionen zu je 65 g
Pro Portion 75 kcal/314 kJ

*250 g Erbsen, frisch oder tiefgefroren*
*4 EL Wasser*
*1 kleines Glas Silberzwiebeln oder 1 große Zwiebel, in Scheiben geschnitten*
*1 EL Butter*
*Kräutersalz (Seite 104)*
*frisch gemahlener schwarzer Pfeffer*

Die Erbsen in dem Wasser knapp weich kochen. Silberzwiebeln und Butter zufügen, würzen und alles kurz erhitzen. Wenn Sie frische Zwiebeln nehmen, diese in Butter glasig dünsten, dann die Erbsen mit 4 EL Wasser zufügen und weich dünsten, abschmecken.
Dies ist die traditionelle Beilage zu gegrilltem oder pochiertem Fisch. Das Gemüse paßt besonders gut zu Lachs.

## Erbsen nach Großmutters Art

Vielleicht kennen Sie den alten Folksong, den Simon und Garfunkel in den sechziger Jahren berühmt gemacht haben: *Scarborough Fair.* Im folgenden Rezept werden alle köstlichen Kräuter verwendet, die in dem Lied besungen werden.

Ergibt 4 Portionen zu je 65 g
Pro Portion 57 kcal/239 kJ

*250 g Erbsen, frisch oder tiefgefroren*
*4 EL Wasser*
*1 TL Petersilie*
*½ TL Salbei*
*½ TL Rosmarin*
*½ TL Thymian*

Die Erbsen in dem Wasser knapp weich kochen. Kräuter zufügen und noch 1 Minute weiterköcheln lassen, dann servieren.
*Variation:* Erbsen schmecken auch hervorragend mit Zitronensaft und Basilikum abgeschmeckt (rechnen Sie für das Rezept ½ Zitrone und 1½ TL Basilikum). Nach Bedarf pfeffern und salzen.

## Brokkoli

Pro Portion 30 kcal/125 kJ

Brokkoli ist eines meiner Lieblingsgemüse. Er schmeckt nicht nur gut, sondern strotzt auch nur so vor Nährstoffen; er enthält reichlich Vitamin A und C und viele Ballaststoffe. Auch ist er ein guter Lieferant von Calcium und Eisen. Nehmen Sie ihn als Standardgemüse in Ihr Repertoire auf!
Gegart im Mikrowellengerät, gedämpft oder in 4 EL Wasser oder Brühe gedünstet, schmeckt Brokkoli ausgezeichnet. Er ist gar, wenn er mit einer Gabel angestochen werden kann, aber noch Biß hat.
1 Portion Brokkoli besteht aus 100 g. Wenn Sie Brokkoli »nackt und bloß« nicht so gern mögen, bestreuen Sie ihn mit 1 TL Parmesan pro Portion – damit haben Sie auch

schon »Brokkoli au gratin«, wie er auf der 600/900-Kalorien-Stufe vorgesehen ist. Berechnen Sie zusätzlich etwa 15 kcal/62 kJ pro Teelöffel Parmesan.

## Brokkoli mit schwarzen Oliven

Ergibt 8 Portionen zu je 100 g
Pro Portion 90 kcal/377 kJ

*Knapp 700 g Brokkoli*
*1 Knoblauchzehe, fein gehackt*
*1 EL Olivenöl*
*50 g schwarze Oliven, entsteint*
*4 EL Parmesan*
*Salz, frisch gemahlener schwarzer Pfeffer*

Brokkoli in wenig Wasser 10 Minuten dünsten (oder im Mikrowellengerät nach Anweisung garen), abtropfen lassen. Knoblauch in einer Pfanne im Olivenöl anbräunen, Brokkoli zufügen und bei schwacher Hitze weitere 5 Minuten dünsten, dabei den Pfannendeckel auflegen. Darauf achten, daß der Brokkoli nicht zu weich wird! Oliven zugeben und weitere 2 Minuten braten. Mit Parmesan bestreuen und sofort servieren. Erst bei Tisch salzen und pfeffern.

## Squash oder Zucchini, gebacken

Pro Portion 56 kcal/234 kJ

Portionsgröße: 400 g. Rechnen Sie also mit einer halben Squash oder einer ganzen, größeren Zucchini pro Person.
Squash oder Zucchini längs halbieren und die harten Kerne herauskratzen. Mit der Schnittfläche nach unten auf Alufolie setzen und bei 180 °C etwa 45 Minuten backen, bis das Gemüse weich ist. Bei Tisch pfeffern und salzen.
Würzen Sie zur Abwechslung auch einmal mit Nelkenpulver, Ingwer oder Muskat.

## Spinat, pfannengerührt

Ergibt 4 Portionen
Pro Portion 60 kcal/251 kJ

*450 g frischer Spinat (oder anderes grünes Blattgemüse)*
*1 EL Öl (am besten Olivenöl)*
*1 mittelgroße Zwiebel, in dünne Scheiben geschnitten*
*Kräutersalz (Seite 104)*
*frisch gemahlener schwarzer Pfeffer*

Den Spinat waschen und abtropfen lassen. Das Öl in einer Pfanne erhitzen und die Zwiebel 1 Minute darin anrösten. Den Spinat hineingeben und unter Rühren garen, bis die Blätter zusammenfallen und die festen Teile heiß sind – etwa 1 Minute bei Mittelhitze. Mit Salz und Pfeffer abschmecken.
*Variationen:* Mit etwas Zitronensaft beträufeln oder mit ein wenig Käse bestreuen.
*Hinweis:* Dieses Rezept eignet sich auch gut für alle grünen Blattgemüse, Chinakohl oder andere Kohlsorten.

## Spinat-Brokkoli-Auflauf

Ergibt etwa 12 Portionen
Pro Portion 85 kcal/356 kJ

*500 g Blattspinat, tiefgefroren*
*250 Brokkoli, tiefgefroren*
*120 ml kochendes Wasser*
*1 Dose Champignoncremesuppe*
*45 g Parmesan, gerieben*
*45 g Cheddar, gerieben*
*120 ml fettarme Milch*
*je 1 TL Knoblauch- und Zwiebelpulver*
*Salz*
*frisch gemahlener schwarzer Pfeffer*
*75 g Semmelbrösel*

Spinat und Brokkoli in das kochende Wasser geben und vollständig auftauen lassen, aber nicht garen. Champignoncremesuppe, Käse, Milch und Gewürze vorsichtig untermengen. In eine große Auflaufform füllen und mit Semmelbröseln bestreuen. Im vorgeheizten Backofen bei 180 °C in etwa 35–40 Minuten garen.
Dieser Spinat-Brokkoli-Auflauf eignet sich hervorragend als Hauptmahlzeit, wenn Sie die Portionsgröße verdoppeln oder verdreifachen und den Kaloriengehalt entsprechend berücksichtigen.

## Gemüse, pfannengerührt

Wenn Sie mit der chinesischen Garmethode des Pfannenrührens bereits vertraut sind, können Sie Ihr Gemüse gern auf diese Art zubereiten, solange Sie mit Fett äußerst sparsam umgehen. Mit diesem Rezept erzielen Sie recht ähnliche Ergebnisse wie beim Pfannenrühren im Wok.

Ergibt 4 Portionen
Pro Portion 110 kcal/460 kJ

*1 EL Butter oder Öl*
*1 grüne Paprikaschote, in dünne Scheiben geschnitten*
*4 große Möhren, in 5 mm dicke Scheiben geschnitten*
*2 mittelgroße Zwiebeln, in dünne Scheiben geschnitten*
*3 Knoblauchzehen, gehackt*
*4 Selleriestangen, in 5 cm lange Stücke geschnitten*
*60 g Weißkohl, gehobelt*
*450 g grünes Blattgemüse*
*je 1 Prise Majoran und Thymian*
*2 EL Sojasauce*
*frisch gemahlener schwarzer Pfeffer*

Bevor Sie die Gemüse vorbereiten, die Butter in eine Pfanne geben und bei schwacher Hitze heiß werden lassen. Die Gemüse in der angegebenen Reihenfolge klein schneiden und immer gleich in die Pfanne geben: Paprikaschote, Möhren, Zwiebeln, Knoblauch und Sellerie. Gelegentlich umrühren. Dann auf gute Mittelhitze hochschalten und die Gemüse 2–3 Minuten weiterbraten. Nun den Weißkohl und das Blattgemüse zufügen, mit Majoran und Thymian bestreuen. Bei Mittelhitze braten, dabei ständig rühren, bis das Blattgemüse zusammenfällt, die anderen Gemüse aber noch knackig sind. Mit Sojasauce und Pfeffer abschmecken.

Dazu braunen oder wilden Reis (Seite 104) reichen, den Sie etwa 1 Stunde vorher aufsetzen müssen, sowie pro Portion 2 EL geriebenen Käse. Rechnen Sie mit zusätzlich etwa 90 kcal/377 kJ pro 80g-Portion Reis (bzw. mit 105 kcal/439 kJ, wenn Sie den Reis mit Fett garen) und mit 100 kcal/419 kJ für 2 EL Käse.

## Tomaten au gratin

Ergibt 4 Portionen
Pro Portion 28 kcal/117 kJ

*2 schöne, große Tomaten*
*1 Knoblauchzehe, fein gehackt*
*¼ TL Estragon*
*¼ TL Basilikum*
*1 EL geriebener Parmesan*
*frisch gemahlener schwarzer Pfeffer*

Die Tomaten quer halbieren. Mit der Schnittfläche nach oben in eine flache Form setzen. Knoblauch und Kräuter mit dem Käse vermischen und über die Tomaten streuen. Pfeffer darübermahlen. Bei 180 °C etwa 30 Minuten gratinieren, bis die Tomaten weich sind.

## Spargel

Frischer Spargel wird geschält und der holzige Teil am unteren Stangenende abgeschnitten. In wenig Wasser in etwa 12 Minuten weich kochen. Sie können den Spargel auch dämpfen oder nach Anweisung im Mikrowellengerät garen. Die Spitzen bleiben unversehrt, wenn Sie den Spargel zu einem Bündel zusammenbinden (die äußeren Stengel dafür etwa 3 cm zurückschneiden), aufrecht in einen hohen Topf stellen und bei geschlossenem Deckel kochen. Gefrorenen Spargel nach Anweisung auf der Packung garen. Portionsgröße bei Spargel: 100 g.

## Spargel mit Kümmel

Ergibt 4 Portionen zu je 100 g
Pro Portion 18 kcal/75 kJ

*400 g Spargel, 2 TL Kümmel*
*frisch gemahlener schwarzer Pfeffer*

Spargel garen (siehe oben), den Kümmel gleich mit ins Kochwasser geben. Vor dem Servieren etwas schwarzen Pfeffer darübermahlen.

## »Dijon«-Dressing zu kaltem Spargel

Ergibt 4 Portionen
Pro Portion 8 kcal/33 kJ

*1 EL Dijon-Senf*
*1 EL fettarmer Joghurt*
*¼ TL Estragon*
*Salz, frisch gemahlener schwarzer Pfeffer*

Dijon-Senf mit fettarmem Joghurt und Estragon verrühren, mit Salz und frisch gemahlenem schwarzem Pfeffer abschmecken. Über die kalten Spargelstangen (kochen wie oben) verteilen.

## Brauner oder wilder Reis

Ergibt 8 Portionen zu je 80 g
Pro Portion 105 kcal/439 kJ

*1 EL Butter oder Öl*
*400 g brauner oder wilder Reis*
*940 ml Fleisch- oder Gemüsebrühe*
*Würzzutaten nach Belieben, zum Beispiel 1 EL Schnittlauchröllchen, Frühlingszwiebeln oder Kräutersalz (Seite 104), je nachdem, welche Art von Brühe Sie verwenden*

Die Butter in einem Topf erhitzen und den Reis unter Rühren darin anrösten, bis er ganz von Fett überzogen ist. Die Brühe zugießen, Deckel aufsetzen und den Reis zum Kochen bringen. Die Hitze herunterschalten; etwa 45 Minuten leise köcheln lassen, bis alle Flüssigkeit aufgesogen und der Reis auf die doppelte Menge aufgequollen ist. Mit beliebigen Würzzutaten abschmecken.

## Rote Rübchen mit Ingwer

Ergibt 4 Portionen zu je 65 g
Pro Portion 29 kcal/121 kJ

*250 g junge rote Rübchen*
*1 TL Ingwerpulver*
*2 EL Apfelessig (nach Belieben)*
*1 EL Petersilie, fein gewiegt*

Sie können kleine rote Rübchen aus dem Glas verwenden oder frische Rüben selbst kochen: Dann schneiden Sie das Grün etwa 2,5 cm über dem Ansatz ab und lassen das Wurzelende dran. Kleine, junge Rübchen müssen etwa 30 Minuten kochen.
Die gekochten Rübchen abgießen (ein wenig Flüssigkeit zurückbehalten) und vor dem Servieren mit Ingwerpulver bestreuen. Sie können die Rübchen auch mit Apfelessig pikant abschmecken. Mit gewiegter Petersilie bestreuen.

## Kräutersalz

*½ TL Basilikum*
*¼ TL Dill*
*¼ TL Salz*
*¼ TL Thymian*
*¼ TL Selleriesamen*
*¼ TL getrocknete Petersilie*

Alle Zutaten in einen Mörser geben und fein zerstoßen. In einem kleinen Schraubglas aufbewahren. Probieren Sie gern auch Ihre eigenen Kräutermischungen aus.
Sie werden bald entdecken, daß Kräutersalz ein ausgezeichneter Ersatz für normales Tafelsalz ist. Statt 2000–2200 mg Natrium pro Teelöffel normales Tafelsalz hat Kräutersalz nur 285 mg. Mit 1 Prise Kräutersalz nehmen Sie also nur 30–40 mg Natrium zu sich – lediglich ein Siebtel dessen, was Ihnen normales Tafelsalz bescheren würde!

# Einkaufsliste zur Intervall-Diät

Diese Einkaufsliste soll es Ihnen erleichtern, genau das einzukaufen, was Sie zur Durchführung der Intervall-Diät brauchen. Die Liste ist auf die Diät für *Frauen* abgestimmt. *Männer* können die Liste für die zweite Woche als Grundlage benutzen; Änderungen oder Zusätze sind nur bei wenigen Mahlzeiten erforderlich. Darunter fallen der »Kalbshackbraten« am 12. Tag und der Vorschlag »Regenbogenforelle, gegrillt« am 14. Tag der Diät für Männer.

Mengen habe ich auf dieser Liste nicht angegeben. Notieren Sie selbst in dem Freiraum hinter den einzelnen Posten, wieviel Sie brauchen – vielleicht wollen Sie gleich genug für die ganze Familie einkaufen oder für eine weitere Person, die die Intervall-Diät gemeinsam mit Ihnen macht. Sehen Sie die Menüpläne der ersten Woche durch. Überlegen Sie, ob Sie irgendwelche Dinge austauschen wollen und ergänzen Sie die Liste entsprechend.
Außerdem ist es eine gute Idee, die Rezepte für die Mahlzeiten an den einzelnen Tagen zu überfliegen, falls Ihnen zufällig irgendwelche Zutaten (z. B. Gewürze) ausgehen sollten, die Sie zum Kochen brauchen.

## *1. und 3. Woche*

Obst

Äpfel ________________

Bananen ________________

Beeren
(nach Jahreszeit) ________________

Grapefruit ________________

Netzmelone ________________

Sonstiges (als
*unbedenkliche Frucht*) ________________

Getreideprodukte

Getreideflocken ________________

Vollkorncracker
(natriumarm) ________________

Weizenvollkornbrot ________________

Milchprodukte

Hartkäse ________________

Körniger Frischkäse ________________

Milch (Mager- oder
fettarme Milch) ________________

Gemüse

*Erlaubtes Gemüse*
(Vorrat nach Wahl)

Chicorée ________________

Chinakohl ________________

Endiviensalat ________________

Gurke ________________

Kopfsalat ________________

Petersilie ________________

Radieschen ________________

Spargel ________________

Spinat ________________

Stangensellerie ________________

Wasserkresse ________________

Winterendivie ________________

Zucchini ________________

*Weitere Gemüsesorten*

Blumenkohl ____________

Bohnen, grüne ____________

Brokkoli ____________

Erbsen ____________

Möhren ____________

Rote Rübchen ____________

Spargel (falls nicht schon oben notiert) ____________

Fleisch, Fisch und Geflügel

Fischfilet ____________

Hähnchen ____________

Lachs naturel (Dose) ____________

Rindersteak und/oder mageres Hacksteak ____________

Sardinen (nach Belieben) ____________

Thunfisch naturel (Dose) ____________

Kräuter und Gewürze

____________

____________

Verschiedenes

Eier ____________

Erdnußmus ____________

Kalorienfreies oder kalorienarmes Dressing ____________

Kalorienfreie Getränke (Tee, Kaffee, Kräutertee, Mineralwasser usw.) ____________

Mayonnaise (nach Belieben) ____________

Sonstiges (zum Kochen)

____________

____________

____________

## 2. Woche

Obst

Ananas, frische (nach Belieben) ____________

Äpfel ____________

Bananen ____________

Beeren (nach Jahreszeit) ____________

Birnen (nach Belieben) ____________

Grapefruit ____________

Netzmelone ____________

Trauben ____________

Sonstiges (als *unbedenkliche Frucht*, zum Obstsalat) ____________

Getreideprodukte

Getreideflocken (auch Haferflocken) ____________

Reis, brauner (oder wilder) ____________

Spaghetti oder Linguini (= schmale Bandnudeln) ____________

Vollkorncracker (natriumarm) ____________

Weizenvollkornbrot ____________

Milchprodukte

Hartkäse ____________

Joghurt (für Hähnchen »Tomasi«) ____________

Körniger Frischkäse ____________

Milch (Mager- oder fettarme Milch) ____________

Parmesan ____________

Gemüse

*Erlaubtes Gemüse* (Vorrat nach Wahl)

Chicorée ____________

Chinakohl ____________

Endiviensalat ____
Gurke ____
Kopfsalat ____
Petersilie ____
Radieschen ____
Spargel ____
Spinat ____
Stangensellerie ____
Wasserkresse ____
Winterendivie ____
Zucchini ____

*Weitere Gemüsesorten*

Blumenkohl ____
Bohnen, grüne ____
Brokkoli ____
Champigons ____
Erbsen ____
Kartoffeln ____
Möhren ____
Paprika ____
Rote Rübchen ____
Silberzwiebeln ____
Spargel (falls nicht schon oben notiert) ____
Spinat (falls nicht schon oben notiert) ____
Squash ____
Stangensellerie (falls nicht schon oben notiert) ____
Tomaten ____
Sonstiges Gemüse zum Pfannenrühren ____
____
____
____
____

Rote Kidneybohnen (für Mexikanischen Bohnenaufstrich) ____

Fleisch, Fisch und Geflügel

Fischfilet ____
Hähnchen ____
Lachs naturel (Dose) ____
Lachssteaks ____
Muscheln im Glas oder Hackfleisch (für Spaghettisauce) ____
Rinderbraten (Lende oder Ober- bzw. Unterschale) ____
Rindersteak ____
Sardinen (nach Belieben) ____
Thunfisch naturel (Dose) ____
Schweinekoteletts ____

Kräuter und Gewürze

____
____
____
____

Verschiedenes

Eier ____
Erdnußmus ____
Kalorienfreies oder kalorienarmes Dressing ____
Kalorienfreie Getränke (Tee, Kaffee, Kräutertee, Mineralwasser usw.) ____
Mandelblättchen ____
Mayonnaise (nach Belieben) ____
Oliven, schwarze ____
Schnittlauch oder Frühlingszwiebeln ____

Sonstiges

____
____

# 7 Das Bewegungsprogramm zur Intervall-Diät

Nennen wir das Kind beim rechten Namen.

Ich weiß genau – wenn irgendetwas die Leute von einer Schlankheitskur abschreckt, dann ist es die Aussicht, körperlich aktiv werden zu müssen. Deshalb neigen die großen kommerziellen und teuren Schlankheitskuren dazu, die Notwendigkeit körperlicher Bewegung herunterzuspielen. Die Anpreiser dieser Kurprogramme wissen genau, daß es Übergewichtigen schwer fällt, sich an körperlicher Bewegung zu freuen. Vor mir auf dem Schreibtisch liegt gerade eine Anzeige für ein solches Kurprogramm: »Nehmen Sie spielend ab, ohne lästige Trimmübungen!« Würden die Veranstalter dieser Kuren herausstreichen, daß doch einiges an körperlicher Aktivität nötig ist, um abzunehmen und dann auch dauerhaft schlank zu bleiben, würden viele Leute keinen Pfennig dafür locker machen.

*Aber mir ist beides bekannt – sowohl die absolute Notwendigkeit körperlicher Bewegung zum Schlankwerden und -bleiben als auch Ihre Gefühle in diesem Moment.*

Reden wir ein bißchen von Gefühlen. Als fettes Kind und als fetter Erwachsener fühlte ich mich wie ein Klotz. Ich ging nicht, ich watschelte. Es war mir immer peinlich, irgendetwas auszuprobieren, was mit körperlicher Bewegung zu tun hatte, weil ich überzeugt war, ich würde bloß komisch wirken und mich tölpelhaft anstellen. Wenn ich als Kind auch nur den Randstein entlangbalancierte, kreischte meine Mutter sofort: »Paß auf, Dick! Du fällst runter!« (Dick ist mein Spitzname.) Mein ganzes Leben lang machte ich einen großen Bogen um alles, was nach Turnhalle aussah. Mein ganzes Fett in nackter Form wollte ich nun wirklich nicht zur Schau stellen! Und bis zum Alter von fünfunddreißig Jahren gab es keine Möglichkeit, mich davon zu überzeugen, daß Bewegung vielleicht sogar *Spaß machen* könnte.

Ich versichere Ihnen, daß Sie alle diese negativen Gefühle gegenüber körperlicher Bewegung ablegen können. Wenn Sie meinem Rat folgen, kann ich Ihnen auch noch etwas anderes versichern: Nichts wird Ihnen so sehr das *Gefühl* vermitteln, *schlank zu sein,* wie Ihre Verwandlung in einen körperlich aktiven Menschen. Wenn es Ihnen so geht wie mir, dann bedeutet Gewichtsverlust noch lange nicht, daß Sie sich schlank fühlen.

Egal, was Ihnen der Spiegel sagt, Sie werden sich immer noch für dick halten. Aber das ändert sich gewaltig, wenn Sie schlank *und körperlich aktiv* werden.

Vielleicht steigt Ihre Motivation, sich zu stärkerer körperlicher Aktivität aufzuraffen, wenn Sie den nackten Tatsachen ins Auge blicken: Als körperlich inaktivem Menschen wird es Ihnen so gut wie unmöglich sein, Ihr Gewicht jemals im Zaum zu halten – Sie müssen es irgendwie schaffen, sich so viel zu bewegen, wie es die Natur vorgesehen hat.

Bis vor etwa einem Jahrhundert, vor der Erfindung des Automobils und der Nutzung der Elektrizität zu Hause und am Arbeitsplatz, mußte der Durchschnittsmensch täglich zehn bis zwölf Kilometer laufen. Und wer nicht ganz so weite Strecken zurücklegen mußte, verbrauchte trotzdem nicht weniger Energie, weil er bei seiner Arbeit stehen, sich bewegen und eine Menge Muskeleinsatz leisten mußte! Die ersten paar Jahrmillionen seiner Existenz als eigene Spezies mußte der Mensch bei seiner täglichen Arbeit etwa 500 Kalorien mehr Energie aufbringen, um den Haushalt am Laufen zu halten (Holz hacken, Kohle schaufeln) und um Nahrung zu beschaffen – Kühlschränke gab es damals ja noch nicht. Unser Köprer war dafür geschaffen, sich viel zu bewegen, und unser Appetit entspricht immer noch dieser hohen Bewegungsanforderung. Aufgrund unserer Lebensführung in früheren Zeiten hätten wir vor hundert Jahren täglich etwa 500 Kalorien mehr zu uns nehmen können, ohne dabei jemals so dick zu werden wie wir es heute sind, weil früher alle Extra-Kalorien bei harter Arbeit verbrannt wurden – nur so konnten wir uns am Leben erhalten.

In unserer technologisch hochentwickelten Gesellschaft hat die Notwendigkeit körperlichen Energieaufwands bedeutend abgenommen, nicht aber unser Appetit. Körperlich inaktive Menschen neigen sogar dazu, mehr zu essen als mäßig aktive Menschen. Die Ursache dafür ist vielleicht Langeweile oder ein gewisser Spannungszustand, der normalerweise durch körperliche Aktivität abgebaut würde.

Körperliche Aktivität ist ein vorzüglicher Appetitregler. Wenn inaktive Menschen aktiv werden, tendieren sie nämlich dazu, weniger zu essen als zuvor. Bei gesteigerter Aktivität scheint sich die Nahrungsaufnahme nur so weit zu erhöhen, daß der tatsächliche Energieverbrauch abgedeckt wird.

Solange Sie körperlich aktiv bleiben, setzt die Natur außerdem einen speziellen Fettverbrennungsprozeß in Gang, der Ihnen dabei hilft, schlank zu bleiben. Falls Sie einmal zuviel essen, sich aber sofort bewegen und bei Ihrem Aktivitätsprogramm keinen Tag auslassen, läuft Ihr Körper kurzfristig sogar auf höheren Touren als bei normaler körperlicher Aktivität, als ob er Ihnen dabei helfen wollte, die am Vortag aufgenommenen Extra-Kalorien schnell wieder zu verbrennen. Die Natur scheint mitzuhelfen, daß Sie schlank bleiben, damit Ihnen jegliche Art körperlicher Bewegung leichter fällt. Aber die Natur fordert ihren Preis dafür: stetige körperliche Aktivität. Der Mechanismus funktioniert nicht bei nur sporadischer Bewegung.

## Einige Bewegungsarten halten Sie besser schlank als andere

Fürs Schlankbleiben am wirkungsvollsten sind Sportarten, bei denen Sie sich mit Ihrem ganzen Körper räumlich fortbewegen müssen. Strammes Marschieren verbrennt etwa doppelt so viel Kalorien wie gymnastische Übungen. Während es Ihnen wie Schwerarbeit vorkommt, nur Ihre Arme zu schwingen und Ihre Beine zu heben, schleppen Sie Ihr gesamtes Körpergewicht mit, wenn Sie sich räumlich fortbewegen. Den ganzen Körper zu bewegen fällt jedem viel leichter, als nur die Arme zu schwingen, weil der Körper zum Gehen gebaut ist. Gehen nimmt die größten Muskeln in Anspruch (Gesäß- und Oberschenkelmuskulatur), und diese Muskeln befinden sich in der Körpermitte. Diese Anordnung ist für Bewegungen sehr effektiv. Um die Arme zu schwingen, müssen Sie nur kleinere Muskeln betätigen, und das bewegte Gewicht ist von den Muskeln weg nach außen verlagert. Dadurch wird die Bewegung recht ineffektiv, was Sie als anstrengend und ermüdend empfinden, obwohl Sie dabei weit weniger Kalorien verbrauchen.

Das erste Prinzip des Bewegungsprogramms zur Intervall-Diät lautet also: *Bewegen Sie sich mit Ihrem ganzen Körper durch den Raum,* damit Sie während jeder Minute körperlicher Aktivität den größtmöglichen Kalorienverbrauch erzielen.

Durch dieses Prinzip wird gleich klar, welche Bewegungsarten sich zur Gewichtskontrolle am besten eignen: Gehen, Schwimmen und gemächliches Joggen (wenn Sie Ihr Wunschgewicht erreicht haben). Gleich danach in der Rangfolge kommen Radfahren (auch das beansprucht die großen Muskeln in Oberschenkeln und Gesäß), Trampolinspringen auf einem Mini-Trampolin und schließlich Übungen, bei denen Sie Ihren ganzen Körper auf- und abbewegen, meist jedoch auf der Stelle und nicht quer durch den Raum. Die meisten Aerobic-Tanzübungen sind also nicht ganz so effektiv für die Gewichtskontrolle wie rasches Gehen.

Sportarten mit Schläger können ein ausgezeichnetes Mittel zum Schlankwerden und -bleiben sein, vorausgesetzt, Sie lernen so gut spielen, daß Sie mehr Zeit mit Bewegung verbringen als mit Herumstehen und Plaudern. Wie Sie bereits wissen, habe ich jahrelang täglich Tennis gespielt, bis ich die Freuden des Joggings entdeckte. Squash ist leichter zu lernen als Tennis, außerdem verbrennt man dabei im allgemeinen mehr Kalorien im selben Zeitraum.

Rudern – meist auf Geräten, wie sie in vielen Sportvereinen und Gymnastikstudios zu finden sind – ist in letzter Zeit zu einem beliebten Schlankheits- und Konditionstraining geworden. Und es funktioniert, obwohl Sie sich dabei nicht fortbewegen, weil so viele Muskelgruppen im ganzen Körper beansprucht werden. Rudern kann eine ausgezeichnete Bewegungsart für

Personen mit Beinverletzung oder Beingelenksbeschwerden sein, die ihre Beine nicht mit Gewicht belasten und deshalb nicht viel gehen können. Wenn Sie jedoch Probleme mit Ihrem Rücken haben, sollten Sie mit Ihrem Arzt über die Vorteile und Risiken des Ruderns sprechen und erst einmal langsam und mit geringem Widerstand anfangen und prüfen, ob es Ihnen gut tut.

## Ihr Ziel beim Bewegungsprogramm

Ziel Ihrer körperlichen Aktivität ist es, täglich dieselbe Anzahl an Kalorien zu verbrennen, die Sie gegenwärtig benötigen, damit Ihr überflüssiges Fett am Körper gesund und munter bleibt!

Lassen Sie es mich auf eine andere Weise ausdrücken: Wenn Sie Ihr Übergewicht einmal losgeworden sind, müssen Sie sich zum Ziel setzen, täglich genauso viele Kalorien durch körperliche Aktivität zu verbrennen, wie nötig waren, um den Speck, den Sie in Ihren dicken und inaktiven Zeiten mit sich herumgetragen haben, am Leben zu erhalten.

Weil ich die Fakten sowohl aus persönlicher wie aus beruflicher Erfahrung kenne, ärgert es mich wie sonst kaum etwas, daß viele kommerzielle Hersteller von Diät-Fertigmahlzeiten und Diätpulvern die Behauptung aufstellen, Diät sei bei der Gewichtskontrolle wichtiger als Bewegung. Wahrscheinlich haben Sie schon Äußerungen gehört wie: „Um ein Pfund Fett zu verlieren, müssen Sie fünfzig Kilometer laufen." Die Diätexperten, die Ihnen diese Tatsache vor Augen halten, fahren anschließend fort, die wunderbaren Eigenschaften ihrer Diät in den Himmel zu heben.

Wenn es nur ums *Abnehmen* geht, gibt es an den Vorzügen einer Diät gegenüber körperlicher Bewegung nichts zu rütteln. Kurz gesagt: Die Diät siegt. Deshalb habe ich ja auch die Intervall-Diät ausgetüftelt. Eine solche Argumentation geht aber völlig am Kern des Problems vorbei, welcher Stellenwert körperlicher Bewegung wirklich zukommt.

Die Frage stellt sich doch vielmehr so: »Wieviel körperliche Bewegung ist nötig, damit Sie Ihr Wunschgewicht halten können, sobald Sie Ihre überflüssigen Pfunde einmal losgeworden sind?«

Und hier sind die Antworten, die sich auf Fakten gründen:

Etwa 45 Minuten täglich rasche Bewegung des ganzen Körpers sind erforderlich, um dieselbe Kalorienanzahl zu verbrennen, die etwa 40 bis 50 Pfund überflüssiges Fett auf einem inaktiven, übergewichtigen Körper am Leben erhalten hat. Etwa eine Stunde rasche Bewegung des ganzen Körpers ist täglich erforderlich, um dieselbe Kalorienanzahl zu verbrennen, die etwa 60 bis 75 Pfund überflüssiges Fett auf einem inaktiven, übergewichtigen Körper am Leben erhalten hat. (Ich kann nur diese Annäherungswerte geben, weil der Stoffwechsel individuell schwankt.)

Sicher – Sie müssen möglicherweise 50 Kilometer laufen, um ein Pfund Fett zu verlieren, aber Sie brauchen täglich nur 45 Minuten rasch zu gehen (oder sich auf andere Art mit Ihrem ganzen Körper rasch zu bewegen), um für alle Zeiten zu verhindern, daß sich 40 bis 50 Pfund Fett auf Ihrem Körper ansammeln oder wieder ansammeln.

Nehmen Sie soviel wie nötig mit Hilfe der Intervall-Diät ab. Mit ihr nehmen Sie etwa genauso schnell ab wie mit jeder anderen stark kalorienreduzierten Diät, ohne aber deren Risiken einzugehen. In demselben Maße, wie die Pfunde dahinschmelzen, steigern Sie Ihre körperliche Aktivität, um alle Kalorien zu verbrennen, die Ihr Körper bisher aufwenden mußte, *nur um sein Fett am Leben zu erhalten.* Absolvieren Sie Ihr wöchentliches Bewegungspensum, das ich Ihnen gleich genauer erläutern werde, und schon nach drei Wochen werden Sie genügend Kalorien verbrennen, um sich 40 bis 50 Pfund Fett für immer vom Leib zu halten. Anschließend, wenn Sie zur Erhaltungsdiät übergehen, können Sie wieder dieselbe Menge essen wie früher; diesmal allerdings können Sie sich darauf verlassen, daß Sie nun aktiv genug sind, um zu *verhindern, daß sich auch nur ein Gramm von all dem Fett, das Sie verloren haben, wieder festsetzt.*

## Ihr wöchentliches Bewegungspensum

In welcher körperlichen Verfassung Sie auch sind, es gibt keine wichtigere Beschränkung und kein grundlegenderes Prinzip für Ihre körperlichen Aktivitäten als dieses: *Fügen Sie sich niemals Schaden zu.*

Wettkampfsportler haben ihre Gründe, wenn sie ihren Körper bis über seine Grenzen hinaus fordern. Der Siegerpreis in klingender Münze ist es ihnen wert, auch wenn sie den Rest ihres Lebens auf Krücken humpeln. Aber Sie und ich, wir brauchen nicht so weit zu gehen, um unser Gewicht zu halten und eine rundum gute körperliche Konstitution zu erlangen. Wenn Sie sich eine Verletzung holen, dann ist es mit Ihrem Bewegungsprogramm aus. Glauben Sie mir: Wenn Sie einmal aktiv geworden sind und die Freuden körperlicher Bewegung kennen, werden Sie sich schrecklich fühlen, wenn Sie eine Pause einlegen müssen! Und Sie werden sich noch schrecklicher fühlen, wenn Ihr Gewicht wieder ansteigt.

Die Sache mit Ihrem wöchentlichen Bewegungspensum ist sehr einfach. Anfänger sollten sich folgendes zum Ziel setzen:

- ▷ in der 1. Woche 15 Minuten täglich;
- ▷ in der 2. Woche steigern Sie die Dauer allmählich, bis Sie am Ende der Woche bei 30 Minuten täglich angelangt sind;
- ▷ in der 3. Woche steigern Sie die Dauer weiter, bis Sie am Ende der Woche 45 Minuten täglich erreicht haben.

Sie werden nach drei Wochen Diät noch keine 40 bis 50 Pfund abgenommen haben. Doch haben Sie am Ende dieses Zeitraums bereits die Gewißheit, daß Sie, wenn Sie 40 bis 50 Pfund abnehmen müssen, *jetzt schon* jeden Tag körperlich genügend aktiv sind, um nie wieder zuzunehmen. Machen Sie einfach die Intervall-Diät in den nächsten Monaten noch ein- bis zweimal durch, bis Sie auf Ihr Wunschgewicht heruntergekommen sind – und dieses Gewicht werden Sie für immer halten.

Die obigen Zeitempfehlungen (45 Minuten täglich) gelten, wenn Sie irgendeine Sportart wählen, bei der Sie Ihren ganzen Körper ununterbrochen bewegen (Gehen, Radfahren, Schwimmen, Joggen). Wenn Sie einen Schlägersport wie Tennis bevorzugen, müssen Sie eher mit einer bis eineinhalb Stunden rechnen, auch müssen Sie mit nur einem Partner, nicht im Doppel spielen. Ehe Sie mittelmäßig bis gut spielen können, werden Sie mehr Kalorien beim raschen Gehen verbrennen als beim Tennis in der gleichen Zeit.

Dürfen Sie einmal einen Tag aussetzen? Ja, wenn Sie müde sind oder das Wetter spüren. Mit Fieber dürfen Sie auf keinen Fall Sport treiben. Aber ein ordentlicher Sapziergang (wenn schon sonst nichts) sollte für einen Menschen mit sitzender Lebensweise zur täglichen Gewohnheit werden.

Auf weitere Einzelheiten über körperliche Aktivität werde ich später in diesem Kapitel eingehen.

## Welche Bewegungsart ist für Sie am besten?

Das zweite Prinzip des Bewegungsprogramms zur Intervall-Diät lautet: *Probieren Sie alles Mögliche aus, bis Sie mindestens eine Bewegungsart finden, die Ihnen wirklich Spaß macht.* Es sollte etwas sein, bei dem Sie sich körperlich wirklich gut fühlen, was auch Ihre »Moral« hebt: Sie werden schon allein deshalb am Ball bleiben wollen, weil Sie sich dabei als ein besserer Mensch fühlen.

Vielleicht stellt es sich für Sie als vorteilhafter heraus, sich mit zwei verschiedenen Sportarten anzufreunden als nur mit einer. Das ist nicht nur abwechslungsreicher; bei täglichem Wechsel der Bewegungsart ist die Wahrscheinlichkeit geringer, daß Sie eine Muskelgruppe übermäßig beanspruchen.

Am wichtigsten jedoch ist es, eine körperliche Aktivität zu suchen, in der Ihre verborgenen Talente und Fähigkeiten ihren persönlichen Ausdruck finden. Wenn Sie Ihr Bewegungspensum lediglich absolvieren, weil ich es Ihnen »verschrieben« habe, wird es Ihnen schließlich zur bitteren Pille werden. Probieren Sie so lange mit verschiedenen Bewegungsarten herum, bis Sie mindestens eine finden, bei der Sie sich vorstellen können, daß Sie sie einmal ganz gut beherrschen werden. Und je besser Sie werden, desto mehr werden Ihre steigende Kraft, Geschicklichkeit und Ausdauer zu Ihrem Selbstwertgefühl beitragen – genau wie alles andere in Ihrem Leben, was Sie leisten und was Sie zufrieden mit sich selbst macht.

Ich hoffe, daß Sie das, was ich Ihnen hier sage, ernst nehmen, denn unsere langfristig angelegten Folgestudien über die Teilnehmer am Vanderbilt-Gewichtskontrollprogramm zeigen, *daß körperliche Aktivität sehr oft mehr für Ihr Wohlbefinden und Ihr körperliches Selbstwertgefühl tut als der erzielte Gewichtsverlust.* Da das auf mich ganz besonders zutrifft, möchte ich Ihnen jetzt erzählen, welche Rolle körperliche Aktivität bei meinem erfolgreichen Kampf gegen den Speck gespielt hat, und welche Rolle sie immer noch für meine Gesundheit und innere Ausgeglichenheit spielt. Ich weiß, daß Bewegung bei Ihnen ebenso großartige Dinge in Gang setzen kann, wenn Sie sich nur darauf einlassen.

## Die Bedeutung körperlicher Aktivität in meinem Leben

Aus persönlicher Erfahrung habe ich gelernt, was es heißt, körperliche Bewegung zu einem wichtigen Bestandteil des Alltags zu machen. Das allererste, was ich lernte, war der unschätzbare Wert körperlicher Bewegung für die Gewichtskontrolle. Ich entdeckte, daß ich nach meiner dreiwöchigen Diätphase, in der ich um die 15 Pfund abnahm, wieder genauso viel essen konnte wie zuvor, vorausgesetzt, ich spielte täglich eineinhalb Stunden Tennis. Ich habe mehrere Wochen lang genau kontrolliert, wieviel ich eigentlich zu mir nehme, und kam auf den Durchschnittswert von 2960 Kalorien täglich. Mit sehr großer Sicherheit kann ich sagen, daß *nichts* so sehr zum Schlankbleiben beiträgt wie bewußte und regelmäßige körperliche Bewegung.

Ohne daß es mir gleich bewußt wurde, stieß ich auf einen weiteren großen Pluspunkt körperlicher Aktivität: Sie half, mein Selbstbewußtsein zu stärken.

In meiner »schweren« Kindheit, in der ich mich körperlich als die größte Niete auf Erden fühlte, hatte ich einen Onkel, der ausgezeichnet Tennis spielte. Er war mein Abgott. Ich schaute ihm zu, als er mit einigen der besten Tennisspieler unseres Landes spielte. Aber er wollte mir nicht einmal zeigen, wie man einen Schläger hält. Ich war sicher, daß er davon überzeugt war, ein so dicker und unbeholfener Mensch wie ich könnte niemals Tennis spielen. Ich träumte zwar insgeheim davon, Tennis spielen zu können, aber auch ich hielt es nie für möglich.

Das alles änderte sich mit einem Schlag, als mein Arzt erklärte, ich müsse körperlich aktiv werden, wenn ich jemals mein Übergewicht verlieren, anschließend schlank bleiben und weitere Herzinfarkte vermeiden wollte. Ich erinnerte mich an meinen Onkel und fragte meinen Arzt, ob er mir Tennis erlauben würde. Er gab mir seinen Segen, empfahl mir aber, langsam und maßvoll anzufangen.

Ich lieh mir einen Tennisschläger aus und ging mit der Frau eines Kollegen in Straßenkleidung zu einem Tennisplatz in der Nähe meines Büros. Ich wollte ausprobieren, ob ich für das Spiel auch nur im geringsten begabt wäre und mir vorstellen könnte, jemals ein guter Spieler zu werden. Zu meiner Überraschung entdeckte ich, daß ich meine Bewegungen weit besser koordinieren konnte, als ich es erwartet hatte. Schon nach wenigen Tagen stand ich wieder auf dem Platz, und nach zwei Wochen spielte ich täglich mindestens eine halbe Stunde. Allmählich träumte ich davon, ein wirklich guter Spieler wie mein Onkel zu werden.

Ich nahm Stunden und spielte bald täglich eineinhalb Stunden. Das Ergebnis war nicht nur, daß ich mein gerade errungenes Gewicht halten konnte; ich freute mich auch schon auf die nächsten drei Diätwochen, denn nach jedem Gewichtsverlust von 15 Pfund wäre ich auf dem Tenniscourt wesentlich wendiger!

Meistens spielte ich mit Leuten, die etwa gleich gut waren wie ich. Das macht am meisten Spaß, und keiner langweilt sich. Aber ich arbeitete an meiner Technik und konnte mich ständig verbessern. Am Ende meines ersten Tennisjahres nahm ich schließlich meinen Mut zusammen und fragte einen der besten Spieler von Nashville, ob er Lust auf ein Match hätte. Dieser Mann wurde einer meiner engsten Freunde. Er war nicht nur ein bekannter Pharmakologe und Professor für Pharmazie an der Vanderbilt-Universität, sondern trainierte damals auch zeitweise die Vanderbilt-Tennismannschaft. Als Spieler von nationalem Rang feierte er noch als Fünfundsechzigjähriger Triumphe sowohl bei der United States Grass Courts Championship als auch bei der Canadian Open Clay Courts Championship. Was mich an ihm besonders beeindruckt, war die Tatsache, daß er diese Landesmeisterschaften gewann, obwohl er nur einen Arm hatte! Wenn jemand wußte, wie man ein Handicap überwand und es trotzdem zur Könnerschaft bringen konnte, dann er. Ich traf ihn regelmäßig nach dem Mannschaftstraining und zu einem gemeinsamen Spiel. Gelegentlich gab er mir ein, zwei Tips. Ich machte mit meiner Spieltechnik rasante Fortschritte.

Bald betrachtete ich mich selbst als »Tennisspieler«. Ich spielte nicht mehr aus gesundheitlichen Gründen oder aus Gründen der Gewichtskontrolle. Diese nutzbringenden Aspekte traten gegenüber der Wirkung des Tennisspiels auf mein Selbstwertgefühl völlig in den Hintergrund. Ich, der »fette, kleine Dicky«, wetzte auf dem Tenniscourt herum und gewann Turniere! Die Siegestrophäen wurden so zahlreich, daß ich sie im Schrank verstauen mußte. Wer nie übergewichtig war, hat auch nie das aufregende Gefühl kennengelernt, das ehemalige Dicke erleben, wenn sie ihre verborgenen körperlichen Talente und Fähigkeiten entdecken.

Das also steckt dahinter, wenn ich Ihnen nahelege, eine Bewegungsform zu suchen, die Ihr Selbstbewußtsein stärken kann. Vielleicht war es auch einer Ihrer Kindheitsträume, ein sportlicher Mensch zu sein, und Sie haben nur aus Verlegenheit, wegen Ihrer Gewichtsprobleme nämlich, nie darüber gesprochen oder nie versucht, Ihren Traum zu verwirklichen. Vielleicht hatten auch Sie einen erfolgreichen Sportler als heimliches Idol. Ich hoffe sehr, daß auch Sie davon geträumt haben, hervorragend Tennis spielen zu können, zu tanzen, zu schwimmen oder sich in einer anderen Bewegungsart auszuzeichnen. Wenn Sie solche Träume wirklich in die Tat umsetzen, dann brauchen Sie sich keine Sorgen mehr zu machen, daß Sie je wieder dick werden könnten. Ihre körperliche Aktivität wird für Ihr Selbstwertgefühl genauso wichtig werden wie Ihre Arbeit oder die Rolle, die Sie in Ihrem persönlichen Umfeld spielen – als Vater, Mutter oder im Dienste einer Gemeinschaft.

## Bewegung mit dem größten Nutzeffekt

Wann ist der beste Zeitpunkt für körperliche Aktivität?

Wie intensiv muß ich trainieren?

Ist es besser, sich 45 Minuten lang an einem Stück zu bewegen, oder kann ich das Training aufteilen?

Wie weiß ich, wie lange ich eine Sportart – zum Beispiel Schwimmen oder Radfahren – ausüben muß, damit sie denselben Effekt für die Gewichtskontrolle hat wie 45 Minuten rasches Gehen?

### *Der beste Zeitpunkt*

Am besten bewegen Sie sich dann, wenn Sie besondere Lust dazu haben und wenn's am günstigsten für Sie ist. Alle anderen Überlegungen sind zweitrangig. Für den Nutzeffekt verschiedener Bewegungsformen gilt im allgemeinen, daß Sie bei jeder Art von rascher Bewegung, bei der Sie Ihren ganzen Körper einsetzen, etwa 100 Kalorien pro Viertelstunde verbrennen. Je nach Tageszeit kann dieser Wert im Bereich von fünf Prozent, höchstens aber von zehn Prozent schwanken.

Weil aber fünf oder zehn Prozent Ihres täglichen Energieverbrauchs durch Bewegung genügend Kalorien ergeben, die auf lange Sicht über das Zunehmen oder Nicht-Zunehmen etlicher Pfunde entscheiden können, sind folgende Erwägungen für Sie vielleicht nicht ganz uninteressant.

Eine Extraportion Kalorien verbrennen Sie, wenn Sie sich nach dem Essen bewegen. Ihr Körper muß arbeiten, um die Nahrung zu verdauen. Normalerweise braucht er dazu etwa zehn Prozent der aufgenommenen Kalorien.

Wenn Sie 1000 Kalorien zu sich nehmen, müssen für den Verdauungsprozeß etwa 100 Kalorien aufgewendet werden. Diesen Energieaufwand für die Verdauung können Sie fast verdoppeln, wenn Sie *nach dem Essen in mäßigem Tempo spazierengehen.* Wenn Sie also nach einem 1000-Kalorien-Mittagessen zurück ins Büro gehen und dabei mindestens 1,5 Kilometer zurücklegen, werden Sie allein beim Verdauen etwa 200 Kalorien verbrennen. Essen Sie dagegen in der Nähe Ihres Büros und brauchen anschließend nicht zu laufen, sondern können sich nach der Mahlzeit gleich wieder in Ihren Stuhl fallen lassen, verbrauchen Sie nur die Hälfte der Kalorien.

Sollten Sie zu denen zählen, die sogar bei einer stark kalorienreduzierten Diät nur sehr schwer abnehmen, hilft Ihnen nichts so sehr wie ein wenig Bewegung nach dem Essen. Hier ein Beispiel: Wenn Sie vor dem Essen 15 Minuten lang zu einem Restaurant laufen müßten und nach dem Essen wieder 15 Minuten zurück, würden Sie insgesamt etwa 300 Kalorien *zusätzlich* verbrauchen (200 Kalorien beim Laufen und 100 Kalorien als zusätzlichen Energieaufwand für die Verdauung). Dies ist genug Energie, um sich etwa 40 bis 50 Pfund Fett vom Leib zu halten. Lassen Sie es mich anders ausdrücken: Wenn ein Mensch, der sich normalerweise mittags wie geschildert bewegt, plötzlich damit aufhören und dabei genauso weiteressen würde wie zuvor, würde er innerhalb der nächsten 12 bis 18 Monate 40 bis 50 Pfund zunehmen!

Ob Sie *morgens oder abends* körperlich aktiv werden sollten, richtet sich danach, was für Sie am bequemsten ist, wann Sie sich dabei am wohlsten fühlen und wann es Ihnen am besten paßt. Alles andere tritt dem gegenüber in den Hintergrund.

Die Tageszeit kann Ihren Energieverbrauch durch Bewegung in einem ähnlichen Grad beeinflussen, wie es beim Laufen nach dem Essen der Fall ist, nämlich in der Größenordnung von fünf bis zehn Prozent. Wenn Sie bei jedem Kilometer, den Sie in raschem Tempo gehen, etwa drei bis sechs Kalorien zusätzlich verbrennen wollen, ist es für Sie günstiger, Ihr Sportprogramm auf den Abend zu verlegen. Und zwar aus folgenden Gründen:

Am späten Nachmittag läuft Ihr Stoffwechsel wahrscheinlich auf vollen Touren. Dies ist das Ergebnis unseres angeborenen täglichen Aktivitätszyklus. Wenn wir tagsüber wach sind und nachts schlafen, erreicht unser Stoffwechsel etwa um fünf Uhr morgens seinen Tiefpunkt und zwischen sechzehn und zwanzig Uhr seinen Höhepunkt. Wenn wir uns bewegen, solange unser Stoffwechsel »mit Volldampf« arbeitet, scheint der Energieverbrauch insgesamt zu steigen, und wir verbrennen mehr Kalorien als sonst. Wenn Sie also vor dem Abendessen trainieren, verbrauchen Sie mehr Kalorien als um fünf Uhr morgens. Ich freue mich, Ihnen sagen zu können, daß dieser Effekt bei Übergewichtigen noch stärker ist als bei Normalgewichtigen. Obwohl die Tageszeit nur über eine geringe Kalorienzahl entscheidet, sagen wir 15 bis 30 Kalorien täglich, kann sich das doch im Laufe eines Jahres zu mehreren Pfunden summieren.

Falls Sie ein Morgenmensch sind, und damit meine ich jemanden, der gleich nach dem Aufwachen energiegeladen aus dem Bett springt, kann ich Sie ruhigen Gewissens auch zu morgendlicher Aktivität ermuntern. Im Vergleich zu »Nachteulen« ist Ihr Stoffwechsel jetzt schon stärker angekurbelt, und Sie können auch am frühen Morgen damit rechnen, daß bei körperlicher Aktivität wenigstens ein paar Extra-Kalorien zusätzlich verbrannt werden.

## Bewegungsintensität

Was meine ich mit »rascher« Bewegung?

Einfach folgendes:

- Erstens: Bewegen Sie sich so intensiv, wie Sie können, ohne sich dabei zu verletzen.
- Zweitens: Bewegen Sie sich so intensiv, daß Sie in der Lage sind, 30 bis 45 Minuten durchzustehen, und Sie sich danach erfrischt und nicht erschöpft fühlen.

An diese Grundsätze halte ich mich selbst. Da ich jede Woche 45 bis 50 Kilometer jogge und mir beim Laufen nie eine Verletzung zugezogen habe, kann ich diese Grundsätze guten Gewissens allen Läufern und Joggern empfehlen. Und weil ich nach einer Stunde Joggen fast immer erfrischter bin als vorher, weiß ich, daß man sich nicht bis zur Erschöpfung abstrampeln muß, um sein Gewicht zu halten! Finden Sie einfach heraus, welche Geschwindigkeit für Sie am besten ist, die Sie auch über den gesamten Trainingszeitraum hinweg durchhalten können.

(Wenn Sie sich aber sehr intensiv bewegen, so daß Sie heftig atmen müssen oder tatsächlich ein paar Augenblicke »außer Atem« kommen, achten Sie bitte unbedingt darauf, die Bewegung langsam ausklingen zu lassen. Auf sehr intensive Aktivität sollten fünf Minuten gemächliche oder sachte Bewegung folgen, bevor Sie ganz zur Ruhe kommen. Dieses langsame Ausklingen verhindert, daß sich Blut in den Beinen ansammelt, verringert die Belastung des Herzens und hilft Muskelkrämpfe vermeiden.)

## Bewegungsdauer

Wahrscheinlich ist es am besten, wenn Sie täglich ein Training von mindestens 30 Minuten Dauer einlegen. Der Grund dafür, warum Sie gerade diese Zeitdauer anpeilen sollten, ist folgender:

Wenn Sie sich mindestens 30 Minuten rasch und ohne Unterbrechung bewegen, kann diese körperliche Aktivität den Stoffwechsel gleich für mehrere Stunden ankurbeln. Aufgrund dieser Steigerung des Stoffwechsels mit »Nachwirkung«, wie sie nach einem strammen Spaziergang eintritt, kann Ihr Körper in den folgenden zwei bis vier Stunden 50 bis 100 Kalorien mehr verbrennen, als er normalerweise im untätigen Zustand verbrennen würde. Wir haben dieses Phänomen in unseren Labors gemessen, und zwar an mir selbst, jeweils nach einer Stunde Joggen. In den folgenden sechs Stunden verbrennt mein Körper über zehn Prozent mehr Kalorien, als wenn ich nicht aktiv gewesen wäre.

Es gibt noch einen weiteren, psychologischen Grund, warum Sie mindestens 30 Minuten, vielleicht sogar 45 Minuten oder länger an einem Stück trainieren sollten. So lange scheint nämlich Ihr Körper zu brauchen, bis er so richtig in den Bewegungsrhythmus hineinkommt. Wenn Sie gehen, joggen, schwimmen oder radfahren (draußen auf einer gefahrlosen Strecke oder drinnen auf einem Ergometer, einem fest montierten Trainingsrad), werden Sie nach etwa 30 Minuten eine meditative oder leicht einschläfernde Wirkung verspüren. Bei einer gleichförmigen rhythmischen Bewegung pendeln sich viele Körperfunktionen auf einen gleichlaufenden, stetigen Rhythmus ein: der Atem, der Herzschlag, die Bewegung der Arme und Beine – ja, die Bewegung fast aller größerer Muskeln, die den Körper bei jedem Schritt während der einzelnen Bewegungsphasen im Gleichgewicht halten. Die erfrischende und entspannende Wirkung und das Empfinden eines »anderen« Bewußtseins sind so stark, daß sogar schon Yogalehrer festgestellt haben, Meditieren in Bewegung (beim Gehen oder Joggen) sei dem Meditieren in Ruhe überlegen. Das bekannte Phänomen eines rauschartigen Zustands beim Laufen scheint, wenn überhaupt, erst nach mindestens 45minütiger ununterbrochener Bewegung aufzutreten. Ich habe viele Formen der Meditation und viele Entspannungstechniken ausprobiert; ich kann sagen, daß mich nichts so sehr erfrischt und entspannt wie eine Stunde Joggen in den Wäldern bei mir zu Hause.

Aber auch hier müssen Sie selbst entscheiden, was für Sie am besten ist. Wie ich schon zuvor erwähnt habe, ist es für Menschen, die sich mit dem Abnehmen besonders hart tun, oft günstiger als alle anderen Arten körperlicher Aktivität, wenn sie drei- bis viermal am Tag zur Essenszeit 15minütige rasche Spaziergänge einlegen, zwei davon gleich nach den Mahlzeiten.

Wenn Sie beim Abnehmen auf besonders hartnäckige Schwierigkeiten stoßen, versuchen Sie's vielleicht nur so lange mit solchen Spaziergängen zu den Mahlzeiten, bis Sie Ihre überflüssigen Pfunde losgeworden sind. Dann können Sie damit aufhören und sich langsam in einer der stetigen Bewegungsformen, wie ich sie hier beschrieben habe, auf 45 Minuten hochtrainieren. Die psychologischen Vorteile einer einzigen längeren Bewegungsperiode pro Tag werden dann für Sie vielleicht wichtiger sein als alle anderen Überlegungen. Und es steht außer Frage, daß es vollständig genügt, sich einmal am Tag länger zu bewegen, um das Gewicht auf die Dauer zu halten.

## *Bewegung und Appetit*

Körperliche Bewegung hat noch einen positiven Nebeneffekt: Sie dämpft den Appetit. Obwohl dieser Effekt den ganzen Tag über auftritt, kann er allen, die spät abends gern so richtig »reinhauen« würden – und das sind viele – von besonderem Nutzen sein.

Wenn Sie Ihr Training auf abends verlegen, kann das die nächtlichen Heißhungeranfälle bremsen. Bei körperlicher Anstrengung setzt die Leber Glykogen frei, und die Fettzellen geben Fett ab. Dadurch erhöhen sich der Zucker- und der Fettspiegel im Blut. Das Gehirn registriert diese Erhöhung der Werte, die der Erhöhung des Zucker- und Fettspiegels nach einer Mahlzeit gleicht, und verringert Ihren Appetit.

Körperliche Anstrengung veranlaßt auch die Nebennierendrüsen, mehr Adrenalin abzusondern. Adrenalin ist ein Hormon, das die Fettreserven mobilisiert: Wenn Sie aktiv werden, wird Adrenalin freigesetzt, um die Fettzellen anzuregen, Energie in Form von Fett bereitzustellen. Adrenalin wirkt außerdem ähnlich wie Amphetamine auf Ihren Appetit: Es verringert Ihre Eßlust (Sie können diesen Effekt unter anderem an der Verringerung des Speichelflusses während und nach körperlicher Anstrengung erkennen). Wenn Sie also am Ende des Tages trainieren, spüren Sie vielleicht für den Rest des Abends, daß Ihr Appetit nicht sonderlich groß ist.

Schließlich kann abendlicher Sport nächtliche Hungeranfälle noch auf eine andere Weise unterdrücken. Bei körperlicher Bewegung erhöht sich die Körpertemperatur. Wer sich kräftig angestrengt hat, kann innerliche Temperaturwerte bis zu 40 Grad Celsius erreichen, was ziemlich hohem Fieber entspricht. Obwohl Sie sich dabei eher prächtig als krank fühlen werden, kann dieser Anstieg der Körpertemperatur etwa dieselbe appetitdämpfende Wirkung haben wie Fieber bei einer Krankheit.

Für die appetithemmende Wirkung abendlichen Trainings kann ich mich persönlich verbürgen – und meine Frau schätzt diese Wirkung durchaus nicht immer! Sie weiß, daß ich nach dem Joggen am Abend erst eine Stunde später essen möchte, und manchmal ist es ihr lästig, wenn sie so lange warten muß. Auch daran sollten Sie denken, wenn Sie sich für Abendsport begeistern!

Die appetitdämpfende Wirkung körperlicher Aktivität ist zwar beträchtlich und allein schon der Mühe wert, aber viel größer sind noch die emotionalen und psychischen Auswirkungen. Hier dürfen Sie sich noch auf viel Aufregenderes freuen und neue Erfahrungen erwarten. Wenn Sie jetzt körperlich inaktiv sind, fällt es Ihnen vielleicht schwer zu glauben, *daß Sie sich nach körperlicher Bewegung um so besser fühlen werden, je müder und niedergeschlagener Sie zuvor waren* – außer, Sie sind krank. Nichts wird Sie besser für einen Tag kreativer Arbeit stärken und vorbereiten als ein wenig intensive Bewegung am Morgen, und nichts wird Sie so sehr entspannen und von den Belastungen eines harten Arbeitstages befreien wie ein wenig intensive Bewegung vor dem Abendessen. Gerade wenn der Tag zu Ende geht und Sie sich ausgelaugt und energielos fühlen, ist ein rascher Spaziergang, ein Dauerlauf, ein Tennismatch oder eine Stunde Tanzen besonders erholsam und erfrischend, körperlich wie geistig. Wenn Sie das einmal herausgefunden haben, stehen die Chancen ziemlich gut, daß Sie süchtig auf Ihr tägliches Training werden, und das bedeutet dann den endgültigen Abschied vom Speck.

## Können Sie Ihren Stoffwechsel durch Bewegung ankurbeln?

Ja, das können Sie. Aber Sie sollten sich darüber klar sein, was es bedeutet, seinen Stoffwechsel zu steigern, sowohl theoretisch als auch für Sie persönlich.

Einfach gesagt, ist das Maß für den Stoffwechsel im Ruhezustand – oder auch den Grundumsatz – die Anzahl Kalorien, die nötig sind, um ein Kilogramm Ihrer Körpermasse einen bestimmten Zeitraum, sagen wir, 24 Stunden lang, am Leben zu erhalten (falls Sie den gesamten Zeitraum im Ruhezustand verbringen). Technisch gesehen wird der Wert für den Stoffwechsel oft als Kalorien, die pro Quadratmeter Körperoberfläche verbrannt werden, errechnet; aber wir tun uns leichter, wenn wir uns Kalorien pro Kilo Körpermasse vorstellen, was bei Gewichtsproblemen auch nützlicher ist.

Wenn wir unser Gewichtskontrollprogramm starten, stellen wir jedesmal fest, daß bei unseren Teilnehmern ungeheure Unterschiede im Grundumsatz bestehen. Einige Personen, meist Frauen, benötigen weniger als 12 Kalorien täglich, um ein Kilo Körpermasse im Ruhezustand am Leben zu erhalten, während andere, im allgemeinen Männer, 18 Kalorien oder womöglich sogar 20 Kalorien dazu aufwenden. Ein 100 Kilogramm schwerer Mensch, für dessen Stoffwechsel im Ruhezustand wir einen Wert von 14 Kalorien pro Kilo Körpermasse annehmen, hat einen Grundumsatz von 1400 Kalorien pro Tag, während ein anderer 100 Kilogramm schwerer Mensch, dessen Stoffwechsel in Ruhe einen Wert von 20 Kalorien pro Kilo aufweist, täglich 2000 Kalorien umsetzt.

Männer neigen zu einem höheren Grundumsatz als Frauen, weil ein größerer Prozentsatz ihres Körpergewichts aus Muskelgewebe besteht, selbst wenn sie fettleibig sind. Muskelgewebe ist beträchtlich aktiver als Fettgewebe, sogar im Ruhezustand – was bedeutet, daß Muskelgewebe mehr Kalorien verbrennt als Fettgewebe, nur um sich am Leben zu erhalten, mit Nährstoffen zu versorgen und zu regenerieren. Sogar im Ruhezustand kann Muskelgewebe zwei- bis dreimal soviel Energie verbrauchen wie Fettgewebe.

Eine Methode, Ihren Grundumsatz zu erhöhen, besteht darin, die Zusammensetzung Ihres Körpers zu verändern, genauer gesagt, die Masse an Muskelgewebe im Verhältnis zur Masse an Fettgewebe zu erhöhen. Das geschieht ganz von selbst, wenn sichergestellt ist, daß Sie nur Fett abnehmen oder daß Sie, während Sie Fett verlieren, die Muskelmasse Ihres Körpers durch geeignetes Bewegungstraining leicht erhöhen. Wenn Sie anschließend Ihren Grundumsatz feststellen lassen, wird sich eine höhere Kalorienzahl pro Kilo Körpermasse ergeben.

Ich freue mich, Ihnen mitteilen zu können, daß die Personen, die entsprechend meinen Empfehlungen körperlich aktiv werden, durchschnittlich pro 20 Pfund Gewichtsverlust 2 bis 3 Pfund Muskelmasse aufbauen. Wenn Sie bedenken, daß bei Diäten ohne körperliche Aktivität bis zur Hälfte des verlorenen Gewichts aus Muskelgewebe bestehen kann, wird der Vorzug der Intervall-Diät und ihres Bewegungsprogramms deutlich. Wenn 10 der 20 abgenommenen Pfunde Muskeln waren, dann verringern Sie Ihren Stoffwechsel, anstatt ihn zu steigern.

Dies wird wichtig, wenn Sie die Gesamtzahl an Kalorien betrachten, die täglich nötig sein wird, um Ihr Gewicht nach Beendigung der Diät zu halten. Darum kommen Sie nicht herum: *Ihr Grundumsatz wird insgesamt höchstwahrscheinlich fallen, obwohl der Bedarf pro Kilo Körpermasse steigt!*

Denken Sie einen Augenblick darüber nach, dann wird Ihnen der Grund gleich einleuchten: Ein Mensch, der vor einer Diät 100 Kilogramm wiegt und 25 Kilo abnimmt, so daß er danach 75 Kilo wiegt, muß einen Körper am Leben erhalten und bewegen, der sich um 25 Prozent verringert hat. Wenn der Stoffwechsel dieses Menschen vor der Diät 14 Kalorien pro Kilo Körpermasse im Ruhezustand benötigte, dann betrug der Grundumsatz 1400 Kalorien täglich. Wenn dieser Mensch seinen Energiebedarf im Ruhezustand auf 16 Kalorien pro Kilo Körpermasse erhöhen konnte, was tatsächlich eine beträchtliche Steigerung des Stoffwechsels darstellt, die nicht von vielen erreicht wird, *dann beträgt der gesamte Kalorienbedarf im Ruhezustand immer noch lediglich 1200 Kalorien.*

Sie sehen also, daß Sie Ihren Stoffwechsel wohl ankurbeln können, daß aber bei einem größeren Gewichtsverlust diese Stoffwechselerhöhung den verringerten täglichen Kalorienbedarf nicht völlig ausgleichen kann.

Aber stellen Sie sich die Katastrophe vor, wenn Sie nicht nur abnehmen, sondern Ihren Stoffwechsel dabei auch noch drosseln. Wenn sich bei jenem 100 Kilogramm schweren Menschen, der mir bisher als Beispiel gedient hat, der Grundumsatz auch nur geringfügig verringern würde (was bei einer Diät ohne Aktivität schon allein durch den Verlust an Muskelmasse eintritt) – sagen wir, daß er statt 14 nur noch 13 Kalorien pro Kilo Körpermasse benötigt –, dann fällt bei einem Körpergewicht von 75 Kilo der tägliche Gesamtbedarf auf 975 Kalorien! Sogar wenn der Grundumsatz seinen Wert von 14 Kalorien pro Kilo beibehalten könnte, verringert sich der gesamte Kalorienbedarf im Ruhezustand auf 1050 Kalorien täglich.

Jetzt erkennen Sie einen weiteren Grund, warum Sie so gut wie jeden Tag mindestens 45 Minuten lang körperlich aktiv sein müssen, wenn Sie Ihr Gewicht auf Dauer halten wollen. *Während jener 45 Minuten intensiver körperlicher Bewegung und der daran anschließenden zeitweisen Steigerung des Stoffwechsels verbrennen Sie all jene Kalorien, die einst nötig waren, um das überflüssige Fett am Leben zu erhalten, das Sie inzwischen losgeworden sind.*

Und deshalb trete ich hier und jetzt noch einmal ganz deutlich gegen jene Diätverkäufer auf, die Ihnen eine schnelle und einfache Schlankheitskur »andrehen«, ohne die Karten auf den Tisch zu legen und von Ihnen zu fordern, daß Sie ein körperlich aktiver Mensch werden müssen (wenn Sie nicht irgendein Gebrechen davon abhält).

Ich kann es nicht eindringlich genug betonen: Wenn Sie nicht aktiv werden und aktiv bleiben, haben Sie genauso viele Chancen, Ihr Gewicht auf Dauer zu halten, wie ein Schneeball im Fegefeuer.

Wenn Sie körperlich inaktiv bleiben und trotzdem schlank sein wollen, müssen Sie sich darauf gefaßt machen, Ihr ganzes Leben lang zu hungern und zu darben. Und wie jeder in unserer wohlhabenden und mehr als wohlgenährten Gesellschaft sind Sie jetzt und Ihr ganzes leben lang von köstlichen, unwiderstehlichen, kalorienstrotzenden Schlemmereien umgeben. Ist es da ein Wunder, daß fünfundneunzig Prozent der Personen, die ihr Übergewicht abgehungert haben, alle verlorenen Pfunde wieder aufspecken?

Ich hoffe sehr, daß es Ihnen jetzt schon in den Füßen juckt. Gehen Sie gleich spazieren! Und wenn Sie zurückkommen, lesen Sie im nächsten Abschnitt, wie Sie die bei verschiedenen Bewegungsarten verbrauchten Kalorien errechnen können.

## Kalorienverbrauch bei verschiedenen Bewegungsarten

Wenn Sie am Schreibtisch sitzen oder es sich im Sessel vor dem Fernseher gemütlich machen, verbrauchen Sie etwa dreimal weniger Kalorien, als wenn Sie in mäßigem Tempo gehen (etwa 4,5 Kilometer in der Stunde).

Wenn Sie beim Gehen allmählich ein strammeres Tempo anschlagen (6 Stundenkilometer), verbrennen Sie fast fünfmal so viele Kalorien wie beim Herumsitzen.

Und wenn Sie so viel abnehmen, daß Sie allmählich beginnen können, gemütlich zu joggen – sagen wir, daß Sie 1 km in 6½ Minuten zurücklegen (bei einem Tempo von 9 Stundenkilometern) –, dann verbrennen Sie neun- bis zehnmal so viele Kalorien, als wenn Sie bloß untätig herumsitzen.

## Energieverbrauch bei körperlicher Bewegung*

| Bewegungsart | Bewegungsdauer in Minuten | | | | | |
|---|---|---|---|---|---|---|
| | 5 | 10 | 15 | 30 | 45 | 60 |
| Gehen | | | | | | |
| in mäßigem Tempo, 4,5 km in der Stunde | 22 | 44 | 66 | 132 | 198 | 264 |
| in raschem Tempo, 6 km in der Stunde | 33 | 66 | 99 | 198 | 297 | 396 |
| Trampolinspringen** | | | | | | |
| in raschem Gehtempo, Füße wenig abgehoben | 22 | 44 | 66 | 132 | 198 | 264 |
| in mäßigem Lauftempo, Füße 10–15 cm abgehoben | 33 | 66 | 99 | 198 | 297 | 396 |
| in raschem Lauftempo, Knie hoch angezogen oder Fersen zum Po | 68 | 136 | 204 | 408 | 612 | 816 |
| Federball | 34 | 68 | 102 | 204 | 306 | 408 |
| Radfahren | | | | | | |
| gemächlich, 8 km in der Stunde | 22 | 44 | 66 | 132 | 198 | 264 |
| zügig, 12 km in der Stunde | 35 | 70 | 105 | 210 | 315 | 420 |
| Holzhacken | 30 | 60 | 90 | 180 | 270 | 360 |
| Tanzen | | | | | | |
| in mäßigem Tempo | 18 | 36 | 54 | 108 | 162 | 216 |
| ununterbrochener, intensiver Aerobictanz | 59 | 118 | 177 | 354 | 531 | 708 |
| Gymnastik | 23 | 46 | 69 | 138 | 217 | 276 |
| Reiten | | | | | | |
| im Trab | 39 | 78 | 117 | 234 | 351 | 468 |
| Selbstverteidigung, Judo, Karate | | | | | | |
| ununterbrochene Übungen | 68 | 136 | 204 | 408 | 612 | 816 |
| Rudern | | | | | | |
| in mäßigem Tempo | 26 | 52 | 78 | 156 | 234 | 312 |
| Joggen (in ebenem Gelände) | | | | | | |
| 1 km in 7½ Minuten | 47 | 94 | 141 | 282 | 423 | 564 |
| 1 km in 6 Minuten | 68 | 136 | 204 | 408 | 612 | 816 |
| 1 km in 5½ Minuten | 73 | 146 | 219 | 436 | 655 | 874 |
| 1 km in 4½ Minuten | 81 | 162 | 243 | 486 | 729 | 972 |
| 1 km in 4 Minuten | 88 | 176 | 264 | 528 | 792 | 1056 |
| 1 km in 3½ Minuten | 101 | 202 | 303 | 606 | 909 | 1212 |
| Skilaufen | | | | | | |
| in mäßigem Tempo, Piste | 42 | 84 | 126 | 252 | 378 | 504 |
| Langlauf | 50 | 100 | 150 | 300 | 450 | 600 |
| Squash | 74 | 148 | 222 | 444 | 666 | 888 |
| Treppensteigen | | | | | | |
| abwärts, 1 Stufe in der Sekunde | 17 | 34 | 51 | 102 | 153 | 204 |
| aufwärts, 1 Stufe in der Sekunde | 72 | 144 | 216 | 432 | 648 | 864 |
| Schwimmen | | | | | | |
| ununterbrochen, Freistil, langsam | 45 | 90 | 135 | 270 | 405 | 540 |
| ununterbrochen, Freistil, schnell | 55 | 110 | 165 | 330 | 495 | 660 |
| Tischtennis | 24 | 48 | 72 | 144 | 216 | 288 |
| Tennis | | | | | | |
| Einzel | 38 | 76 | 114 | 228 | 342 | 456 |

Die Tabelle enthält Schätzwerte für die Anzahl von Kalorien, die eine 70 Kilogramm schwere Person bei einer Reihe verschiedener Bewegungsarten über verschiedene Zeiträume hinweg verbrennt. Solche Angaben können nur als ungefähre Orientierung dienen, schon weil der Stoffwechsel von Mensch zu Mensch unterschiedlich ist. Die Kalorien, die Sie bei irgendeiner Aktivität letztlich verbrennen, sind ein bestimmtes Vielfaches des Grundumsatzes. Jemand, der im Ruhezustand etwa 60 Kalorien pro Stunde verbrennt, wird etwa 300 Kalorien pro Stunde bei einem raschen Spaziergang verbrennen. Ein anderer Mensch, dessen Grundumsatz von vornherein höher ist – sagen wir, 80 Kalorien pro Stunde –, verbrennt bei einem raschen Spaziergang etwa 400 Kalorien.

Hier eine grobe *Faustregel*, die *zur Bestimmung des Energieverbrauchs* bei verschiedenen Bewegungsarten völlig ausreicht (wer's ganz genau wissen will, muß einen Stoffwechseltest im Labor machen lassen):

▷ Wenn Sie sich mit Ihrem ganzen Körper so bewegen, daß Sie den Eindruck haben, die Bewegung wäre in etwa gleichzusetzen mit mäßig schnellem Gehen (4,5 Stundenkilometer), dann verbrauchen Sie wahrscheinlich zwischen 225 und 325 Kalorien pro Stunde.
▷ Wenn Sie sich mit Ihrem ganzen Körper so bewegen, daß Sie den Eindruck haben, die Bewegung wäre in etwa gleichzusetzen mit raschem Gehen (6 Stundenkilometer), dann verbrauchen Sie wahrscheinlich zwischen 350 und 450 Kalorien pro Stunde.
▷ Wenn Sie sich mit Ihrem ganzen Körper so bewegen, daß Sie den Eindruck haben, die Bewegung wäre in etwa gleichzusetzen mit gemächlichem Joggen (9 Stundenkilometer), dann verbrauchen Sie wahrscheinlich zwischen 650 und 750 Kalorien pro Stunde.

Frauen verbrauchen weniger Kalorien als Männer, leichtere Menschen weniger als Schwergewichtler. Eine Frau, die unter 54 Kilogramm wiegt, liegt wahrscheinlich unter dem Bereich der genannten Zahlenwerte, während Männer über 90 Kilogramm möglicherweise noch darüber liegen.

Ich pflege meinen Gruppenteilnehmern zu sagen, *daß es zwei einfache Regeln, gibt, mit deren Hilfe sich der Energieverbrauch bei körperlicher Aktivität über den Daumen peilen läßt,* ohne daß man ein Kalorienzähl-Fanatiker zu werden braucht:

---

* Schätzwerte, entnommen dem Buch Martin Katahn: The 200 Calorie Solution (Die 200-Kalorien-Lösung), Norton, 1982. Alle Werte sind Annäherungswerte und für eine 70 Kilogramm schwere Person errechnet.

** Trampolinübungen laufen in einem schnelleren Tempo ab als das Gehen in ebenem Gelände, weil die Federung des Trampolins Ihre Bewegungen verstärkt.

- ▷ Erstens: Sie verbrennen etwa 100 Kalorien pro Viertelstunde rascher Bewegung. Wenn Sie sich etwas heraussuchen, bei dem Sie ziemlich viel herumrennen müssen, nähern Sie sich einem Energieverbrauch von 150 Kalorien pro Viertelstunde.
- ▷ Zweitens, und das ist das Allerwichtigste: Sie können in nur 45 bis 60 Minuten täglicher körperlicher Aktivität zwanzig bis fünfundzwanzig Prozent Ihrer gesamten täglichen Kalorienzufuhr verbrennen. Das heißt, Sie dürfen auch mal naschen und wie ein normaler Mensch essen, ohne ein Gramm zuzunehmen oder gleich wieder Diät halten zu müssen.

## Der Nutzen körperlicher Bewegung bei Krampfadern

Ich habe bereits erwähnt, daß ich schon als Kind unter Krampfadern litt und im Alter von zwölf Jahren zum ersten Mal eine Thrombophlebitis (Blutpfropfbildung und Entzündungen in den Venen) hatte. Mein ganzes Leben lang plagten mich solche Blutgerinnsel und Entzündungen immer wieder, bis etwa vor sieben Jahren. Nachdem ich abgenommen hatte und regelmäßig Tennis spielte, wurde das etwas besser, hörte aber nicht ganz auf. *Aber seitdem ich jogge, habe ich überhaupt keine Venenentzündungen mehr.*

Daß meine Probleme mit den Beinen so deutlich zurückgingen, als ich mit dem Joggen anfing, setzte mich sehr in Erstaunen, und ich begann, über die Auswirkungen des Laufens auf den Kreislauf und das Blut Bücher zu wälzen und alle mit mir befreundeten Ärzte zu befragen. Das habe ich dabei herausgefunden:

Kontinuierliche und intensive körperliche Aktivität verändert die Gerinnungseigenschaften des Blutes; sie erhöht die sogenannte fibrinolytische Aktivität, einer der Faktoren, die die Blutgerinnungsfähigkeit herabsetzen. Als ich fast täglich joggte, hatte ich ein Gegenmittel gegen eine in meiner Familie seit Generationen bestehende Tendenz zu verstärkter Blutgerinnung. Tennisspielen war offensichtlich nicht intensiv genug oder erforderte nicht genügend kontinuierliche Bewegung (wie beim Joggen), um zum gleichen Ergebnis zu führen.

Die Auswirkung stetiger körperlicher Aktivität auf das Blut ist recht interessant. Während intensiver Aktivität erhöht sich die momentane Gerinnungsfähigkeit des Blutes. Damit tritt ein automatischer Schutzmechanismus in Kraft, falls Sie sich verletzen sollten. Sobald Sie aber Ihre Aktivität beenden und in den Ruhezustand zurückkehren, tritt offenbar eine Gegenreaktion ein, so daß das Blut im Ruhestand weniger rasch gerinnt.

*Selbstverständlich sollten Sie nicht anfangen zu joggen, wenn Sie übergewichtig sind und an Krampfadern leiden.* Aber ich rate Ihnen, das folgende umfassende Programm zur Selbsthilfe mit Ihrem Arzt durchzusprechen.

Nach dem zu schließen, was ich in meiner Studie herausgefunden habe, glaube ich, daß fünfzig Prozent aller Menschen, die an Krampfadern, Phlebitis und Thrombophlebitis leiden, von diesem Programm gewaltig profitieren können: Ihre Krampfadern werden nicht verschwinden, aber die Wahrscheinlichkeit, daß sie schmerzen oder sich entzünden, verringert sich enorm, und es werden sich auch weniger leicht Blutpfropfen bilden.

## Vorbeugeprogramm für Übergewichtige mit Krampfadern

Außer dort, wo eigens angegeben, gibt es wissenschaftliche Beweise für den Nutzen jeder der folgenden vorbeugenden Maßnahmen. Der erste und der letzte Programmpunkt sind wahrscheinlich am wichtigsten und effektivsten; wenn Sie hier andere Verhältnisse schaffen können, ist das ein großer Schritt zur Selbsthilfe.

1. Kommen Sie auf Ihr Idealgewicht herunter.
2. Essen Sie nicht große Mengen auf einmal (das kann den Kreislauf in Ihren Beinen behindern.).
3. Tragen Sie aus denselben Gründen keine abschnürenden, einengenden Kleidungsstücke.
4. Essen Sie keine fettreichen Speisen, die Ihr Blut mit einem hohen Fettgehalt belasten. (Ich habe keine endgültigen Beweise dafür, daß fettreiche Nahrung den Blutfluß verlangsamt und die Tendenz zur Bildung von Blutpfropfen in den Venen erhöht. Jedoch gibt es eindeutige Hinweise darauf, daß eine fettreiche Ernährung, besonders ein starker Verzehr von gesättigten Fettsäuren aus Fleischprodukten, in direktem Zusammenhang steht mit der Ablagerung fetthaltiger Substanzen an den Wänden der Herzarterien sowie mit der Erkrankung der Herzkranzgefäße. Was ich Ihnen hier rate, ist also rein intuitiv.)
5. Stehen Sie nicht länger als ein paar Minuten auf demselben Fleck – bleiben Sie immer in Bewegung. Das Anspannen und Entspannen der Wadenmuskeln unterstützt den Kreislauf. Auch wenn Sie lang still sitzen müssen, hilft es, wenn Sie die Muskeln gelegentlich anspannen und entspannen.
6. Legen Sie die Beine bei jeder Gelegenheit hoch – so erleichtern Sie den Rückfluß des Blutes zum Herzen.
7. Erhöhen Sie das Fußende in Ihrem Bett, so daß es etwa fünf Zentimeter höher ist als die Hüftpartie (Sie können eine Decke zusammenfalten und unter die Matratze legen.).
8. Wenn Sie in der Nacht Schmerzen in den Beinen spüren, legen Sie sich mit dem Kopf zum Fußende ins Bett, legen die Füße hoch auf das

Kopfteil des Bettgestelles und bleiben so etwa 15 Minuten liegen, damit das Blut aus den Beinen abfließen kann. Sie können auch eine »Kerze« machen: Legen Sie sich flach auf den Boden oder aufs Bett, heben Sie Beine und Hüften senkrecht nach oben und stützen Sie sich mit den Händen in den Hüften ab. Halten Sie diese Stellung ein paar Minuten. Ihr Gewicht ruht auf den Oberarmen zwischen Ellbogen und Schultern. Wenn Sie jedoch erhöhten Blutdruck haben, sollten Sie Ihren Arzt fragen, ob diese Positionen gut für Sie sind, bevor Sie eine der beiden ausprobieren.

9. Sobald sich die ersten Anzeichen eines Problems ankündigen, legen Sie Ihre Beine hoch und massieren sie leicht, immer zum Herzen hin. Wenn Sie kein entzündungshemmendes Medikament zur Hand haben, nehmen Sie ein Aspirin und setzen sich mit Ihrem Arzt in Verbindung.
10. Wenn Sie am Bein eine Prellung oder einen blauen Fleck abbekommen, was zu einer Entzündung oder zur Bildung eines Blutgerinnsels führen kann, legen Sie sofort einen Eisbeutel darauf.
11. Seien Sie vorsichtig mit Stützstrümpfen oder elastischen Binden. Manchmal können sie den Kreislauf hemmen und den Zustand eher verschlimmern als verbessern. Wenn Sie eine Stützstrumpfhose brauchen, probieren Sie mehrere Modelle aus, bis Sie das für Sie am besten geeignete gefunden haben. Sprechen Sie mit Ihrem Arzt darüber und erzählen Sie ihm auch, welche Wirkung das Modell, das Sie gerade tragen, auf Sie hat. Wenn Sie Schmerzen haben, hilft die Strumpfhose wahrscheinlich nicht und richtet eher zusätzlichen Schaden an. Egal, wer Ihnen die Hose verschrieben oder angepaßt hat – sobald sie Ihnen Schmerzen verursacht, ziehen Sie sie sofort aus und setzen sich wieder mit Ihrem Arzt in Verbindung. Vielleicht muß er Ihnen eine andere verschreiben.
12. *Vor allem aber sollten Sie in dem Maße, wie Sie an Gewicht verlieren, Ihre Spaziergänge immer weiter ausdehnen.* Ich glaube, daß rasches Gehen, das Sie *nach und nach im Tempo steigern und immer länger – bis auf 45 Minuten täglich – ausdehen,* so wie ich es in der Intervall-Diät empfehle, für Sie genau solche Wohltaten vollbringen wird wie für mich das Joggen. Solange Sie jedoch übergewichtig sind, müssen Sie sehr maßvoll und vorsichtig sein, sonst haben Sie mehr Schaden davon als Nutzen.

Um von stetiger und intensiver Bewegung am meisten zu profitieren und um mehr Vorteile als Risiken für die Krampfadern dabei zu achten, müssen Sie zuvor Ihr bestmögliches Gewicht erreichen.

Alle meine Empfehlungen sind daraufhin ausgerichtet, Probleme mit Krampfadern zu verhüten oder auf ein Mindestmaß zu beschranken. Meine Empfehlungen verstehen sich nicht als Therapie von Phlebitis, Thrombophlebitis und Krampfadern. Dies sind medizinische Indikationen, die medikamentöse Behandlung erfordern. Zwar habe ich sie jahrelang nicht gebraucht, aber ich trage sie immer noch in meiner Tennistasche und in meinem Aktenkoffer auf Reisen mit mir herum, das blutverdünnende Mittel, das gerinnungslösende Enzym und das entzündungshemmende Medikament, die mir mein Arzt für den Fall plötzlich auftretender Schwierigkeiten verschrieben hat. Auch brauchen Sie ärztliche Überwachung. Auf jeden Fall aber sollten Sie die gerade beschriebenen vorbeugenden Maßnahmen mit Ihrem Arzt besprechen. Ich glaube, daß sie Ihnen helfen können, Entzündungen und Blutpfropfbildung zu vermeiden, und daß sie bei schweren Fällen Linderung bringen.

# 8 Pause von der Diät: Der Übergang zur Gewichtserhaltung

Warum sollen Sie jetzt, nach drei Wochen, mit der Diät aufhören und eine Pause einlegen? Wenn Sie noch mehr Gewicht verlieren müssen, warum können Sie dann nicht einfach immer wieder von vorne mit der Intervall-Diät anfangen, bis Sie so viel abgenommen haben, wie Sie wollten?

Und wenn Sie Ihr Wunschgewicht erreicht haben, warum ist dann ein »Übergang« zur Erhaltung des Gewichts nötig? Wenn Ihr Stoffwechsel nicht langsamer geworden und Ihr Kalorienbedarf nicht gesunken ist, warum können Sie dann nicht sofort drauflos feiern und gleich alles essen, was Sie gern möchten, ohne wieder zuzunehmen?

Die Antworten auf die Fragen im ersten Absatz sind ganz kurz und einfach. Es gibt vier Gründe, warum Sie mit der Diät eine Weile aussetzen müssen, und alle sind von gleicher Wichtigkeit:

- ▷ Erstens garantiert eine Pause, daß Ihr Stoffwechsel nicht gebremst wird.
- ▷ Zweitens erhöht eine Pause Ihre Motivation, während jeder weiteren Wiederholung der dreiwöchigen Intervall-Diät die Diät auch wirklich so strikt wie nur möglich einzuhalten. Bei längeren Diätphasen schleichen sich gern kleine »Ausrutscher« ein, dann größere, bis Sie schließlich die ganze Diät über den Haufen werfen.
- ▷ Drittens ist die Wahrscheinlichkeit nach der kurzen dreiwöchigen Diätphase (bei der Sie ja auch in der zweiten Woche eine kleine Atempause hatten) geringer, daß Sie sich nun heißhungrig auf alles Eßbare stürzen, als wenn Sie sich dazu gezwungen hätten, wochen- oder monatelang zu darben. Bei langem Diäthalten bauen sich im Verborgenen mächtige Begierden auf.
- ▷ Viertens müssen Sie auf Ihrem Weg zum endgültigen Erfolg üben, nach kleineren Verlusten Ihr neues Gewicht konstant zu halten. Es ist viel leichter, nach der dreimaligen Abnahme von je 10 oder 15 Pfund immer wieder das Gewicht zu halten, als nach der einmaligen Abnahme von 30 bis 45 Pfund. Jedesmal, wenn der Zeiger auf der Waage wieder um 10 bis 15 Pfund nach unten geht, müssen Sie herausfinden, wie Sie Ihren Ernährungs- und Bewegungsplan am besten handhaben; und Sie werden

auch die Verbesserung Ihres Stoffwechsels zu spüren bekommen als Folge Ihrer gesteigerten körperlichen Aktivität und einer gesünderen Ernährung. Sie haben bereits in den vorangegangenen Kapiteln gelernt, wie Sie Ihren Stoffwechsel ankurbeln und Ihren täglichen Energiebedarf steigern können. Später in diesem Kapitel werde ich noch auf einige zusätzliche Möglichkeiten zu sprechen kommen, wie Sie Ihren Stoffwechsel weiter anregen können, wenn Sie sich ingesamt besser ernähren.

Nun zu den Fragen im zweiten Absatz dieses Kapitels. Warum ist ein »Übergang« zur Erhaltungsdiät überhaupt nötig? Warum können Sie nach Beendigung der Intervall-Diät nicht sofort einfach alles essen, was Sie wollen?

Der Grund heißt: *Speicherung von Wasser.*

Weil wir dazu neigen, »Wasser im Gewebe« für alles Mögliche verantwortlich zu machen, sobald unser Gewicht ins Wanken gerät, sollten Sie wissen, wie der Wasserhaushalt Ihres Körpers funktioniert: Der gesamte Wassergehalt des Körpers scheint stets willkürlich zuzunehmen und abzunehmen (in Wirklichkeit geschieht das ganz gesetzmäßig), wobei er sich allerdings immer um einen bestimmten Mittelwert herum bewegt. Diese Fluktuationen werden von einer ganzen Reihe verschiedener Faktoren verursacht, sie spielen stets alle mit und beeinflussen Ihr Gewicht, auch jetzt, wenn Sie eine Pause von der Intervall-Diät einlegen müssen.

Haben Sie schon einmal bemerkt, daß Ihr Gewicht ständig in einem Bereich von 3 bis 5 Pfund hin- und herpendelt, und das innerhalb von ein bis drei Tagen? Nehmen wir einmal an, Sie brauchen keinerlei Diät zu halten und gehen am Sonntagabend zu einem Fest. Sie trinken ein paar Gläser Wein, naschen an einigen Knabbereien, essen vielleicht ein üppiges Gericht und eine Nachspeise. Am nächsten Morgen wachen Sie 3 Pfund schwerer auf. Um wirklich 3 Pfund Fett zuzunehmen, hätten Sie Ihren normalen Kalorienverbrauch um etwa 10500 Kalorien überschreiten müssen (jedes Pfund Körperfett enthält etwa 3500 Kalorien). Sie wissen aber ganz genau, daß Sie wirklich nicht in diesem Ausmaß entgleist sind. Vielleicht haben Sie 1500 Extra-Kalorien zu sich genommen, aber ganz bestimmt keine 10500. Wie können Sie von 1500 Kalorien 3 Pfund zunehmen?

Jetzt nehmen wir einmal den entgegengesetzten Fall. Es ist Mittwoch. Sie machen zwar keine Diät, aber Sie haben in den letzten Tagen keine Süßigkeiten oder Alkohol zu sich genommen, und Sie hatten zuviel zu tun, um etwa anderes als ganz einfache Gerichte zu kochen. Vielleicht ist Ihnen auch noch das Salz-Knabbergebäck ausgegangen. Drei Tage lang haben Sie täglich vielleicht 500 Kalorien weniger gegessen als am letzten Wochenende. Am Donnerstagmorgen entdecken Sie, daß Sie 3 Pfund leichter sind als am Montag. Wie ist das möglich?

Wie ich schon andeutete, ist das eine Frage des Wasserhaushalts.

Der menschliche Körper besteht durchschnittlich zu 72 Prozent aus Wasser. Das bedeutet, daß ein 63 kg schwerer Mensch etwa 45 Liter Wasser mit sich herumschleppt. Muskelgewebe besteht beispielsweise zu 75 bis 80 Prozent aus Wasser, Blut fast zu 100 Prozent, und die Energiereserven in der Leber (das Glykogen) sind in einem Verhältnis von eins zu drei oder vier in Wasser gelöst. Zusätzlich sind unsere Körperzellen von einer beträchtlichen Menge Flüssigkeit umgeben. Wenn also in unserem Körper 45 Liter Wasser oder mehr vorhanden sind, kann man sich unschwer vorstellen, daß es viele verschiedene Faktoren gibt, die im Wasserhaushalt des Körpers Schwankungen von 3 bis 5 Prozent (3 bis 5 Pfund) verursachen, und das über Nacht.

## Faktoren, die den Wasserhaushalt beeinflussen

### *Natrium*

Die meisten von uns kennen natürlich die Wirkungen des Natriums, das in Tafelsalz und Glutamat enthalten ist. Natrium ist für die Speicherung größerer Mengen Wasser verantwortlich, wenn wir mehr davon zu uns nehmen, als unsere Nieren rasch wieder ausscheiden können. Eine mittelgroße Gewürzgurke enthält genügend Natrium, daß entsprechend veranlagte Personen davon 1 Pfund zunehmen (das heißt, einen halben Liter Wasser speichern). Und da die meisten Übergewichtigen auch dazu neigen, mehr Wasser im Gewebe anzusammeln als der Durchschnitt, schärfe ich meinen Gruppenteilnehmern ein, daß jede saure Gurke ein Pfund mehr bedeutet. Ähnlich können Sie, wenn Sie ein im Grunde kalorienarmes chinesisches Menü gegessen haben, am nächsten Morgen 2 bis 3 Pfund mehr auf die Waage bringen, ohne eine einzige Kalorie zuviel zu sich genommen zu haben. Für die Zunahme ist hauptsächlich das in Glutamat enthaltene Natrium verantwortlich (auch in Sojasauce enthalten).

### *Schwankungen der aufgenommenen Kalorienmenge*

Vielleicht sind Ihnen die Auswirkungen von allzu viel Natrium auf Ihr Gewicht klar, doch bleibt es Ihnen unbegreiflich, wie Sie 1 Pfund zunehmen können, wenn Sie an einem Tag *lediglich 500 Kalorien* mehr zu sich nehmen als am Vortag. Der Körper reagiert auf eine Schwankung der aufgenommenen Kalorienmenge genauso wie auf eine Dosis Natrium. Und wenn Sie einmal bis zu 2000 Kalorien mehr als gewöhnlich essen, werden Sie möglicherweise pro 500 Kalorien etwa 1 Pfund zunehmen.

Die meisten Leute, die endlich ihre Hunger- und Durststrecke hinter sich gebracht haben und mit dem Essen wieder so richtig loslegen, »erwischt« es gleich zweimal: Sie verbinden die Steigerung ihrer Kalorienaufnahme mit einer erhöhten Natriumzufuhr (die bei Dips und Snacks vom Schnellimbiß besonders hoch ist). Essen Sie einmal drei Tage lang täglich 500 Kalorien zuviel (oder stopfen Sie sich an einem Tag mit 1500 Kalorien zusätzlich voll) und lassen zusätzlich auch noch Ihren Salzverbrauch außer acht, dann nehmen Sie im Handumdrehen 5 Pfund zu. Diese Art der Gewichtszunahme betrifft körperlich inaktive Menschen mit größerer Wahrscheinlichkeit, da sie nichts unternehmen, wodurch sie einen Teil des Wassers durch Schwitzen oder über die Atmung wieder loswerden könnten.

Das dramatischste Beispiel für eine bumerangartige Wasserspeicherung nach einer Diät (den sogenannten »Rehydrationseffekt«) liefern Personen, die überhaupt nichts mehr gegessen und zur Abmagerung eine strikte Fastenkur durchgeführt haben. Vor ein paar Jahren habe ich eine der berühmten Fastenkliniken unseres Landes besucht und beobachtet, wie fettleibige Männer, die gerade eine dreiwöchige, medizinisch überwachte Fastenkur durchgestanden hatten, in fünf Tagen 7 Pfund zunahmen, und das bei einer Übergangsdiät von *nur 600 Kalorien täglich!* Da der Gewichtsverlust bei dieser Personengruppe durchschnittlich weniger als 20 Pfund betrug, bedeutete dies, daß sie schneller wieder zunahmen als sie abgenommen hatten.

## Stress, Überanstrengung und Alkohol

Drei weitere Faktoren können die Einlagerung von mehreren Pfund Wasser im Gewebe verursachen, ohne daß Sie zuviel essen: schwerer Stress, unter dem Sie hoffentlich niemals in Ihrem Leben leiden werden, sehr intensive oder sehr lang andauernde körperliche Anstrengung, an die Sie nicht gewöhnt sind, und Alkohol.

Was den Stress betrifft, so wurde eine Gewichtszunahme von 6 bis 7 Pfund bei Personen beobachtet, die gerade geschieden wurden, einen geliebten Menschen verloren hatten oder einen Krieg durchmachen mußten. Und nach ungewohnt harter körperlicher Anstrengung stürzen Sie leicht mehr Flüssigkeit in sich hinein, als Sie brauchen. Außerdem ist auch jede Entzündung von Muskeln und Gelenken, die auf eine ungewohnt intensive oder lange Anstrengung folgt, mit Wassereinlagerungen verbunden.

Wasseransammlung im Gewebe tritt auch häufig bei körperlich aktiven Menschen auf, wenn sie plötzlich viel härter als sonst trainieren. Das ist auch mir passiert. Das erste Mal, als ich einen 12-Kilometer-Lauf mitmachte – 5 Kilometer weiter, als ich je zuvor gelaufen war –, erwartete ich, am nächsten Tag leichter zu sein. Obwohl ich nicht zuviel aß, nahm ich stattdessen 2 Pfund zu. Ich brauchte eine Weile, bis ich begriff, daß die Gewichtszunahme mit der aufgenommenen Flüssigkeitsmenge zusammenhing und mit den leichten Schmerzen in meinen Beinmuskeln und -gelenken. Natürlich bleiben Personen, die ein recht regelmäßiges Trainingsprogramm einhalten, von zeitweiligen Wasseransammlungen im Gewebe aufgrund körperlicher Überanstrengung verschont. Normalerweise ist Bewegung ein wichtiges Element bei der Beseitigung überschüssiger Flüssigkeit.

Schließlich führt auch Alkohol bei vielen Menschen zu Aufschwemmungen. Nicht zuletzt bei Biertrinkern! Beim Biertrinken verbringt man zwar die halbe Nacht damit, aufs Örtchen zu rennen, aber die Wahrscheinlichkeit ist groß, daß man zum Schluß dennoch mehr Flüssigkeit im Körper hat als zuvor.

Zwar hat Ihnen die Intervall-Diät zu einer raschen Gewichtsabnahme verholfen, ohne daß Sie befürchten müssen, erneut *Fett* anzusetzen. Einer vorübergehenden, aber schrecklich entmutigenden Zunahme aufgrund von Wasserspeicherung sind Sie jedoch nach wie vor ausgesetzt, es sei denn, Sie richten sich nach meinen Empfehlungen für eine Übergangsphase zur Erhaltungsdiät. Übrigens eigenen sich diese Empfehlungen auch bei Wasserspeicherung aus anderen Gründen, einschließlich der periodischen Wasseransammlungen im Verlauf des Menstruationszyklus, und Sie können sich damit lästiges Aufgeschwemmtsein ersparen, ob Sie nun Diät halten oder nicht. Auf jeden Fall weiß ich, wie entmutigend es ist, über Nacht mehrere Pfund zuzunehmen. Also wollen wir sicherstellen, daß Ihnen das nicht passiert!

## Empfehlungen für einen erfolgreichen Übergang zur Erhaltungsdiät

Das erste, was Ich Ihnen sagen möchte: *Machen Sie sich keine Sorgen!* Sie werden in der Lage sein, wieder wie ein normaler Mensch zu essen und trotzdem nicht zunehmen! Sie werden wieder so kochen können, wie Sie es gern mögen (es sei denn, daß bei Ihnen alles in Fett schwimmen muß!), Sie dürfen im Restaurant essen und dort auch alles, was die anderen essen. Aber Sie müssen alle meine Ratschläge befolgen. Sie dürfen nach Ihrer Hunger- und Durststrecke jetzt nicht sofort anfangen zu schlemmen, um Ihren großen Gewichtsverlust zu feiern. Und Sie dürfen *nie wieder* in einen inaktiven Lebensstil abgleiten (ich nehme an, daß Sie Ihre Aktivität bei der Intervall-Diät gesteigert haben), ohne Ihr Gewicht in Gefahr zu bringen. Sie müssen einfach täglich alle Kalorien verbrennen, die dazu nötig waren, den Speck, den Sie gerade verloren haben, auf Ihrem Körper gesund und munter zu erhalten – sonst wird er sich wieder anschleichen!

## *Nahrungsmenge langsam steigern*

Das ist wahrscheinlich die wichtigste aller Empfehlungen. Wenn Sie Ihre Kalorienzufuhr zu schnell steigern, nehmen Sie mit dem Mehr an Kalorien wahrscheinlich auch mehr Natrium zu sich. Nachdem Sie die 21 Tage der Intervall-Diät durchgestanden haben, sollten Sie die folgenden 3 Tage als Frau nicht mehr als 1200 Kalorien, als Mann nicht mehr als 1800 Kalorien essen.

Damit der Übergang so einfach wie möglich verläuft, schlagen wir unseren Teilnehmern vor, die Menüpläne der Intervall-Diät für die zweite Woche zu benutzen: Frauen die 1200-Kalorien-Menüs (Seite 68), Männer die 1800-Kalorien-Menüs (Seite 73).

*Wenn Sie absolut sicher gehen wollen, nach der Diät wirklich kein Gramm zuzunehmen, sollten Sie die Menüpläne der zweiten Woche eine ganze Woche lang befolgen.* Unsere Teilnehmer, die das tun, nehmen gewöhnlich weitere 2 Pfund ab. Auch Sie können noch etwas abnehmen, wenn Sie wollen, da Sie dadurch einen Vorsprung vor drohenden Wasseransammlungen gewinnen, wenn Sie in der folgenden Woche Ihren Kalorienverzehr steigern. Die beiden zusätzlichen Pfunde, die Sie in der vierten Woche nach Beginn der Intervall-Diät verlieren, sind 2 Pfund reines Fett.

Frauen erhöhen ihre Kalorienaufnahme, nachdem sie sich mindestens 3 Tage lang (oder eine Woche lang, falls Ihnen das lieber ist) an die 1200-Kalorien-Pläne gehalten haben, zunächst auf 1500 Kalorien. Halten Sie bitte wieder 3 Tage lang dieses 1500-Kalorien-Limit ein. Und wenn Sie es sich möglichst einfach machen wollen, befolgen Sie dabei die 1500-Kalorien-Tagespläne, die ich für Männer zusammengestellt habe (Seiten 71–73 sowie die Seiten 179 bei den zusätzlichen Menüplänen).

Bei täglich mindestens 45 Minuten raschem Bewegungstraining sollten Frauen irgendwann während der fünften Woche nach Beginn der Intervall-Diät in der Lage sein, ihre tägliche Kalorienzufuhr auf 1800 Kalorien zu steigern. Orientieren Sie sich dabei an meinen 1800-Kalorien-Menüplänen (Seiten 73–75 sowie die Seiten 180 bei den zusätzlichen Menüplänen). Diese Woche können Sie, wenn Sie möchten, als Ihren »Urlaub von der Diät« betrachten und in der nächsten Woche wieder von vorn mit der Intervall-Diät beginnen. Ich habe allerdings selbst immer mindestens einen Monat Pause zwischen den Diätphasen eingelegt, und vielleicht werden auch Sie glücklicher damit und nehmen so am erfolgreichsten ab. Sie üben sich dadurch in der Erhaltung Ihres Gewichts, und Ihre Motivation wird auf dem Höhepunkt bleiben.

Für Männer gilt Entsprechendes: nach 3 bis 7 Tagen mit 1800 Kalorien wird die Kalorienzufuhr jeweils um 300 Kalorien gesteigert, erst 3 Tage lang auf 2100 Kalorien, dann auf 2400 Kalorien.

*Sowohl Männer als auch Frauen steigern ihre Kalorienaufnahme in 300-Kalorien-Schritten immer weiter, bis Sie feststellen, bei welcher Grenze Ihr*

*Gewicht, unterstützt durch Ihr neues Bewegungsprogramm, stabil bleibt.* Und weil wir alle verschieden sind, müssen Sie das einfach ausprobieren.

Allen, die sich nicht an meine Menüpläne halten möchten, und Männern, die ja auf 2100 Kalorien und auf 2400 Kalorien hochgehen können, empfehle ich, bei jeder 300-Kalorien-Steigerung lediglich mehr Obst, Gemüse, mageres Fleisch, Fisch oder Geflügel in den Tagesplan einzubeziehen; dann kann wirklich nichts passieren. Sie können auch eigene Menüpläne aufstellen und dabei meine Rezepte benutzen, da ich dort immer den Kaloriengehalt pro Portion angegeben habe. Bei anderen Nahrungsmitteln können Sie den ungefähren Kaloriengehalt schnell ermitteln, wenn Sie in der Kalorientabelle (Seite 203 ff.) nachschlagen. Grundsätzlich gilt folgende *Faustregel:*

▷ 65-Gramm-Portionen aller Gemüsesorten (außer *erlaubtem Gemüse*) enthalten um die 25 Kalorien.
▷ Ein mittelgroßes Stück Obst hat etwa 60 Kalorien, kleine Früchte wie Pflaumen um die 40 Kalorien, große Früchte wie ein großer Apfel um die 80 Kalorien.
▷ Bei magerem Fleisch, Fisch und Geflügel liegen Sie richtig, wenn Sie mit etwa 110 Kalorien pro 50 Gramm rechnen. Vor Fett allerdings müssen Sie sich hüten! Fettes Fleisch kann über 200 Kalorien pro 50 Gramm haben.

Und was ist mit den »guten Sachen«? Mit Süßspeisen, Schokolade und Alkohol?

Wenn Sie sich gleich lieber an Desserts, Knabbereien oder Alkohol halten (statt an Obst, Gemüse und mageres Fleisch, Fisch oder Geflügel, denen bei der ersten Steigerung der Kalorienaufnahme der Vorzug gegeben werden sollte), dann versuchen Sie es zunächst an irgendeinem Tag mit nur einer Portion und beobachten Sie, wie sich das auf Ihr Gewicht auswirkt. Weil vor dem Ausprobieren niemand genau voraussagen kann, was passiert, müssen Sie halt selbst herausfinden, was für Sie richtig ist. Wenn gleich nach einer Portion Ihr Gewicht wieder nach oben schnellt, können Sie hundertprozentig sicher sein, daß dabei Wasser im Spiel ist. Es ist unmöglich, von einem einzigen Dessert oder einem Glas Wein ein Pfund Fett zuzunehmen! (Wenn Sie salzige Knabbereien essen, können Sie allerdings mehr als ein Pfund Wasser im Gewebe anlagern. Auch hier handelt es sich nicht um die Zunahme von Fett.)

Wenn Sie auch die anderen Empfehlungen beherzigen, die ich in diesem Kapitel noch geben werde, dürften Sie beim Übergang zur Erhaltungsdiät kein einziges Pfund zunehmen. Falls Sie überhaupt zunehmen, wird sich Ihr Gewicht zumindest sehr nahe beim bisher niedrigsten Wert einpendeln. Und wenn Sie dann *nur einen Tag* lang alle Desserts, alkoholischen Getränke und salzigen Knabbereien weglassen, die für einen hohen Wasserpegel in Ihrem Körper gesorgt haben, wird das zusätzlich aufgenommene Wasser genauso schnell wieder ausgeschieden, wie es gespeichert wurde. Wenn Sie so vorgehen, können Sie ganz schnell herausfinden, wie stark Sie beim Konsum von Desserts, alkoholischen Getränken und Salz zur Wassereinlagerung im Gewebe neigen, und Sie können außerdem sicher sein, daß Sie es bei kleineren Gewichtszunahmen lediglich mit ein bis zwei Pfund Wasser zu tun haben, je nachdem, ob Sie die genannten Dinge essen oder weglassen.

Gibt es nun auch Nahrungsmittel, deren Verzehr den Stoffwechsel ankurbeln und Ihnen so beim Schlankbleiben helfen?

Ja, Nahrung kann Ihren Gesamtbedarf an Energie beeinflussen. Es ist *sehr wichtig* für Sie, diesen Mechanismus zu verstehen, damit Sie die Prinzipien anwenden und leichter schlankbleiben können. Aber das ist eher eine langfristige Angelegenheit und bedarf eingehender Erläuterung, deshalb werde ich erst am Ende dieses Kapitels darauf zu sprechen kommen. Im Moment möchte ich Ihnen erst noch die anderen Empfehlungen ans Herz legen, damit Sie den Übergang zur Erhaltungsdiät schaffen, ohne ein Pfund zuzunehmen – nicht einmal Wasser.

## *Zuviel Salz vermeiden*

Eine Tasse Zwiebelsuppe, ein paar Eßlöffel Roquefortdressing, ein paar saure Gurken zu einem Salamibrot – und schon wachen Sie am nächsten Morgen ein paar Pfund schwerer auf.

Verzichten Sie beim Kochen völlig auf Salz, salzen Sie stattdessen bei Tisch. lernen Sie auch, Kräuter und Gewürze einzusetzen; meine zahlreichen Rezepte bieten dazu viele Anregungen.

Unten finden Sie eine Liste mit natriumreichen Nahrungsmitteln. Lassen Sie alle weg, die keinen Nährwert haben, und essen Sie die anderen in Maßen. Halten Sie sich beispielsweise bei den meisten Käsesorten zurück. Sie sind zwar eine wichtige Calciumquelle, haben aber meist auch einen recht hohen Natriumgehalt (eine Gegenüberstellung einiger beliebter Käsesorten mit ihrem Natriumgehalt können Sie auf Seite 78 nachlesen). Vermeiden Sie alles, was nicht viel mehr als Salz enthält (zum Beispiel Räucherspeck und Würstchen), und bereiten Sie Dinge, die auf dieser Liste auftauchen und normalerweise wertvolle Lebensmittel sind, ganz ohne Salz zu – davon wurde bei der speziellen Verarbeitung schon genug verwendet (zum Beispiel sind Rindfleisch und Fisch normalerweise nährstoffreiche Nahrungsmittel, aber Corned Beef und Räucherfisch werden mit großen Mengen Salz zubereitet).

Anchovisfilets und Anchovispaste
Backpulver
Brühwürfel (außer natriumarmen Marken, achten Sie aufs Etikett)
Corned Beef
Crabmeat aus der Dose
Cracker
Erdnüsse, gesalzen

- Fertiggerichte
- Frankfurter Würstchen und ähnliches
- Gemüse aus der Dose
- Getreideflocken, fertig abgepackt (achten Sie aufs Etikett; die besten Marken enthalten weniger als 250 Milligramm Natrium pro Portion)
- Kartoffelchips und ähnliche Salzknabbereien
- Käse (Blauschimmelkäse, Cheddar, Schmelzkäse)
- Ketchup in größeren Mengen
- Oliven
- Popcorn, gesalzen (ungesalzenes ist erlaubt)
- Räucherspeck
- Salzstangen und -brezeln
- Sauer Eingelegtes (Gurken, Pickles)
- Sauerkraut
- Schillerlocken
- Schinken
- Selleriesalz (Selleriesamen dagegen sind in Ordnung)
- Sojasauce (1 Teelöffel Sojasauce enthält etwa 285 Milligramm Natrium, 1 Teelöffel Salz enthält 2000 Milligramm Natrium)
- Suppen aus der Dose
- Weiße Bohnen mit Bauchspeck
- Worcestersauce
- Wurst

## *Natürlich entwässernde Nahrungsmittel essen*

Einige Nahrungsmittel entwässern auf natürliche Weise: Sie regen die Nieren an, das Wasser im Körper auszuscheiden, wogegen die salzhaltigen Nahrungsmittel die Nieren blockieren. Natürlich entwässernde Nahrungsmittel haben meist einen verhältnismäßig hohen Kaliumgehalt, verglichen mit ihrem Natriumgehalt.

Die Liste unten enthält die Nahrungsmittel, die Ihnen dabei helfen werden, überschüssiges Wasser loszuwerden. Am wirkungsvollsten scheinen frische Ananas, Spargel, Zitrusfrüchte und grüne Gemüse zu sein. Wenn Sie diese Dinge mit magerem Fleisch und Hüttenkäse kombinieren, können Sie über Nacht mehrere Pfund Wasser verlieren.

- Ananas, frisch
- Aprikosen
- Bananen
- Brokkoli
- Feigen
- Grapefruit und Grapefruitsaft
- Hähnchenfleisch
- Hüttenkäse
- Kartoffeln
- Lammfleisch, sorgfältig von Fett befreit
- Milch, Mager- und fettarme
- Netzmelonen
- Nüsse, ungesalzen
- Orangen und Orangensaft
- Pflaumen und Pflaumensaft
- Rindfleisch, mager
- Spargel
- Thunfisch, in Wasser eingelegt
- Tomaten
- Truthahnfleisch
- Wassermelonen
- Weintrauben

**Entwässernde Ein-Tages-Diät**

Falls sich je größere Mengen Wasser in Ihrem Gewebe ansammeln, gebe ich Ihnen hier einen Tagesplan an die Hand, mit dessen Hilfe Sie mehrere Pfunde überschüssiger Flüssigkeit loswerden können. Für Frauen, die während ihres Zyklus an Aufschwemmung leiden, ist diese Ein-Tages-Diät besonders nützlich, vor allem, wenn sie mit dem von mir empfohlenen täglichen Bewegungstraining verbunden ist. Die Diät wirkt auch Wunder bei der Hebung der Gemütslage, da Wasseransammlungen oft von negativen Gefühlen bis hin zu Depressionen begleitet sind.

- ▷ Bis zu 450 Gramm äußerst mageres Rindfleisch, Fisch oder Hähnchenfleisch, ohne Haut zubereitet.
- ▷ Bis zu 450 Gramm körniger Frischkäse.
- ▷ Spargel, Brokkoli, frische Ananas oder Melone und Zitrusfrüchte.

Sie können diese Diät auch zwei Tage lang durchführen. Von den genannten Obst- und Gemüsesorten dürfen Sie fast unbegrenzte Mengen essen, wenn Sie die Gemüse schlicht und einfach kochen – »ohne alles«. Um die bestmögliche Wirkung zu erzielen, sollten Sie jedoch zunächst nur je 1 Portion der beiden verschiedenen Gemüsesorten (100 Gramm) und je 1 Portion zweier Obstsorten (je 150 Gramm) essen. Wenn Sie die Diät in ihrer striktesten Form durchführen, werden Sie sehen, wie gut sie bei Ihnen anschlägt.

Falls sich extrem viel Wasser in Ihrem Gewebe angesammelt hat, können Sie durch die entwässernde Ein-Tages-Diät 5 Pfund verlieren. Obwohl mein Körper gewöhnlich kein überschüssiges Wasser speichert, habe ich diese Diät nach einem Schlemmer-Wochenende ausprobiert und 3¾ Pfund damit abgenommen. Die Verbindung von viel Eiweiß mit natürlich entwässerndem Obst und Gemüse vollbringt ein kleines Wunder. Aber führen Sie eine derartige Diät nicht länger als zwei Tage durch. Über längere Zeitspannen hinweg sollten Sie möglichst vielseitig essen, damit Sie mit allen Nährstoffen angemessen versorgt sind.

## *Körperlich aktiv sein*

Lassen Sie keinen Tag aus! Wenn es Ihnen gesundheitlich gut geht, werden Sie zur Zeit des »Übergangs« 45 Minuten täglich rasch gehen oder sonst irgendeinen Sport ausüben. Durch diese Aktivität selbst und durch die darauffolgende Erhöhung des Stoffwechsels, die noch einige Stunden andauert, werden Sie täglich 300 bis 400 Kalorien mehr verbrennen als vor dem Beginn der Intervall-Diät. Wenn Sie Ihre Kalorienzufuhr nun allmählich steigern, um Ihr Gewicht zu stabilisieren, werden Sie dank Ihrer neuen körperlichen Aktivität genügend Kalorien verbrennen, um sich das Fett, das Sie während der dreiwöchigen Intervall-Diät losgeworden sind, für immer vom Leib zu halten.

Körperliche Aktivität verbrennt also Fett und – was fast genauso wichtig ist – verhindert, daß Ihr Körper Wasser speichert. Normalerweise geben wir jeden Tag fast genausoviel Wasser beim Schwitzen und durch die Atmung ab wie durch die Nierentätigkeit (unser Atem ist beim Ausatmen zu 100 Prozent mit Feuchtigkeit gesättigt). Wenn wir aktiv sind, können wir ein bis mehrere Pfund allein durch Schwitzen verlieren; und da wir rascher atmen, können wir bis zu doppelt so viel Flüssigkeit durch den Atem abgeben wie sonst. *Jeden Tag, an dem Sie Ihre Trainingsrunde auslassen, können Sie mehrere Pfund Wasser zulegen.* Deshalb ist es unbedingt nötig, daß Sie während des Übergangs zur Erhaltungsdiät mit Ihrem Bewegungsprogramm nicht aufhören.

## Täglich acht Glas Wasser trinken

Ich wiederhole diese Empfehlung, weil es für die Erhaltung des Gewichts genauso wesentlich ist wie fürs Abnehmen, daß Sie täglich acht Viertelliter-gläser voll Wasser trinken. *Machen Sie nicht den Fehler zu glauben, daß Sie weniger Wasser speichern, wenn Sie weniger Wasser trinken.* Genau das Gegenteil ist der Fall! Ausreichende Flüssigkeitszufuhr regt die Nieren an und hemmt dadurch den Speicherprozeß; auch muß Ihr Körper dabei einige zusätzliche Kalorien verbrennen. Außerdem hält ausreichende Wasserzufuhr auch die Verdauung in Schwung und verhindert damit, daß Sie ein bis zwei Pfund wegen Darmträgheit zunehmen. Und trinken Sie bitte immer Wasser anstelle süßstoff-gesüßter Diätgetränke, die Sie vielleicht früher bevorzugt haben. Sonst wird in Ihnen nur die Gier nach Süßem wieder wach!

## Nicht vergessen: die »unbedenkliche Frucht«

Vielleicht eine der wichtigsten Veränderungen in meiner Ernährung, die ich in den 22 Jahren beibehalten habe, in denen ich mein Gewicht halten konnte, ist der Ersatz von Snacks, Süßigkeiten, Hamburgern und anderen Kalorienbomben (fett- und zuckerreichen Sachen) durch Obst. Ich habe schon erwähnt, daß ich den ganzen Tag Obst esse – viele Sorten, nicht mehr nur Grapefruit, und eigentlich auch nicht wirklich den ganzen Tag, sondern nur als zwei bis drei kleine Zwischenmahlzeiten. Im Moment steht mitten auf dem Küchentisch eine große Schüssel mit wunderschönen Weintrauben (zwei Sorten), Orangen, den knackigen York-Äpfeln, Bananen und Grapefruit. Ich kann nach Herzenslust davon essen, habe nie Hunger und brauche mir nie Sorgen zu machen, daß ich wieder dick werden könnte.

Ich glaube, daß auch für Sie Schlankbleiben ein Kinderspiel sein wird, wenn bei Ihnen »unbedenkliche Früchte« (das heißt im Grunde alles frische Obst) an die Stelle von Knabbereien und Snacks treten. Auch können Sie es sich zur Gewohnheit machen, alle möglichen Früchte, auch Trockenfrüchte, anstelle von Nachspeisen, Kuchen und Keksen zu essen – dann erledigt sich Ihr Gewichtsproblem von selbst. Versuchen Sie's doch einfach. Greifen Sie zu Obst anstatt zu industriell hergestellten Knabbereien und verzichten Sie auf die meisten Ihrer Nachspeisen (nicht auf alle, natürlich – Sie werden entdecken, daß das zur Gewichtserhaltung nicht nötig ist). Ich garantiere Ihnen, daß Sie sich viel wohler fühlen werden und außerdem Ihr Gewicht erfolgreich in den Griff bekommen, wenn Sie den Großteil der wertlosen Snacks, die Sie vielleicht bisher gegessen haben, durch Obst ersetzen. Obst unterstützt hervorragend den Verdauungsvorgang und wird Ihnen auch sehr dabei helfen, Ihre Gier nach Süßem zu zügeln. (Einen tieferen Einblick in das Problem wertloser, industriell hergestellter Snacks und eine genauere Definition erhalten Sie auf den Seiten 163ff.)

Jetzt wissen Sie alles. Ich weiß, daß Sie hart gearbeitet haben, um Ihre überschüssigen Pfunde zu verlieren. Weil ich selbst das Spielchen »Abnehmen – Zunehmen – Abnehmen – Zunehmen« in meinen ersten 35 Lebensjahren so oft mitgemacht habe, bevor ich herausfand, wie ich schlank werden und dann auch bleiben konnte, weiß ich, wie frustrierend es sein kann, wenn der Speck allmählich wieder zurückkehrt. Folgen Sie meinen Empfehlungen, die ich Ihnen für die Übergangsphase zur Gewichtserhaltung gegeben habe, und auch Sie werden Ihr Gewicht auf Dauer in den Griff bekommen. Zum Schluß meine Empfehlungen noch einmal in zusammengefaßter Form:

1. Nahrungszufuhr langsam steigern.
2. Salz und Salziges vermeiden.
3. Natürlich entwässerndes Obst und Gemüse essen.
4. Täglich körperlich aktiv sein.
5. Täglich acht Viertellitergläser voll Wasser trinken.
6. Alles Obst zur »unbedenklichen Frucht« machen und an Stelle von wertloser, industriell hergestellter Snacks in die Ernährung einbauen.

Jetzt sind wir soweit, daß wir auf die Vorteile für den Stoffwechsel eingehen können, die Sie sich *auf lange Sicht* verschaffen, wenn Sie Ihre Ernährung grundlegend umstellen.

## Den Stoffwechsel durch geeignete Ernährung steigern

Zwar ist im Labor eine Kalorie eine Kalorie; für den menschlichen Körper aber sind nicht alle Kalorien gleich.

Lange haben selbst die besten, mit den neuesten wissenschaftlichen Erkenntnissen vertrauten Ernährungsfachleute behauptet, es sei völlig egal, woher die Kalorien stammten. Sie sagten, daß alle Kalorien Energie und damit für den Körper dasselbe bedeuteten. Neuere Forschungen haben diese Ansicht widerlegt.

Fett zum Beispiel wird schnell in eine Form umgewandelt, die Ihr Körper als Energiequelle nutzen kann; und es ist sehr leicht, Nahrungsfett in Körperfett als Energiespeicher umzuwandeln. Sie nehmen besonders leicht zu, wenn Sie mehr Fett essen, als Ihrem täglichen Energiebedarf nach nötig wäre.

Bei Kohlenhydraten und Eiweiß muß der Körper wesentlich mehr Arbeit leisten als bei Fett, um die darin enthaltene Energie aufzuschließen, und ein Teil der Energie wird bei dieser Arbeit »vergeudet«. Das heißt, der Kaloriengehalt eines kohlenhydrat- oder eiweißreichen Nahrungsmittels mag in Ihrer Kalorientabelle zutreffen, aber Ihr Körper verwendet nicht alle angegebenen Kalorien zur Energiegewinnung für die physiologischen Prozesse. Einige Kalorien werden einfach verbrannt und »verpuffen« als Wärme.

Wenn Sie also entweder zu viele Kohlenhydrate oder zuviel Eiweiß essen, muß Ihr Körper auch wesentlich mehr Arbeit leisten, um diese Nährstoffe in Körperfett umzuwandeln, als er es bei der Umwandlung von Nahrungsfetten tun muß. Um es genau zu sagen: Etwa vier- bis fünfmal mehr Energie muß der Körper aufwenden, um Kohlenhydrate und Eiweiß in Körperfett umzuwandeln, als es bei Nahrungsfetten der Fall ist.

Vielleicht können Sie dies intuitiv leichter nachvollziehen, wenn Sie sich zwei Teelöffel Fett oder Öl auf einem Teller vorstellen und daneben einen ziemlich großen Apfel. Beides hat etwa den gleichen Kaloriengehalt, wie man ihn mit Laborgeräten feststellen kann (etwa 70 bis 80 Kalorien). Aber Ihr Körper muß wesentlich mehr arbeiten, um die im Apfel enthaltenen Kalorien in Körperfett umzuwandeln, als beim Fett oder Öl. Etwa fünf Prozent des Energiegehaltes von Nahrungsfett muß aufgewendet werden, um Fett in Körperfett umzuwandeln. Bei Kohlenhydraten und Eiweiß müssen etwa zwanzig bis fünfundzwanzig Prozent ihres Energiegehaltes aufgewendet werden, um diese Nährstoffe in Körperfett umzuwandeln.

Offensichtlich können Sie, wenn Sie anstelle von Fettkalorien Kalorien aus Kohlenhydraten und Eiweiß zu sich nehmen, letztlich mehr essen, ohne zuzunehmen. Obwohl Ihre Kalorienzufuhr insgesamt höher ist, haben Sie Ihren Energiebedarf erhöht, indem Sie Ihren Körper beim Verdauungsprozeß härter arbeiten lassen. Also nehmen Sie kein Gramm zu.

## *Weitere Vorteile einer fettarmen und ballaststoffreichen Ernährung*

Wenn Sie den Anteil komplexer Kohlenhydrate (sog. Polysaccharide oder Mehrfachzucker, sie sind besonders in Vollkornprodukten, Obst und Gemüse enthalten) in Ihrer Ernährung erhöhen und gleichzeitig weniger Fett essen, gibt es zwei weitere Faktoren, die verhindern, daß Sie zunehmen.

Diese Nahrungsmittel – und nur diese – enthalten *Ballaststoffe.* Auch Ballaststoffe werden bei den Kalorienangaben in den Kalorientabellen mitgezählt, aber der Körper verdaut diese Kalorien nicht! Magen und Verdauungstrakt verfügen nicht über die Enzyme, die diese Ballaststoffe aufschließen könnten (andere Lebewesen haben solche Enzyme). So wandern etwa zehn Prozent oder sogar mehr der gesamten Kalorien – je nachdem, welche kohlenhydrathaltigen Dinge Sie im einzelnen essen – durch den Körper hindurch als reiner Ballast.

Die Ballaststoffe haben auch noch eine zweite Seite, die dem Stoffwechsel zugute kommt: Sie nehmen etwa zehn Prozent des Nahrungsfetts auf und schleusen es durch den Verdauungstrakt, ohne daß es verdaut wird.

Können Sie also tatsächlich »Ihren Stoffwechsel durch Essen ankurbeln«? Falls Sie in Ihrer Ernährung einen Teil des Fettes durch komplexe Kohlenhydrate ersetzen, lautet die Antowrt: »Ja«. Essen Sie nur noch halb so viel Fett und dafür frisches Obst, Gemüse und Vollkornprodukte, werden Sie täglich etwa 200 Kalorien über Ihren gegenwärtigen Energiebedarf hinaus benötigen, nur um Ihr Gewicht zu halten. Damit ist der tägliche Energiebedarf Ihres Stoffwechsels beträchtlich gestiegen.

# Jetzt haben Sie das »Wundermittel« gegen Übergewicht entdeckt

Ich habe sehr viele Seiten gefüllt, um Ihnen die Intervall-Diät in allen Einzelheiten zu erklären und zu zeigen, wie Sie zur Erhaltungsdiät übergehen können, ohne ein einziges Pfund von dem, was Sie in den letzten drei Wochen abgenommen haben, wieder zuzunehmen. Wenn Sie noch mehr Gewicht verlieren wollen, können Sie die Intervall-Diät nach einer Woche oder einem Monat »Urlaub von der Diät« von neuem beginnen.

Und wenn Sie dann Ihr Wunschgewicht erreicht haben, kennen Sie das »Wundermittel« gegen Übergewicht, das verhindern wird, daß auch nur ein einziges der verlorenen Pfunde sich jemals wieder zurückmeldet. Im Grunde läßt sich alles, was nach neuesten Erkenntnissen zu dauerhafter Gewichtskontrolle führt, in acht kleine Worte fassen, die Quintessenz des Buches und das Wundermittel gegen Übergewicht:

**Essen Sie weniger fett und bewegen Sie sich.**

In den folgenden drei Kapiteln werde ich Ihnen sowohl vom praktischen als auch vom psychologischen Standpunkt aus einige Tips geben, wie Sie dieses »Wundermittel« auf Dauer in die Tat umsetzen können. Ich wünschte, Sie könnten irgendwie darum herumkommen; aber das Wundermittel funktioniert nur, wenn Sie es *täglich* anwenden.

# 9 Test: Können Sie standhaft bleiben?

Beim ersten Treffen mit meinen neuen Teilnehmern am Vanderbilt-Gewichtskontrollprogramm tue ich etwas, was vielleicht merkwürdig wirkt: Ich schenke jedem eine Tafel köstlicher Milchschokolade! Das soll kein grausamer Scherz sein. Es ist vielmehr der erste Schritt zur völligen Kontrolle über die Eßlust, die meine Teilnehmer dazu gebracht hat, zuviel zu essen.

Ich werde Ihnen zeigen, wie auch Sie diese Kontrolle über sich selbst erlangen können, was Ihnen gelingen wird, wenn Sie dieselben Verfahren anwenden, die wir in unserem Programm benutzen. Bevor ich sie Ihnen vorstelle, machen Sie bitte diesen Test, der offenlegen wird, wo Ihre größten Schwierigkeiten bei der Kontrolle Ihres Gewichts liegen und bei welchen Problemfeldern Sie sich am wenigsten zutrauen, auftretende Schwierigkeiten erfolgreich zu bewältigen.

## Test zur Gewichtskontrolle*

Erläuterung: Beschrieben sind je drei typische Situationen in sechs Problemfeldern, in denen Übergewichtige auf die meisten Schwierigkeiten bei der Gewichtskontrolle stoßen. Stellen Sie sich vor, Sie befänden sich in der beschriebenen Situation (oder erinnern Sie sich an eine Situation aus Ihrer eigenen Erfahrung, die sich wahrscheinlich noch öfters wiederholen wird). Dann beurteilen Sie, inwieweit Sie sich ein dieser Situation angemessenes Verhalten zutrauen, so daß Sie wieder einen kleinen Sieg über Ihr Gewichts-

---

* Dieser Test beruht auf einem Fragebogen, der von Dr. David Schlundt vom Psychologischen Institut der Vanderbilt-Universität in Nashville, TN 37240, U.S.A. entwickelt worden ist. Unter seiner Mithilfe wurde der Fragebogen zu Forschungszwecken für das Vanderbilt-Gewichtskontrollprogramm bearbeitet. Sie können die vollständige wissenschaftliche Version erhalten, wenn Sie in englischer Sprache direkt an Dr. Schlundt schreiben und den Diät-Fragebogen anfordern.

problem erringen. Bewerten Sie dazu Ihr Selbstvertrauen mit einer Skala von 0 bis 100 Punkten. Wenn Sie sich überhaupt nichts zutrauen – das heißt, wenn Sie glauben, daß Sie sich niemals angemessen verhalten können –, geben Sie sich 0 Punkte. Wenn Sie glauben, daß Sie in etwa fünfzig Prozent der Fälle richtig handeln würden, geben Sie sich 50 Punkte. Und wenn Sie das Gefühl haben, die Situation völlig zu beherrschen, geben Sie sich 100 Punkte. Um den Test besser auswerten zu können, verwenden Sie bitte bei Ihrer Selbsteinschätzung keine kleineren Abstufungen als 5 Punkte (50, 55, 60 usw.).

## *Problemfeld 1: Versuchungen widerstehen*

| | *Punktzahl* |
|---|---|
| 1. Es ist halb sechs Uhr nachmittags, und Sie bereiten gerade ein köstliches Abendessen zu. Inwieweit trauen Sie sich zu, nichts davon zu essen, bis das Essen auf den Tisch kommt? | ______ |
| 2. Sie verbringen einen Abend allein zu Hause und haben Lust auf kalorienreiche Knabbereien. Inwieweit trauen Sie sich zu, Ihren Gelüsten zu widerstehen? | ______ |
| 3. Sie sitzen vor dem Fernseher und jemand bringt kalorienreiche Knabbereien (Kekse, Kartoffelchips, Limonade, Bier usw.) ins Zimmer. Inwieweit trauen Sie sich zu, fernzusehen, ohne zu derartigen Snacks zu greifen? | ______ |

## *Problemfeld 2: Essen in Gesellschaft*

| | |
|---|---|
| 4. Sie essen mit Ihrer Familie zu Abend. Jemand nimmt die Platte mit Ihrem Lieblingsgericht, sagt, »ich darf dir doch noch ein bißchen davon geben«, und beginnt, Ihren Teller vollzuhäufen. Inwieweit trauen Sie sich zu, »nein, danke« zu sagen und bei Ihrem Diätplan zu bleiben? | ______ |
| 5. Sie sind bei Freunden auf einer Party. Jemand bietet Ihnen ein Stück Kuchen oder eine andere Schlemmerei an, die nicht auf Ihrem Diätplan steht. Inwieweit trauen Sie sich zu, daß Sie ablehnen werden? | ______ |
| 6. Sie haben guten Grund zu feiern und gehen mit Freunden zum Essen in ein gutes Restaurant. Inwieweit trauen Sie sich zu, trotz allen Feierns nicht zuviel zu essen? | ______ |

## *Problemfeld 3: Die Qual der Wahl*

| | | *Punktzahl* |
|---|---|---|
| 7. | Sie sind am Ende des Menüs angelangt und haben nun die Wahl zwischen Obst und Kuchen (oder einem anderen kalorienreichen Dessert). Inwieweit trauen Sie sich zu, Obst statt Kuchen zu nehmen? | ______ |
| 8. | Sie kochen lieber kalorienreich (mit Butter oder anderen Fetten, mögen Fritiertes und üppige Saucen). Inwieweit trauen Sie sich zu, in Zukunft kalorienarme Gerichte zuzubereiten? | ______ |
| 9. | Sie sind zum Essen in ein gutes Restaurant gegangen, das für jeden Gang des Menüs auf seiner Speisekarte sowohl kalorienreiche als auch kalorienarme Gerichte anbietet. Inwieweit trauen Sie sich zu, *nur* die kalorienarmen Gerichte auszuwählen? | ______ |

## *Problemfeld 4: Körperliche Bewegung*

| | | |
|---|---|---|
| 10. | Sie haben mit Ihrem Aktivitätsprogramm begonnen, aber es stellt sich heraus, daß die Familie, Freunde oder Geschäftsverpflichtungen Forderungen an Sie stellen und immer wieder dazwischenkommen. Inwieweit trauen Sie sich zu, trotzdem an Ihrem täglichen Bewegungsprogramm festzuhalten? | ______ |
| 11. | Jemand fragt Sie, ob Sie mit ihm spazierengehen (oder auf andere Weise gemeinsam Sport treiben), aber Sie fühlen sich müde und irgendwie nicht ganz auf der Höhe. Inwieweit trauen Sie sich zu, diese Gefühle zu überwinden und der Bitte zu folgen? | ______ |
| 12. | Sie haben vor, heute nach der Arbeit (oder später, vor dem Abendessen) körperlich aktiv zu werden. Wenn es nun so weit ist, fühlen Sie sich müde und hungrig. Inwieweit trauen Sie sich zu, daß Sie sich trotzdem aufraffen? | ______ |

## *Problemfeld 5: Zuviel essen*

| | | |
|---|---|---|
| 13. | Sie sind auf einer Party, und leckere, kalorienreiche Snacks sind im Überfluß vorhanden. Sie haben bereits mehr gegessen als Sie sollten, würden aber trotzdem gern weiteressen. Inwieweit trauen Sie sich zu, auf der Stelle mit dem Essen aufzuhören? | ______ |

| | *Punktzahl* |
|---|---|
| 14. Anstatt nach einer Mahlzeit die Reste aufzuheben, essen Sie sie immer auf. Inwieweit trauen Sie sich zu, von nun an nichts mehr von den Resten zu essen, sondern sie wegzuräumen? | ______ |
| 15. Wenn Sie abends müde und hungrig nach Hause kommen, essen Sie gern zuviel. Inwieweit trauen Sie sich zu, damit aufzuhören? | ______ |

## *Problemfeld 6: Negative Gefühle*

| | |
|---|---|
| 16. Sie überfällt unwiderstehliche Eßlust, wenn Sie sich einsam, niedergeschlagen oder gelangweilt fühlen. Inwieweit trauen Sie sich zu, andere Wege zu finden, mit diesen Gefühlen fertig zu werden, anstatt zuviel zu essen? | ______ |
| 17. Sie haben gerade mit einem Familienangehörigen gestritten und sind sehr aufgewühlt und verärgert. Sie stehen vor dem Kühlschrank und bekommen Lust, alles in sich hineinzustopfen, was Sie sehen. Inwieweit trauen Sie sich zu, Ihren Zorn auf andere Weise bewältigen zu lernen? | ______ |
| 18. Nach einem Tag, an dem nichts klappte, sind Sie sehr gereizt und angespannt. Sie fühlen den Drang, sich eine Tafel Schokolade (ein Stück Torte usw.) einzuverleiben. Inwieweit trauen Sie sich zu, sich auf eine konstruktivere Weise zu beruhigen und mit Ihren Gefühlen klarzukommen? | ______ |

## *Auswertung*

Den Test werten Sie folgendermaßen aus: Stellen Sie fest, wie viele der drei unter den sechs Problemfeldern beschriebenen Situationen auf der Selbsteinschätzungsskala 50 oder weniger Punkte, 55 bis 70 Punkte, 75 bis 85 Punkte oder 90 und mehr Punkte erhalten. Tragen Sie in der untenstehenden Tabelle die jeweils zutreffende Anzahl ein.

| Problemfeld | Anzahl der Situationen mit der Punktzahl | | | |
|---|---|---|---|---|
| | bis 50 Punkte | 55 bis 70 Punkte | 75 bis 85 Punkte | 90 Punkte oder mehr |
| Versuchungen widerstehen | ______ | ______ | ______ | ______ |
| Essen in Gesellschaft | ______ | ______ | ______ | ______ |
| Die Qual der Wahl | ______ | ______ | ______ | ______ |
| Körperliche Bewegung | ______ | ______ | ______ | ______ |
| Zuviel essen | ______ | ______ | ______ | ______ |
| Negative Gefühle | ______ | ______ | ______ | ______ |

## *Interpretation der Problemfelder*

Wenn zwei der drei unter einem Problemfeld beschriebenen Situationen bei Ihnen die niedrigste oder zweitniedrigste Punktzahl erhalten haben, also unter 50 Punkte oder im Bereich von 55 bis 70 Punkten liegen, dann kann dieses Problemfeld Ihre Bemühungen um Gewichtskontrolle ernsthaft gefährden.

Jedes Problemfeld, in dem zwei der drei Situationen unterhalb der höchsten Punktzahl (90 Punkte oder mehr) liegen, ist eine weniger bedrohliche, aber immer noch bedeutsame Gefahrenquelle.

Jedes Problemfeld, in dem zwei oder mehr Situationen 90 oder mehr Punkte erreicht haben, stellt insgesamt wohl kein großes Hindernis beim Abnehmen dar. Wenn jedoch eine bestimmte Situation eine niedrige Punktzahl auf der Selbsteinschätzungsskala erhält, müssen Sie sich damit auseinandersetzen, besonders wenn diese Situation öfters vorkommt.

## *Interpretation der Einzelsituationen*

Eine niedrige Punktzahl bei einzelnen Fragen deutet möglicherweise auf ein schwerwiegendes Problem hin, auch wenn Sie in den beiden verwandten Situationen desselben Problemfelds mehr Selbstvertrauen haben. Das gilt besonders dann, wenn Sie dieser Situation öfters begegnen. Wenn Sie Ihr Selbstvertrauen in irgendeiner Situation, die Ihnen fast täglich oder sogar nur einmal in der Woche zustößt, geringer als mit 90 Punkten einschätzen, kann das verheerende Auswirkungen haben. Denn das heißt, daß Sie regelmäßig in eine Situation geraten, mit der Sie nicht umgehen können, auch wenn Sie andere Situationen, die für Ihr Gewicht bedrohlich sind, spielend bewältigen. Ihr häufiges Versagen in dieser Situation ist schuld daran, wenn Sie für jeden Schritt vorwärts, der Ihnen in der restlichen Zeit gelingt, wieder einen Schritt zurück machen. Schließlich werden Sie sich immer mit denselben 5 Pfund abplagen, sie immer wieder zunehmen und abnehmen, zunehmen und abnehmen, und Ihr Ziel auf diese Weise nie erreichen.

Damit Sie Ihre Probleme bei der Gewichtskontrolle besser in den Griff bekommen, werden wir die Einzelsituationen anpacken. Tun Sie also bitte folgendes:

- ▷ Gehen Sie die Punktzahlen aller Situationen im Test noch einmal durch und machen Sie bei jeder Frage zwei Sternchen, bei der Sie Ihr Selbstvertrauen mit 50 Punkten oder weniger bewertet haben.
- ▷ Dann machen Sie ein Sternchen bei jeder Frage, bei der Sie sich 55 bis 85 Punkte gegeben haben.

Anschließend werden Sie die Verhaltenstechniken, die ich im nächsten Kapitel erläutere, erst auf die Situationen mit zwei Sternchen anwenden –

falls solche bei Ihnen vorkommen – und daran arbeiten, dann auf die Situationen mit einem Sternchen.

Unser Ziel ist es, Ihr Selbstvertrauen in allen für die Gewichtskontrolle problematischen Situationen so zu stärken, daß Sie sich in 90 Prozent der Fälle oder öfter zutrauen, das Richtige zu tun. Wenn Sie sich einmal in allen Situationen, die heute für Ihr Gewicht bedrohlich sind, eine Erfolgsquote von neunzig Prozent zutrauen, können Sie eine weit größere Gewißheit haben, Ihr Gewicht in Zukunft dauerhaft in den Griff zu bekommen. Und ich freue mich, Ihnen sagen zu können, daß hundertprozentige Perfektion gar nicht nötig ist (worauf Sie vielleicht aus einer meiner vorangehenden Erklärungen geschlossen haben). Beispielsweise muß es Ihnen nicht immer gelingen, Versuchungen zu widerstehen, aber Sie brauchen die Gewißheit, daß Sie im großen und ganzen dazu in der Lage sind, wenn Sie es müssen. Es ist lediglich nötig, daß Sie Ihr Selbstvertrauen statt mit 50 oder 60 Punkten mit 90 Punkten bewerten können. Dann nämlich sind Sie in der glücklichen Lage, sich »kontrolliertes Schlemmen« erlauben zu können, was keinerlei Bedrohung für Ihr Gewicht darstellt.

Und hier, wenn sich bei Ihnen allmählich ein Gefühl der Beherrschung des Gewichtsproblems entwickelt, kommt die Tafel Schokolade zum Zuge, die ich meinen neuen Gruppenteilnehmern schenke. Sie steht als Symbol für alle Dinge, denen Sie erst einmal schwer widerstehen können und die Sie in Versuchung führen, das für Sie Schlechtere auszuwählen oder zuviel zu essen.

In den nächsten beiden Kapiteln werde ich Ihnen zeigen, wie auch Sie eine solche »süße Versuchung« dazu benützen können, Ihr Gefühl der Beherrschung Ihres Gewichtsproblems allmählich zu steigern.

# 10 Vier Schritte zum Erfolg: Aufbau von Selbstvertrauen

Um den größten Nutzen aus den Verhaltenstechniken ziehen zu können, die ich in diesem Kapitel beschreibe, ist es wirklich nötig, daß Sie eine Tafel Schokolade oder eine andere »ungesunde« Nascherei griffbereit haben. Aber daß Sie jetzt gleich aufspringen und in den nächsten Laden rennen, ist weniger wichtig, als sich zunächst darüber klar zu werden, warum derartige Dinge die Gewichtskontrolle so gefährden, und wie Sie lernen können, mit ihnen umzugehen. Wenn Sie nach der Lektüre dieses Kapitels das Gefühl haben, daß Ihnen das, was ich beschrieben habe, helfen könnte, können Sie immer noch Ihre Tafel Schokolade kaufen und sich an die Arbeit machen, ein neues und größeres Selbstvertrauen in Sachen Gewichtskontrolle zu entwickeln.

Als Beispiel für meine Ausführungen möchte ich Schokolade nehmen, weil es so vielen Menschen sehr schwer fällt, bei Schokolade oder anderen kakaohaltigen Süßigkeiten Maß zu halten. Und das ist auch kein Wunder. Eine Tafel Schokolade ist kein »natürliches« Nahrungsmittel, sondern ein hochgezüchtetes Kunstprodukt. Sie besteht aus einer fein ausgeklügelten Mischung von Geschmackszutaten, die der Mensch besonders mag. Fett ist der Hauptbestandteil (60 Prozent der in Schokolade enthaltenen Kalorien stammen von Fett), dann folgen Zucker, vielleicht eine Prise Salz, um das Aroma zu unterstreichen, und natürlich Kakao, der scheußlich schmeckt, wenn er nicht mit Fett und Zucker vermischt ist. Dieser genialen Mischung verdankt die Schokolade ihre magische Wirkung.

Süßigkeiten sowie alle anderen zucker- und fetthaltigen Naschereien regen den Appetit an, auch wenn Ihr Hunger schon längst gestillt ist. Wenn Sie solche Dinge sehen, läuft Ihnen das Wasser im Munde zusammen, und die Bauchspeicheldrüse beginnt, zusätzliches Insulin abzusondern, um für den zu erwartenden Zucker gewappnet zu sein. Diese beiden körperlichen Reaktionen rufen bei Ihnen tatsächlich Hunger hervor, obwohl Sie bereits gegessen haben. Jede einzelne Zelle Ihres Körpers scheint wieder aktiv zu werden und schreit: »Essen! Essen!«

Es ist sehr schwer, einer Tafel Schokolade und den meisten anderen Dingen, die wir als »wertlose Nahrungsmittel« einstufen können, zu widerstehen, weil sie keine gewöhnlichen Nahrungsmittel sind. Wenn Sie zwischen einem Kunstprodukt (Schokolade, Kuchen, Torte, Kekse) und einem natürlicheren Nahrungsmittel wie Obst wählen müssen, läuft das Kunstprodukt dem wertvolleren Nahrungsmittel fast immer den Rang ab. So wird es für den Übergewichtigen sehr schwierig, sich für das Richtige zu entscheiden, das nicht dick macht, wenn die verführerischen Kunstprodukte immer und bei jeder Mahlzeit gegenwärtig sind.

Nachdem ich meinen Gruppenteilnehmern die Schokolade überreicht habe, frage ich sie, ob sie sich vorstellen können, mit dieser Tafel Schokolade zu leben (oder mit anderen Schlemmereien, die für sie die größte Gefahr darstellen), ohne sie zu essen, auch wenn sie ständig sichtbar in ihrer Umgebung ist. Vielleicht halten Sie jetzt einen Moment inne und tun dasselbe: Können Sie sich Situationen vorstellen, in denen alles, was Ihnen am besten schmeckt, reichlich vorhanden ist, Sie sich aber dennoch genau so verhalten, wie Sie sich für den Rest Ihres Lebens verhalten müssen, wenn Sie Ihr Gewicht auf Dauer in den Griff bekommen wollen?

Wenn Sie sich *nicht einmal vorstellen* können, wie Sie mit diesen Situationen fertig werden, wie können Sie dann jemals erwarten, es in Wirklichkeit zu tun?

Weil es ein natürlicher physiologischer Vorgang ist, in Gegenwart jener verführerischen Kunstprodukte »auf Heißhunger zu schalten«, besteht die beste Strategie zur Gewichtserhaltung darin, ihnen auszuweichen, also dafür zu sorgen, daß Sie selten mit ihnen in Berührung kommen, damit Sie nicht ständig mit der Versuchung zu kämpfen haben.

Aber eine solche Kontrolle über Sie selbst und Ihre Umgebung ist nicht immer möglich. Ich weiß, daß viele von Ihnen Familienangehörige haben, die unerwartet »wertlose« Nahrungsmittel nach Hause bringen, und Sie möchten vielleicht denjenigen in Ihrer Familie, die keine Probleme mit ihrem Gewicht haben, keine Beschränkungen zumuten, nur weil Sie keine »Versuchungen« zu Hause haben wollen. Außerdem wäre es doch großartig, wenn Sie wissen, daß Sie in der Lage sind, »kontrolliert zu schlemmen«, ohne dabei zuzunehmen! Wir haben normalerweise keine kalorienreichen Schlemmereien im Hause; aber es war gerade Weihnachten, wir hatten viel Besuch und Gäste zum Essen eingeladen: Im Kühlschrank steht der unvergleichliche Schoko-Käsekuchen meiner Frau, der köstliche Kürbis-Pie meiner Tochter wartet auf dem Küchentisch und von meinem eigenen, selbstgemachten Rumrosineneis sind drei Liter in der Tiefkühltruhe (das Eis schmeckt übrigens nicht schlecht!). Vor zweiundzwanzig Jahren hätte ich wahrscheinlich zuviel davon gegessen und von den Köstlichkeiten ringsherum zugenommen, aber heute passiert mir das nicht mehr. Ich genieße diese Wunderwerke – jedes einzelne von ihnen –, allerdings in Maßen. Auch Sie können lernen, Ihre Lieblingsschlemmereien ohne Gefahr für Ihr Gewicht zu genießen, wenn Sie die folgenden vier Schritte zur Beherrschung Ihres Gewichtsproblems in die Tat umsetzen.

## Vier Schritte zur Beherrschung des Gewichtsproblems

Es wird Ihnen helfen, wenn Sie sich stets eines Ihrer persönlichen Problemfelder vor Augen halten, während ich die vier Schritte erläutere, mit deren Hilfe Sie Ihr Gewichtsproblem beherrschen lernen. Gehen Sie also bitte die Ergebnisse des Tests aus dem letzten Kapitel noch einmal durch. Suchen Sie sich eines der Problemfelder aus, bei dem Sie am wenigsten Vertrauen zu sich selbst haben. Dies ist das erste Gebiet, auf dem Sie arbeiten werden. Stellen Sie sich dieses Problemfeld im Geiste vor, während ich die Verhaltensstrategien erläutere, und ziehen Sie stets realistische Vergleiche zu meinen Beispielen.

Wir gehen in vier Schritten vor, um Ihr Selbstvertrauen maximal zu steigern. Normalerweise müssen Sie alle vier Schritte durchlaufen, bis Sie die gewünschte Verhaltensweise sicher beherrschen. Weil diese Technik, die Ihnen zu Selbstvertrauen und Beherrschung Ihres Gewichtsproblems verhilft, sehr viel Ähnlichkeit mit den Techniken hat, die virutose Konzertmusiker, erstklassige Schauspieler und Hochleistungssportler anwenden, werde ich einige Vergleiche bringen, um das Gemeinte anschaulicher zu machen.

*Erstens* müssen Sie sich fragen, was Sie wissen und tun müssen, um Ihr Problemfeld in den Griff zu bekommen. Wenn Ihnen nicht klar ist, was Sie wissen und unternehmen müssen, können Sie nicht einmal den ersten Schritt tun. Manchmal glauben wir, zu wissen, wie ein bestimmtes Problem bei der Gewichtskontrolle anzupacken ist. Aber wenn wir's dann probieren, stoßen wir auf unerwartete Hindernisse. Früher haben Sie dann vielleicht aufgegeben, Sie haben Ihr Problem nicht gelöst, aber diesmal werden Sie durchhalten. Wenn Sie mit unerwarteten Hindernissen konfrontiert werden, heißt das lediglich, daß diese Hindernisse Ihre wirklichen Probleme darstellen und daß Sie einige zusätzliche Fertigkeiten oder mehr Wissen benötigen, um zurechtzukommen.

*Zweitens* müssen Sie in der Lage sein, sich im Geiste deutlich vorzustellen, wie Sie das richtige Verhalten erfolgreich durchziehen – genau wie olympische Spieler vor ihrem geistigen Auge einen Film abrollen lassen, wie sie in der Hitze des Gefechts perfekte Leistungen erzielen. Weltmeister werden nicht zu Weltmeistern, wenn sie sich vorstellen, daß sie versagen, bevor sie überhaupt das Kampffeld betreten!

*Drittens* hilft es Ihnen vielleicht, öfters eine Art Probe zu inszenieren, damit Sie üben können, was Sie gerade lernen – genau wie Sportler ihre Fähigkeiten in geschützten »Übungssituationen« einüben und vervollkommnen, bevor sie an einem Wettkampf teilnehmen (dieser Schritt läßt sich nicht immer verwirklichen und kann manchmal ausgelassen werden, aber Sie sollten ihn durchführen, wenn es Ihnen irgendwie möglich ist).

*Viertens* müssen Sie sich der Situation tatsächlich aussetzen, die für Sie problematisch ist, und testen, wie Sie in Wirklichkeit reagieren – genau wie es der Sportler bei Wettkämpfen und Turnieren tut. Vielleicht beginnen Sie mit Situationen, mit denen Sie leicht zurechtkommen, und arbeiten sich langsam zur großen »Prüfung« vor – wie es auch Musiker und Schauspieler tun, wenn sie ihr Programm erst in der Provinz vorstellen und sich so »aufwärmen«, bevor sie sich an die Met oder den Broadway wagen.

Wie wichtig die einzelnen Schritte jeweils sind, wird von Situation zu Situation schwanken. Während Sie meine Empfehlungen befolgen, werden Sie wahrscheinlich Ihren ureigensten persönlichen Ansatz entwickeln, wie Sie diese Vier-Schritte-Strategie für sich umsetzen. Meine Hinweise sind nur eine Starthilfe, um überhaupt in Gang zu kommen. Zum Schluß werden Sie selbst Ihr bester Spezialist für Problemlösungen in Gewichtsfragen sein.

Um Probleme aller Art rund ums Essen bewältigen können – ob es nun darum geht, Versuchungen zu widerstehen oder die richtigen Nahrungsmittel für sich auszuwählen –, werden Sie immer wieder ähnliche Methoden einsetzen; also werde ich sie Ihnen anhand eines einzigen Beispiels erklären. Anschließend zeige ich Ihnen, wie Sie die vier Schritte auf ein weiteres Problem anwenden können: die Steigerung Ihrer körperlichen Aktivität.

Ein kurzes »Arbeitsheft« in Form einer praktischen Anleitung ist die Grundlage des nächsten Kapitels. Dort werde ich Ihnen zeigen, wie Sie unsere vier Schritte auf das Problem des Verzichts auf »wertlose« Nahrungsmittel anwenden können. Dieses Kapitel hilft Ihnen auch, im Umgang mit dieser Art von Nahrungsmitteln so viel Selbstvertrauen aufzubauen, daß Sie sich eine Erfolgsquote von mindestens 90 Prozent zutrauen. Und es wird Ihnen zeigen, wie Sie unsere Strategie auf jede einzelne der Sie persönlich betreffenden Situationen anwenden können, bei der Sie im Test weniger als 90 Punkte erzielt haben.

Doch zuerst das Beispiel.

## Problemfelder wie »richtiges Verhalten bei Versuchungen«, »Essen in Gesellschaft« und die »Qual der Wahl«

### *1. Schritt: Wissen und Strategien entwickeln*

Höchstwahrscheinlich haben Sie bereits Ihre Vorstellungen, was nötig ist, um mit solchen Problemsituationen fertig zu werden, vor allem, wenn Sie schon über einen der unzähligen verhaltenspsychologischen Ansätze zum Abnehmen gelesen haben, oder wenn Sie an einem Gewichtskontrollprogramm wie dem der Weight Watchers bereits teilgenommen haben. War es Ihnen bisher unmöglich, das Gelernte in die Praxis umzusetzen (und leider zeigen unsere Forschungen, daß über 85 Prozent der Personen, die ein verhaltspsychologisch orientiertes Schlankheitsprogramm durchlaufen haben, keine einzige der erlernten Strategien weiter anwenden), dann werden Ihnen unsere vier Schritte zur Problembeherrschung weiterhelfen.

Nehmen wir an, Sie befinden sich mitten in einer Situation, wie sie im Test des vorangegangenen Kapitels beschrieben wurde. Um es noch schwieriger zu machen, nehmen wir eine Situation an, in der Sie köstlichen Schlemmereien nicht entgehen können: Sie bereiten für ein paar Gäste ein leckeres Essen mit vier Gängen zu.

Die Frage lautet: Was können Sie tun, um zu verhindern, daß Sie beim Kochen bereits von den Köstlichkeiten naschen?

Spielen Sie im Geiste ein paar der möglichen Strategien durch. Wenn Sie es zum Beispiel so weit haben kommen lassen, daß Sie jetzt sehr hungrig sind, weil Sie das Mittagessen oder den Nachmittagskaffee haben ausfallen lassen, können Sie jetzt vielleicht an einem Stück erlaubtem Gemüse knabbern? Wenn Sie eigentlich keinen Hunger haben, aber beim Anblick leckerer Dinge Appetit bekommen, könnten Sie Kaugummi kauen oder an einem Zahnstocher nagen? Vielleicht sogar einen Gesichtsschutz wie die Chirurgen tragen? Ich kenne Leute, die jedesmal, wenn sie eine verlockende Mahlzeit zubereiten, einen solchen Gesichtsschutz tragen! Oder könnten Sie die Versuchung schon allein dadurch abblocken, daß Sie sich vorstellen, wie sich jeder Bissen auf Ihren Hüften ablagert und Sie weiterhin Größe 46 oder 48 tragen müssen statt eines schicken Kleides in Größe 40?

Ich bin sicher, Sie können sich noch weitere Möglichkeiten vorstellen, wie sich eine Entgleisung in dieser Situation verhindern ließe. Die Entscheidung liegt bei Ihnen, welches Ersatzverhalten oder welche gedankliche Strategie Sie bei einiger Übung so festigen können, um Gelüste auf unnötig kalorienreiche Schlemmereien zu besiegen.

Anschließend können Sie zum 2. Schritt übergehen und etwas tun, was Sie in der Vergangenheit wahrscheinlich außer acht gelassen haben.

## 2. Schritt: Phantasie und Vorstellungskraft einsetzen

Auf diesen Schritt kommt es wirklich an – etwas, was Ihnen wahrscheinlich nie eingefallen ist und dessen Bedeutung Ihnen nicht bewußt war. Es muß Ihnen gelingen, daß Sie sich selbst im Geiste ganz deutlich vor sich sehen, wie Sie Ihre Absichten erfolgreich ausführen. Ich möchte gern noch etwas bei diesem Punkt verweilen, weil er wirklich wichtig ist.

Ich weiß, daß es in Ihrem Leben vieles gibt, worin Sie ein As sind. Wenn Sie auf bestimmten Gebieten etwas tun sollen, brauchen Sie nie zweimal nachzudenken – Sie haben keinen Zweifel an Ihrer Fähigkeit, das in dieser Situation einzig Richtige zu tun. Nehmen Sie sich einen Moment Zeit und überlegen Sie, was Sie eigentlich in solchen Fällen tun (und wenn es nur darum geht, ein Bett zu machen, oder, vielleicht auf einer komplexeren Ebene, Ihre beruflichen Aufgaben zu erledigen). Vor Ihrem geistigen Auge wird ein Film ablaufen, in dem Sie die entsprechenden Handlungen ausführen. Aber ich weiß, daß es Ihnen zuerst einmal schwer fällt, sich vorzustellen, daß Sie sich ebenso erfolgreich verhalten, wenn es ums Abnehmen geht.

In meiner ersten Laufbahn als Geiger habe ich viele Konzerte gegeben, in späterem Alter habe ich ziemlich gut Tennis spielen gelernt. Deshalb weiß ich, wieviel gedankliche Arbeit nötig ist, um Selbstvertrauen aufzubauen und sich schließlich der Öffentlichkeit zu stellen, wo Sie Ihre Fähigkeiten wirklich beweisen müssen. Schauspieler, Musiker und Hochleistungssportler stellen sich alle zunächst einmal visuell vor, wie sie auf der Bühne oder im Stadion die richtigen Bewegungen in höchster Perfektion ausführen. Das lernen wir als Kinder; diese geistige Aktivität ist ein wesentlicher Teil des Einübens und genauso wichtig wie die körperliche Aktivität. Wenn der Schauspieler, Musiker oder Sportler nie gelernt hat, in Erfolgsphantasien zu schwelgen, ist die Wahrscheinlichkeit groß, daß er sich stattdessen vorstellt, wie er versagt, was dann auch recht leicht eintritt. Vielleicht hat sich bei Ihnen ein solches negatives Denkmuster eingeschliffen, wenn es ums Abnehmen geht – Sie erwarten, daß Sie versagen – und tun es dann auch!

Leider neigen wir dazu, solche Erfolgsphantasien zu vergessen, wenn wir älter werden. Vielleicht gewöhnen wir uns an unsere Grenzen und versagen dann auch – aus Mangel an Wissen und Fertigkeiten – bei Dingen, die wir eigentlich wirklich lernen könnten, beim Abnehmen zum Beispiel. Vielleicht kommen wir uns beim Phantasieren komisch vor, als ob Erwachsene so etwas nicht tun.

Es ist Zeit, Ihre Phantasie und Vorstellungskraft, mit der Sie als Kind begabt waren, wieder aufleben zu lassen!

Suchen Sie sich also eine Verhaltensstrategie aus, wie Sie Ihre Eßgelüste bei der Zubereitung einer Mahlzeit zügeln können, und nehmen Sie sich die Zeit, sich vorzustellen, mit welch glänzendem Erfolg Sie Ihre Strategie durchführen werden. Es ist wichtig, daß Sie sich selbst deutlich in dieser

Situation sehen und auch die Schwierigkeiten empfinden, über die Sie in der Vergangenheit gestolpert sind. Dann schauen Sie sich zu, wie Sie die Strategien anwenden, mit deren Hilfe Sie Ihr Problem beherrschen werden, und führen die einzelnen Schritte kühn vor Ihrem geistigen Auge aus.

Ich möchte noch einmal betonen, daß es bei diesen Phantasien sehr wichtig ist, *die Aufmerksamkeit auf bestimmte Verhaltensstrategien zu richten.* Tennisprofis bemühen sich vor allem darum, in ihrer Phantasie perfekte Schläge und ihren Angriffsplan auszumalen. Sie verbringen weit weniger Zeit damit, vom Siegespokal zu träumen! Hier begehen die meisten, die ihre Phantasie als Hilfsmittel zur Verhaltensänderung einsetzen wollen, ihren entscheidenden Fehler. Sie träumen vom Endergebnis, während sie sich auf die Mittel konzentrieren sollten, die zu diesem Ergebnis führen. Als Konzertgeiger fand ich es natürlich angenehm, vom Erfolg auf der Bühne zu träumen. Aber ich lernte rasch, daß ich meine Zeit weit nutzbringender anwandte, im Geiste die Bogenführung und Fingersätze jedes meiner Konzertstücke immer wieder durchzuproben, und die Musik zu »hören«, an der ich arbeitete, während die Noten vor meinen geschlossen Augen vorüberflitzten. Als ich gedanklich auf diese Weise mit großem Augenmerk aufs Detail arbeitete, konnte ich meine Sicherheit in der Technik verbessern, und mein Gedächtnis ließ mich nie im Stich.

Auch Sie werden Vertrauen in Ihre Technik entwickeln, wenn Sie üben und die nächsten Schritte auf dem Weg zur Beherrschung Ihres Problems bewältigen. Übrigens sind Ihre einsamen Spaziergänge oder alle anderen körperlichen Aktivitäten, die Sie allein ausführen, mit die besten Gelegenheiten für produktives Phantasieren. Dann haben Sie Zeit für die geistigen Übungen, die nötig sind, wenn Sie Ihr Gewicht beherrschen lernen wollen. Vielleicht entdecken Sie bald, daß Sie diese Übungen auch auf viele andere Bereiche Ihres Lebens anwenden können. Wenn ich allein Sport treibe, ist das für mich die beste Zeit für solche Gedankenspiele. Und wenn ich meine Kurse, Vorträge, Artikel und Bücher vorbereiten möchte, gehe ich am liebsten zum Joggen in den Wald. Probieren Sie's doch einmal aus: Allein spazierengehen oder joggen kann für Sie zu Ihrer kreativsten und auch erholsamsten Zeit werden.

## 3. Schritt: Eine Probesituation inszenieren

Bevor Sie sich einer größeren Prüfung unterziehen, ist es immer gut, sich vorher an einer kleineren Probesituation zu üben, die die Schwierigkeiten auf ein Minimum beschränkt, so daß Sie Ihre Fertigkeiten weiter aufbauen können.

Um auf die Situation der Zubereitung einer Mahlzeit zurückzukommen: Kochen Sie zum Üben erst einmal ein kleines Menü oder nur ein einziges einfaches Gericht. Beginnen Sie mit dem Üben außerdem zu einem Zeitpunkt, in dem Sie keinen größeren Versuchungen ausgesetzt sind, unkontrolliert zu essen. Zum Beispiel ist es vorteilhaft, ein Frühstück, ein Mittagessen oder eine Zwischenmahlzeit zuzubereiten. Nachdem Sie alles Nötige im Geiste durchgespielt haben, richten Sie es sich in Ihrer Küche so ein, daß die Versuchung zu naschen auf ein Minimum begrenzt wird (legen Sie nicht gerade eine große Auswahl an Leckereien schön sichtbar aus). Bereiten Sie das Gericht zu, tragen Sie es zum Tisch und setzen Sie sich zum Essen hin, genau wie Sie es in Ihrem Plan vorgesehen haben. Gehen Sie noch einmal durch, was Sie getan haben (und auch, was Sie *nicht* getan haben) und prägen Sie sich diese Abläufe fest ein, so daß Sie jederzeit jede Einzelheit genau wiederholen könnten.

Eine der besten Methoden, Ihre Widerstandskraft gegen Entgleisungen in solchen Situationen (und in anderen, die ich gleich beschreiben werde) aufzubauen, ist es, einen Freund oder eine Freundin herzubitten, die Sie beobachten soll, während Sie Ihre Verhaltensstrategien vorführen. Erklären Sie erst, was Sie vorhaben, und betrachten Sie Ihren Freund als Trainer. Dann üben Sie vor seinen Augen.

Und vergessen Sie nicht, sich jeden Erfolg zugute zu halten. Haben Sie jemals die erhobene Faust eines Tennisspielers nach einem gelungenen Schlag gesehen? Auch Sie sollten ruhig ein bißchen triumphieren, wenn Sie Sieg auf Sieg in Ihrem Kampf um Gewichtskontrolle erzielen.

## *4. Schritt: Wirkliche Situationen bewältigen*

Nach ein paar Erfolgen bei Ihren Probesituationen sind Sie bereit für die große Prüfung im »wirklichen Leben«. Bevor Sie sich daran versuchen, stellen Sie sich im Geiste Ihren Erfolg vor und gehen den ganzen Ablauf vom Anfang bis zum Ende durch. Wie bei einer Generalprobe könnte es Ihnen helfen, einen Beobachter einzuladen, dem Sie Ihr Vorhaben erklärt haben. *Wer sich vor anderen festlegt, spornt damit seinen Durchhaltewillen an.* Nehmen wir wieder das Beispiel der Zubereitung einer Mahlzeit: Kündigen Sie an, daß Sie heute Ihre Strategie des »Kochens ohne zu kosten« in die Tat umsetzen werden. Fordern Sie dann Mitglieder Ihrer Familie auf, in die Küche zu kommen und Sie dabei zu beobachten, wie Sie Ihr Gewichtsproblem wie ein Champion meistern. Und laden Sie *sie* ein, an Ihrer Stelle zu kosten!

## *Beispiele für weitere Situationen rund ums Essen*

Wie ich schon sagte, müssen Sie Ihr eigener Experte für Problemlösungen werden. Aber vielleicht kann ich Ihnen mit ein paar weiteren Hinweisen helfen.

Zum Problemfeld *Versuchungen widerstehen:* Wenn Sie abends oder am Wochenende – Sie haben gerade nichts Dringendes zu tun – von Gelüsten bedrängt, oder wenn Ihnen beim Fernsehen die bewußten Knabbereien vor die Nase gestellt werden, sollten Sie, anstatt zu naschen, irgendeine andere Tätigkeit aufnehmen oder etwas Unbedenkliches essen – ein Verhalten, das Sie zuvor in Ihrer Phantasie und in Probesituationen geübt haben. Bei der Arbeit am Problemfeld *Essen in Gesellschaft* üben wir in unseren Gruppen, »nein, danke!« zu sagen, erst in vorgestellten Situationen, dann proben wir und machen Rollenspiele mit echten, kalorienreichen Knabbereien, die ich eigens zu diesem Zweck zu unseren Gruppensitzungen mitbringe. Anschließend schicken wir unsere Teilnehmer nach Hause, wo sie Probesituationen inszenieren sollen.

Wenn Ihnen die *Qual der Wahl* zu schaffen macht, stellen Sie sich vor, daß Sie als Nachspeise zwischen Kuchen und Obst wählen können, zu Hause oder im Restaurant. Dann malen Sie sich in Ihrer Phantasie aus, wie Sie Ihre Verhaltensstrategie, für die Sie sich entschieden haben, in die Tat umsetzen. Nehmen Sie es allmählich mit der Realität auf und kaufen wirklich die berühmte Tafel Schokolade. Legen Sie sie auf den Tisch und daneben ein Stück Obst, das Ihnen schmeckt, greifen zur Frucht, räumen die Schokolade weg (besser, sie ist außer Sichtweite!) und essen Ihre Frucht genüßlich auf.

Die richtige Wahl zu treffen fällt oft leichter, wenn Sie sich im Geiste immer wieder den Lohn für Ihre Mühen vorstellen. Allerdings können Sie erst in einiger Zukunft mit dem Lohn rechnen, was vielleicht kein so starker Reiz ist wie der unmittelbare Genuß von Kuchen, Keksen oder Schokolade. Wenn Sie Obst statt wertloser Naschereien wählen, bringt Sie das zwar Ihrem Wunschgewicht näher, verhindert, daß Sie zunehmen, oder hilft Ihnen, einfach gesund zu bleiben. Doch Dinge wie Schokolade üben nun einmal einen starken physiologischen Anreiz zum Essen aus. Und wenn die Schokolade unmittelbar vor Ihnen liegt, kann das alle anderen Überlegungen beiseite fegen – das heißt, die Gedanken über die künftigen Folgen sind noch nicht so fest in Ihrem Bewußtsein verankert, daß sie sich Ihnen sofort aufdrängen und Sie dann rasch zur richtigen Wahl schreiten (und dafür später auch belohnt werden).

Was das *zuviel essen* angeht, wollen die meisten von uns das Handtuch werfen, sobald sie von ihren guten Vorsätzen zum ersten Mal ein bißchen abgewichen sind. Es ist sehr wichtig, daß Sie diese Situation in anderem Licht sehen. Ja, es ist möglich, daß Sie zwar *anfangen* zu entgleisen, sich aber *wieder in den Griff bekommen.* Arbeiten Sie die vertrauten Schritte in Ihrer Phantasie durch, wie Sie es bereits bei anderen Problemfeldern getan haben: Stellen Sie sich vor, Sie fangen an, zuviel in sich hineinzustopfen, und zügeln sich dann wieder. Es ist von entscheidender Bedeutung, daß Sie sich visuell vorstellen können, wie Sie sofort wieder zu Ihrem Diät- und Bewegungsprogramm zurückkehren, so daß ein verlorener Punkt noch lange kein verlorenes Match bedeutet.

Eine der besten Strategien zur Bewältigung dieses Problems ist es, eine einzige Portion des Nahrungsmittels zu kaufen, von dem Sie oft zuviel essen, und eine Situation herbeizuführen, in der Sie diese Portion langsam und genüßlich verzehren können. Dabei ist ein Zuschauer hilfreich, dem Sie erzählen können, was Sie tun und welche Erfahrungen Sie dabei machen. Laden Sie also einen Freund oder eine Freundin zu Ihrer Übung ein. Nehmen Sie sich nach dem Essen mindestens 20 Minuten Zeit, um sich und Ihre Reaktionen beobachten zu können, damit Sie merken, wie Ihr Appetit langsam nachläßt und der Drang zum Weiteressen immer mehr verschwindet. Dann speichern Sie diese Erfahrung im Gedächtnis, damit Sie bei Bedarf davon zehren können.

## Das Bewegungsprogramm durchhalten

Was müssen Sie tun, wenn Ihnen jeder Muskel Ihres Körpers einreden will, sich nach einem harten Arbeitstag besser bequem mit einer kleinen Knabberei hinzusetzen als spazierenzugehen?

Was können Sie tun, um eine gewisse Müdigkeit zu bekämpfen, die nicht von körperlicher Anstrengung herrührt? Wenn diese Müdigkeit eher geistig als körperlich bedingt ist?

Wie werden Sie mit den Anforderungen des Alltags fertig, wenn jede einzelne von ihnen viel wichtiger erscheint, als spazierenzugehen oder an Ihrer Tanzgruppe teilzunehmen?

### *1. Schritt: Wahl einer erfolgreichen Strategie*

Wie ich bereits in einem der vorangegangenen Kapitel gesagt habe, gibt es kein besseres Mittel gegen Müdigkeit und Schlappsein als genau die körperliche Bewegung, gegen die Sie sich sträuben. Wenn Sie sich in einen aktiven Menschen verwandelt haben, werden Sie immer noch ab und zu einen gewissen Widerstand gegen Bewegung überwinden müssen; aber Sie wissen dann wenigstens, wie erfrischt und entspannt Sie sich anschließend fühlen werden, und können sich darauf freuen. Wenn Sie sich auf diese Vorfreude konzentrieren, brauchen Sie vielleicht keinen weiteren Anstoß, um sich in Bewegung zu setzen.

Außerdem gehört es meiner Meinung nach zu den unveräußerlichen Menschenrechten, auf Forderungen von außen »nein« sagen zu lernen und seiner Gesundheit den hohen Stellenwert einzuräumen, den sie verdient – wenigstens 45 Minuten am Tag! Ich glaube, auch Sie sollten diese Einstellung kultivieren und dann überlegen, wie Sie mit anderen darüber verhandeln müssen, damit Sie die nötige Zeit und Unterstützung bekommen.

## *2. Schritt: Einsatz der Phantasie und Vorstellungskraft*

Sie beginnen damit, sich vorzustellen, daß eine der kritischen Situationen eingetreten ist – zum Beispiel, daß Sie müde sind – und daß Sie einen Plan dazu entwickelt haben. Dann stellen Sie sich vor, wie Sie sich fühlen, wenn Sie wirklich schrecklich müde und widerwillig sind, wissen aber, daß diese Gefühle durch Frustrationen bei der Arbeit oder einfach aus der Belastung entstehen, den ganzen Tag über bei der Arbeit still dasitzen zu müssen (wenn Sie den Hauptteil des Tages sitzend verbringen, bedeutet das eine erhebliche körperliche Belastung, vor allem für das Kreuz und die Schultern, und macht sehr müde). Dann sehen Sie deutlich, wie Sie diese widerstrebenden Gefühle überwinden und sich in Marsch setzen. Stellen Sie sich nur vor, wie gut es tun wird, wenn Sie aus dem Haus herauskommen und die frische Luft einatmen. Oder stellen Sie sich vor, wie Sie sich fühlen, wenn niemand weiß, wo Sie sind, daß Sie 45 Minuten lang niemand belästigen kann. Stellen Sie sich vor, wie Sie sich nachher fühlen – sowohl körperlich als auch psychisch. Und beglückwünschen Sie sich zu guter Letzt – immer in Ihrer Phantasie – dazu, daß Sie es geschafft haben, etwas höchst Wichtiges für Ihr Gewicht zu vollbringen; Sie haben diese Glückwünsche verdient.

## *3. Schritt: Die Generalprobe*

Die Verhaltensstrategie, die ich Ihnen jetzt vorschlage, erscheint vielleicht paradox. Sie ist aber sehr wirkungsvoll, so daß Sie ein erstaunliches Maß an Beherrschung über Ihre Gefühle erringen werden. Diese Strategie ist bereits als therapeutisches Verfahren bei Spitzensportlern eingesetzt worden, die ihre Bestleistungen nicht mehr erreichen konnten.

Das nächste Mal, wenn Sie spazierengehen wollen oder sich sonstwie sportlich betätigen, halten Sie kurz inne, bevor Sie damit anfangen. Jetzt stellen Sie sich vor, daß Sie sehr müde sind und überhaupt nicht in Stimmung für irgendwelche Aktivitätena, auch wenn Sie vor Energie platzen! Machen Sie es einfach einmal – rufen Sie Ihre *negativsten* Gefühle wach. Nach einigen Momenten nehmen Sie Ihre ganze Energie zusammen und beginnen voller Schwung mit Ihren Übungen. Sie werden entdecken, daß Sie es sehr gut in der Hand haben, Ihre Gefühle an- und abzustellen. Schalten Sie noch einmal um und wieder zurück und beobachten Sie, was sich dabei in Ihnen abspielt. Das nächste Mal, wenn Sie sich müde und schlapp fühlen, knipsen Sie einfach Ihren Energieschalter an, setzen sich in Bewegung, und wenige Augenblicke später werden Sie sich wirklich energiegeladen fühlen.

Wenn Sie Probleme haben, sich freie Zeit für Ihr Bewegungsprogramm zu schaffen, setzen Sie Ihre Phantasie ein und proben auf ähnliche Weise, wie Sie mit Ihrer Familie oder Ihrem Chef verhandeln müssen. Ich kenne einige sehr beschäftigte (und sehr erfolgreiche) Leute, die glaubten, ununterbrochen arbeiten zu müssen. Sie hatten jeden Mittag eine geschäftliche Verabredung und nach der Arbeit geschäftliche Termine beim Drink, außerdem schleppten sie jeden Abend eine Aktentasche voll Arbeit mit nach Hause. Falls es Ihnen ähnlich geht, besteht Ihr erster Schritt darin, sich vorzustellen, daß eine Veränderung überhaupt möglich ist. Dann folgt eine kleine Probesituation, in der Sie Ihre Strategie, mit deren Hilfe Sie Ihre Situation verändern wollen, mit einem Freund oder Geschäftspartner durchsprechen.

## *4. Schritt: Test im »wirklichen Leben«*

Wenn Sie die oben beschriebenen Schritte durchlaufen haben, sind Sie reif, sich einer wirklichen Problemsituation zu stellen. Sie besitzen jetzt eine gute Strategie gegen Müdigkeit. Mit ihr werden Sie Ihre Müdigkeit in allen Situationen vertreiben können (aber zwingen Sie sich bitte nicht dazu, aktiv zu werden, wenn Sie krank sind, vor allem nicht bei Fieber).

Wenn es um freie Zeit fürs Bewegungsprogramm geht, haben die meisten Menschen, mit denen ich gearbeitet habe, herausgefunden, daß sie selbst ihr größter Feind sind. Sie brauchen einfach nicht jede Stunde, in der Sie wach sind, zu arbeiten, und Ihre Angehörigen sind sicher zur Mithilfe bereit, wenn Sie ihnen deutlich machen, daß Pflichten und Verantwortung in einer Familie geteilt werden müssen. Weisen Sie sie zuerst einmal darauf hin, daß Sie den anderen stets helfen, damit sie bekommen, was sie für ein glückliches und erfülltes Leben brauchen, und daß sie es Ihnen als Gegenleistung schuldig sind, Ihnen 45 Minuten für sich selbst und Ihre Gesundheit einzuräumen.

Und das Beste von allem: Höchstwahrscheinlich werden Sie entdecken, daß selbst eine kurze Bewegungspause irgendwann während der Arbeitszeit dazu führt, daß Sie produktiver und zufriedener bei Ihrer Arbeit sind. Der positive Effekt ist so groß, daß einige Firmen bereits dazu übergehen, Bewegungspausen in den Arbeitstag einzuplanen. Warum sollten Sie nicht weniger Stunden arbeiten, dabei mehr erledigen und gleichzeitig mehr Freude an Ihrer Arbeit haben? Wenn Sie nicht längere Zeit abkömmlich sind, sollten Sie es wenigstens mit ein paar Viertelstundenpausen versuchen. Vielleicht müssen Sie sich zuerst dazu zwingen, solche Pausen zu machen. Aber nach einer Weile werden Sie über das Ergebnis staunen, wenn Ihre Produktivität steigt und Sie sich wohler fühlen.

# Eine Bemerkung zu wertlosen Nahrungsmitteln

Bevor Sie anhand des nächsten Kapitels zur Praxis übergehen und die vier Schritte zur Beherrschung des Gewichtsproblems konkret anpacken, sollten Sie sich wirklich klar darüber werden, was »wertlose Nahrungsmittel« eigentlich sind. Dann nämlich können Sie meiner Meinung nach Ihre Motivation, davon loszukommen, noch erheblich steigern.

Ein »wertloses Nahrungsmittel« ist ein Nahrungsmittel, das einen größeren Prozentsatz Ihres täglichen Bedarfs an Kalorien (also der zur Gewichtserhaltung nötigen Kalorienmenge) liefert, als es dies für irgendein wichtiges Vitamin oder einen Mineralstoff tut (vergleichen Sie dazu die empfohlenen Tagesmengen für Vitamine und Mineralstoffe, wie sie z.B. von der Deutschen Gesellschaft für Ernährung – DGE – aufgestellt worden sind; Tabelle siehe Seite 61).

Studieren Sie einmal die Nährwertanalysen (die in der BRD leider noch bei recht wenigen Produkten angegeben sind), dann sehen Sie genau, was ich meine. Ein Schokoriegel von 50 Gramm zum Beispiel, wie Sie ihn überall kaufen können, hat 230 Kalorien. Sind Sie eine Frau, die pro Tag etwa 1800 Kalorien benötigt, um ihr gegenwärtiges Gewicht zu halten, dann decken 230 Kalorien fast 13 Prozent (tatsächlich sind es 12,7 Prozent) Ihres Tagesbedarfs an Kalorien. Was die Schokolade sonst noch an wesentlichen Vitaminen und Mineralstoffen enthält, sind jedoch im besten Fall gerade 8 Prozent der empfohlenen Tagesmenge, nämlich bei Calcium (durch die enthaltene Milch). Mit anderen Worten: Wertlose Nahrungsmittel enthalten im Verhältnis mehr gewichtserhaltende Kalorien als lebenswichtige Nährstoffe wie Vitamine und Mineralien.

Denken Sie kurz darüber nach. Sie werden erkennen, daß Sie, falls Sie sich zu einem großen Teil von wertlosen Nahrungsmitteln ernähren, zwar die zur Gewichtserhaltung nötige Kalorienmenge zu sich nehmen (oder sogar mehr), *aber an wichtigen Vitaminen und Mineralstoffen unterversorgt sind.* Obwohl ich es nicht beweisen kann, glaube ich, daß viele Menschen, deren Ernährung größtenteils aus wertlosen Nahrungsmitteln besteht, auch deshalb zuviel essen, weil ihr Körper sie dazu drängt, genug Nahrung aufzunehmen, um sein Bedürfnis an Vitaminen und Mineralstoffen zu decken.

Eine Portion wirklich hochwertiger Nahrung enthält einen höheren Prozentsatz an mindestens drei oder vier wichtigen Vitaminen und Mineralstoffen – derjenigen Nährstoffe, die Sie brauchen, um gesund und fit zu bleiben – als an Kalorien, immer ausgehend vom Tagesbedarf.

Verfolgen Sie einmal, wie ein wirklich hochwertiges Nahrungsmittel ruiniert werden kann. Nehmen wir zum Beispiel die Kartoffel. Eine *gebakkene Kartoffel von 100 Gramm* enthält etwa *90 Kalorien* (verglichen mit 230 Kalorien, die in einem lediglich 50 Gramm schweren Schokoladenriegel enthalten sind). 90 Kalorien sind nur 5 Prozent der gesamten Kalorienmenge, die zur Erhaltung Ihres Gewichts nötig sind (ausgehend von 1800 Kalorien pro Tag). Aber diese Kartoffel *strotzt nur so von Nährstoffen.* Bei 5 Prozent Ihres täglichen Kalorienbedarfs enthält sie ungefähr

- ▷ 7 Prozent Ihres täglichen Bedarfs an Eiweiß,
- ▷ 8 Prozent Ihres täglichen Bedarfs an Phosphor,
- ▷ 10 Prozent Ihres täglichen Bedarfs an Vitamin $B_1$ (Thiamin),
- ▷ 13 Prozent Ihres täglichen Bedarfs an Niacin,
- ▷ 33 Prozent Ihres täglichen Bedarfs an Vitamin C,
- ▷ dazu über 25 Prozent der empfohlenen täglichen Mindestmenge an Kalium sowie eine breite Palette anderer Vitamine und Mineralstoffe. (Mit ihrem hohen Kaliumgehalt eignet sich die Kartoffel hervorragend dazu, Wasseransammlungen im Gewebe zu verhindern, da sie fast kein Natrium enthält. Ein hoher Kaliumanteil im Verhältnis zu Natrium unterstützt die Nieren bei der Wasserausscheidung.)

Und nun passen Sie auf, was geschieht, wenn Sie die sonst so nahrhafte Kartoffel schälen und zu *Pommes frites* verarbeiten: Eine *100-Gramm-Portion* davon kommt auf die stolze Zahl von etwa *275 Kalorien!* Und es ist Ihnen beinahe gelungen, die arme Kartoffel in ein wertloses Nahrungsmittel zu verwandeln. Eine 90-Kalorien-Portion Pommes frites (das sind weniger als 30 Gramm, nur drei bis vier kleine Streifchen) liefert Ihnen nur:

- ▷ 3,6 Prozent Ihres täglichen Bedarfs an Eiweiß,
- ▷ 4,6 Prozent Ihres täglichen Bedarfs an Phosphor,
- ▷ 4 Prozent Ihres täglichen Bedarfs an Vitamin $B_1$ (Thiamin),
- ▷ 7,7 Prozent Ihres täglichen Bedarfs an Niacin,
- ▷ 11 Prozent Ihres täglichen Bedarfs an Vitamin C,
- ▷ und nur etwa 11 Prozent der empfohlenen täglichen Tagesmenge Kalium.

In fast jeder Beziehung – außer was Fettkalorien betrifft – haben Sie den Nährwert der Kartoffel um bis zu zwei Drittel verringert, wenn Sie Pommes frites daraus machen. Und das passiert jedesmal, *wenn Sie etwas Fritiertes essen: Sie verdreifachen die Kalorienzahl pro Portion oder, wenn Sie Portionen mit der gleichen Kalorienzahl verzehren, Sie schmälern den sonstigen Nährwert um etwa zwei Drittel!*

Studieren Sie doch einmal die Nährwertangaben der Dinge, bei denen Sie nicht aufhören können, zu essen – Desserts und Knabbereien, Süßem wie Salzigem. Sie werden sehen, daß so gut wie in jedem Fall der Kaloriengehalt, in Prozent Ihres täglichen Gesamtbedarfs gerechnet, größer ist als der Gehalt an auch nur einem einzigen Vitamin oder Mineralstoff. Wenn Sie viel wertlose Nahrungsmittel essen, bleiben Sie womöglich dick und gleichzeitig *unterernährt!*

Weil unser Kalorienbedarf zur Erhaltung des Gewichts recht unterschiedlich ist, schlage ich Ihnen vor, folgende Faustregel anzuwenden, um festzustellen, ob ein Nahrungsmittel in die Kategorie »wertlos« einzureihen ist: Studieren Sie die Nährwertanalyse, wo immer möglich, und rechnen Sie grob aus, ob pro 100 Kalorien wenigstens 5 Prozent der empfohlenen Tagesmenge von mindestens einem Vitamin oder Mineralstoff enthalten ist (die empfohlenen Tagesmengen können Sie der Tabelle auf Seite 61 entnehmen). Wenn eine Portion nach der Tabelle auf der Packung 100 Kalorien hat, müßten darin mindestens 5 Prozent des Tagesbedarfs von mindestens einem wichtigen Vitamin oder Mineralstoff enthalten sein, bei einer Portion mit 200 Kalorien sollte es 10 Prozent sein usw.

Wirklich wertvolle Nahrungsmittel, die Sie genauso gut als kleine Zzwischenmahlzeit essen können, wie zum Beispiel die Grapefruit, die ich als meine »unbedenkliche Frucht« auserwählt habe, enthalten einen weit größeren Prozentsatz des Tagesbedarfs an Vitaminen und Mineralstoffen als an gewichtserhaltenden Kalorien. Zum Beispiel enthalten 100 Kalorien Grapefruit (die 5,5 Prozent des täglichen Kalorienbedarfs decken) 7 Prozent des Tagesbedarfs an Eisen, 22 Prozent an Vitamin A, 12 Prozent an Vitamin $B_1$ (Thiamin), 5 Prozent an Vitamin $B_2$ (Riboflavin), 5 Prozent an Niacin, 192 Prozent an Vitamin C und etwa 14 Prozent an Kalium. Und da Grapefruit so gut wie kein Natrium enthält, ist sie aufgrund des hohen Kaliumgehalts ein ausgezeichnetes Entwässerungsmittel für Personen, die zur Aufschwemmung neigen.

Wenn es Ihnen schwer fällt, beim Essen das Richtige zu wählen, haben diese Ausführungen hoffentlich bewirkt, daß Sie den Anteil wertloser Nahrungsmittel in Ihrer Ernährung von nun an verringern und Snacks und Desserts allmählich durch Wertvolleres ersetzen. Ich hoffe auch, ich konnte Sie dazu motivieren, einige andere Veränderungen in Ihrer Lebensweise vorzunehmen, zum Beispiel sich mehr zu bewegen, falls Sie zu den inaktiven Menschen gehörten. Wenn das der Fall ist, dann glaube ich, daß die praktische Anleitung im nächsten Kapitel, mit der Sie die vier Schritte zur Beherrschung des Gewichtsproblems angehen können, Ihnen dabei helfen wird, den guten Anfang, den Sie mit der Intervall-Diät gemacht haben, zu einem guten Ende zu führen.

# 11 Praktische Anleitung: So lernen Sie Ihr Gewicht beherrschen

Ich weiß, Sie werden sich dagegen sträuben, vor allem nach meinen Ausführungen über wertlose Nahrungsmittel am Ende des letzten Kapitels; aber Sie müssen jetzt in einen Laden gehen und eine Tafel Schokolade, eine Packung Schokokekse oder etwas anderes in dieser Richtung kaufen, was in der Vergangenheit eine echte Bedrohung für Ihr Gewicht war. Nehmen Sie Ihre Lieblingsschlemmerei, der Sie am wenigsten wiederstehen können!

Aber bevor Sie Ihren »Prüfstein« besorgen, lesen Sie bitte die folgende Frage und schätzen Sie Ihr Verhalten nach demselben Punktsystem ein wie beim Test in Kapitel 9:

Sie haben von Ihrer Lieblingschokolade (oder was Sie eben am liebsten mögen) genügend im Haus, damit Sie (und Ihre Familie) einen Monat lang schlemmen können. Wie weit trauen Sie sich zu, einen ganzen Monat die Finger davon zu lassen? Lassen Sie mich die Frage noch einmal anders formulieren: Wie hoch ist Ihrer Meinung nach die Wahrscheinlichkeit in Prozent, daß Sie die Schokolade einen Monat lang im Haus behalten können und nichts davon naschen?

*Ihre Punktzahl:* ________

Wie haben Sie sich bewertet? Mit 0 Punkten? 50 Punkten? Von nun an wird alles anders, davon bin ich überzeugt – nachdem Sie die erste Übung durchgearbeitet haben, die ich in diesem Kapitel beschreibe.

Wenn Sie sich immer an die Vier-Schritte-Strategie halten und dabei die Nascherei, die Sie kaufen werden, als Hilfsmittel und Symbol benutzen, dann werden Sie ein völlig anderes Verhältnis zu wertlosen Nahrungsmitteln bekommen. Sie werden schließlich Ihr Selbstvertrauen mit 90 Punkten bewerten, wenn es darum geht, Ihren Appetit auf solche Dinge zu zügeln.

Ein gesteigertes Selbstvertrauen im Umgang mit wertlosen Nahrungsmitteln kann Sie bei der Kontrolle Ihres Gewichts gewaltig voranbringen. Wenn Sie ähnlich reagieren wie die Teilnehmer am Vanderbilt-Gewichtskontrollprogramm, bleibt es nicht nur beim gesteigerten Selbstvertrauen, sondern die Umsetzung in wirkliches Verhalten folgt auf dem Fuß. Nehmen wir an, daß Sie sich im Moment mit 50 Punkten bewerten, sich also lediglich eine Erfolgsquote von 50 Prozent zutrauen. Eine Steigerung auf 90 Punkte bedeutet, daß Sie wertlosen Nahrungsmitteln in vier von fünf Fällen erfolgreich widerstehen können (wenn Sie das wollen), in denen Sie früher etwas davon gegessen hätten (oder mehr als »etwas«).

Lassen Sie mich nochmals daran erinnern, daß unser Ziel nicht völlige Enthaltsamkeit ist. Unsere Absicht ist es vielmehr, Ihre Selbstbeherrschung so weit zu stärken, daß Sie bewußt entscheiden können, wann und wo Sie eine »kontrollierte Schlemmerei« einlegen möchten, und daß Sie dieser Entscheidungsfähigkeit voll vertrauen können.

Damit diese erste Übung den größtmöglichen Wert für Sie besitzt, dürfen Sie als Hilfsmittel keine Nascherei benutzen, die Sie bereits im Haus haben. Sie müssen eigens für diese Übung etwas Spezielles kaufen, damit Sie die Rolle deutlich erkennen, die Ihre innere Haltung bei der Zügelung Ihrer Eßgelüste spielen kann. Das wird Ihnen beim Durchführen der Übung klar werden, und zwar auf eine Weise, die bloßes Lesen nicht vermitteln kann. Machen Sie sich also bitte eigens zu diesem Zweck auf den Weg und kaufen Sie sich Ihre »symbolische« Nascherei. Vertrauen Sie mir – es ist am besten, auf diese Weise vorzugehen, deshalb tun Sie es bitte!

## Wie Sie Ihre spezielle Nascherei als Hilfsmittel und Symbol für Ihre Fähigkeit benutzen, mit Versuchungen umzugehen

### *1. Schritt: Was müßten Sie tun, um Ihre Nascherei im nächsten Monat nicht zu essen?*

Vielleicht fällt Ihnen dazu als erstes ein, daß Sie sie erst gar nicht kaufen sollten! Jeder Versuchung aus dem Wege zu gehen ist eine erstklassige Strategie, die Sie selbstverständlich anwenden sollten, wenn man bedenkt, welche natürlichen physiologischen Reaktionen sich beim Anblick solcher »Kunstprodukte« abspielen. Wenn Sie aber Ihre Nascherei einfach nicht kaufen oder sie verschenken (wie es viele unserer Teilnehmer vorschlagen, um der Versuchung zu entgehen), würde die Übung ihren Sinn verlieren. Ihr Ziel ist es, die Gegenwart wertloser Nahrung in Ihrer unmittelbaren Umgebung besser zu verkraften und keine solchen Mengen davon zu essen, daß Sie davon zunehmen würden.

In dem Freiraum unten tragen Sie ein, wie Sie verhindern können, daß Sie Ihre Nascherei während des nächsten Monats essen. Hier einige Vorschläge, die wir in unseren Gruppen diskutieren:

- ▷ Verstecken Sie sie, so daß sie außer Sichtweite ist.
- ▷ Wickeln Sie sie in braunes Papier und legen Sie sie in die Gefriertruhe.
- ▷ Legen Sie sie voll sichtbar hin und üben Sie, danebenzusitzen, ohne davon zu essen.
- ▷ Malen Sie sich im Detail die Folgen aus, die der Genuß wertloser Nahrungsmittel auf Gewicht und Figur hat.
- ▷ Denken Sie an die Wirkung, die der Verzicht darauf und der Ersatz durch wertvollere Nahrungsmittel auf Ihr Gewicht und Ihre Gesundheit hat.
- ▷ Denken Sie daran, wie Sie sich fühlen werden, wenn Sie tatsächlich entgleisen, und um wieviel besser Sie sich fühlen werden, wenn Sie ganz darauf verzichten oder nur eine kleine, wohlüberlegte Menge davon essen.
- ▷ Stellen Sie sich vor, Sie verzehren Ihre Nascherei als »kontrollierte Schlemmerei« nach den 21 Tagen Intervall-Diät.

Was, glauben Sie, wirkt bei Ihnen am besten? (Es hilft, wenn Sie ihre Gedanken über mögliche Strategien niederschreiben.)

________________________________________

________________________________________

________________________________________

________________________________________

________________________________________

## *2. Schritt: Setzen Sie Ihre Phantasie bei einer gedanklichen Probe ein*

Dieser Schritt nimmt eine Schlüsselstellung ein. Leider wird er von vielen Leuten, die sonst in allen Verhaltensstrategien zur Gewichtskontrolle beschlagen sind, nicht vollzogen. Bevor Sie versuchen, irgendeine Strategie, die Ihre Gelüste auf Ihre Nascherei während des nächsten Monats eindämmen könnte, in die Tat umzusetzen, sollten Sie erst einmal den ganzen Prozeß durchlaufen, mit dessen Hilfe Sie Ihren Plan sehr sorgfältig in Ihrer Vorstellungskraft verankern werden. Gehen Sie alle Details von Anfang bis Ende genau durch. Durchleben Sie in Ihrer Phantasie alle Schwierigkeiten, falls Sie welche vorausahnen. Aber stellen Sie sich zum Schluß unbedingt vor, wie Sie alle Hürden erfolgreich nehmen, und feiern Sie im Geiste auch schon Ihren Erfolg.

Stellen Sie sich bitte auch visuell vor, daß diese Nascherei vor Ihnen liegt, zumindest eine begrenzte Zeit lang, bevor Sie sich ausmalen, wie Sie sie außer Sichtweite legen und erfolgreich jedem Drang widerstehen, davon zu naschen. Spüren Sie diesen Drang, wenn Sie glauben, daß er Sie überfallen wird, aber schauen Sie sich auch mit Ihrem geistigen Auge zu, wie Sie alles Nötige tun, um nicht zu naschen.

Dann versuchen Sie, sich in einer anderen Szene vorzustellen, daß Sie Ihre Nascherei zu einem Zeitpunkt essen, zu dem Sie Derartiges in Ihre Ernährung wirklich eingeplant haben, zum Beispiel nach den drei Wochen Intervall-Diät. Wenn Sie ähnlich empfinden wie ich, dann habe ich den Verdacht, daß Sie sicher ein paar solcher Schlemmereien zu geeigneter Zeit genießen wollen, ohne aber die Kontrolle über sich zu verlieren. Deshalb halte ich es für nützlich, auch solche Situationen geistig durchzuspielen.

### *3. Schritt: Generalprobe und Einübung*

Nach ein- bis zweimaligem Üben in der Phantasie, bei dem Sie Ihren Plan, wie Sie mit Ihrer Nascherei umgehen werden, bis ins letzte ausgefeilt haben, setzen Sie ihn in die Tat um. Tun Sie genau, was Sie in der Vorstellung geprobt haben. Dies ist wieder ein Fall, bei dem es hilfreich sein könnte, vor einem Publikum zu agieren oder zumindest anderen Leuten seine Absichten zu verkünden und sie dann wirklich durchzuführen! Auch wenn das Ihren Freunden verrückt vorkommt: Sie werden besser mit wertlosen Nahrungsmitteln umgehen lernen, wenn Sie mit anderen Ihre Strategie durchsprechen und sie vor anderen wirklich durchführen.

Und denken Sie daran, daß es eines der wichtigsten Dinge ist, die Sie tun können, einfach unwiderruflich »nein, danke« zu sagen, wenn Ihnen jemand ein wertloses Nahrungsmittel anbietet und es nicht auf Ihrem Speisezettel steht. Benutzen Sie die eigens gekaufte Nascherei als Hilfsmittel, lassen Sie es sich von einem Freund anbieten und üben Sie, »nein, danke« zu sagen, bis es Ihnen automatisch über die Lippen kommt – zumindest genauso leicht, wie »nun ja, eigentlich sollte ich ja nicht ...«,wie Sie früher sagten, wenn Sie nach der Nascherei griffen und dabei waren, Ihre ganze Diät über den Haufen zu werfen.

### *4. Schritt: Test im »wirklichen Leben«*

*Bevor Sie zu diesem Schritt übergehen, beantworten Sie bitte noch einmal die Frage, die ich Ihnen zu Beginn dieses Kapitels gestellt habe; diesmal stelle ich Sie Ihnen in leicht veränderter Form:* Inwieweit trauen Sie sich zu, die Gegenwart Ihrer symbolischen Nascherei oder eines anderen verlokkenden, aber wertlosen Nahrungsmittels zu ertragen, ohne davon zu essen?

Sie sind reif für den Test im »wirklichen Leben«, wenn Sie Ihr Selbstvertrauen mit 90 Punkten bewerten können.

Wiederholen Sie den ersten bis dritten Schritt so lange, bis Sie sich mindestens eine Erfolgsquote von 90 Prozent zutrauen.

Dann setzen Sie sich gezielt der Schußlinie aus. Planen Sie, mit Ihrer Familie oder mit Freunden auf eine Party oder in ein Restaurant zu gehen, wo

Sie sicher auf wertlose Nahrungsmittel stoßen werden. Oder setzen Sie sich auf andere Weise, wie Sie es am besten einrichten können, dem Gegenüber wertloser Nahrungsmittel aus; gehen Sie zum Beispiel in ein Café oder in eine Eisdiele. Ihre geprobten Strategien sind Ihnen ganz klar bewußt. Versuchen Sie, anfangs eine Situation herbeizuführen, in der die Versuchung möglichst gering ist. Wenn Sie jedoch die ersten drei Schritte wirklich durchgearbeitet haben, sind Sie wahrscheinlich in der Lage, jeder Versuchung, die von wertlosen Nahrungsmitteln ausgehen könnte, zu widerstehen.

Wenn Sie für diese Übung Ihre symbolische Nascherei konsequent benutzt haben, werden Sie einsehen, warum ich darauf bestanden habe, daß Sie sie eigens dafür kaufen. Wenn Sie etwas kaufen, das Sie früher dazu verführt hat, ordentlich über die Stränge zu schlagen, werden Sie es von nun an mit einem ganz anderen Bewußtsein tun, das Sie mit Hilfe Ihrer symbolischen Nascherei aufgebaut haben. Ich glaube, daß Sie etwas entwickelt haben, was Sie früher vielleicht *Willenstärke* genannt hätten. Aber Sie werden auch entdecken, daß die Beherrschung Ihrer Gelüste nach solchen Nahrungsmitteln bei weitem nicht jener Kampf sein wird, den Sie früher mit dem Wort Willensstärke verbunden haben. Sie verfügen jetzt über ein neues, gut eingeübtes Verhaltensrepertoire, mit dessen Hilfe Sie der Versuchung durch wertlose Nahrungsmittel widerstehen können und statt dessen das Richtige wählen werden.

## Die vier Schritte in Ihren kritischsten Situationen

Zum Umgang mit wertlosen Nahrungsmitteln haben Sie nun genug gehört. Jetzt ist es Zeit, daß Sie eine Ihrer persönlichen, kritischen Zwei-Sterne-Situationen anpacken (oder Situationen mit einem Stern, falls Sie keine zwei Sterne ausgeteilt haben).

Blättern Sie zurück zum Test in Kapitel 9 und suchen Sie sich die Szene aus, in der Sie sich am unsichersten fühlen. In dem Freiraum unten schreiben Sie die Szene noch einmal so auf, wie sie für Sie ganz persönlich zutrifft. Beschreiben Sie die Szene in allen Einzelheiten, um sie vollständig zu erfassen – wer dabei ist, wie der Raum aussieht, was sich dabei in Ihnen abspielt usw. Je detaillierter und vollständiger, um so besser.

Bevor Sie weitermachen, überlegen Sie noch einmal, inwieweit Sie es sich zutrauen, sich in dieser Situation richtig zu verhalten, damit Sie Ihr Gewicht nicht weiter in Gefahr bringen, und notieren Sie Ihre Bewertungszahl im Freiraum unten.

Meine Fähigkeit, mich in der oben beschriebenen Situation so zu verhalten, wie es bei meinem Gewichtsproblem angebracht ist, bewerte ich mit ______________________________ Punkten.

Jetzt sind Sie reif dazu, mit Hilfe des Vier-Schritte-Plans Ihr persönliches Gewichtsproblem endgültig beherrschen zu lernen.

## *1. Schritt: Schreiben Sie alles auf, was Ihnen dazu einfällt, um diese Situation erfolgreich zu bewältigen*

Wenn Sie Schwierigkeiten haben, geeignete Strategien zu entwerfen, lesen Sie die beiden letzten Kapitel noch einmal durch, die viele Anregungen dazu enthalten.

______________________________________________________________

______________________________________________________________

______________________________________________________________

______________________________________________________________

______________________________________________________________

______________________________________________________________

______________________________________________________________

______________________________________________________________

______________________________________________________________

______________________________________________________________

______________________________________________________________

______________________________________________________________

## *2. Schritt: Spielen Sie Ihre Strategie in der Phantasie durch*

Schauen Sie sich dabei zu, wie Sie genau in der Weise handeln, daß die Situation zu einem vollen Erfolg für Sie wird. Erinnern Sie sich daran, daß Sie in Ihrer Phantasie die einzelnen *Handlungsschritte* proben müssen, in allen Details, was etwas anderes ist, als nur vom Erfolg zu träumen. Lassen Sie sich für diese Arbeit Zeit, üben Sie jeden Tag, wenn nötig. Wir empfehlen unseren Gruppenteilnehmern, eine Woche lang täglich mindestens fünf Minuten lang zu »phantasieren«. Und es hat sich herausgestellt, daß diese fünf Minuten täglich offenbar genügen.

### *3. Schritt: Inszenieren Sie eine Übungssituation*

Soweit es Ihnen möglich ist, sollten Sie ein paar tatsächliche Situationen planen, in denen Sie sich erproben können. Das ist nicht immer möglich; aber ziehen Sie als Vergleich die Situation von Musikern, Schauspielern und Sportlern heran (siehe Kapitel 10), vielleicht fällt Ihnen dann mehr dazu ein.

### *4. Schritt: Testen Sie sich im »wirklichen Leben«*

Bevor Sie dazu übergehen, sollten Sie sich wieder einmal die »Vertrauensfrage« stellen: Glauben Sie, daß Sie jetzt eine Erfolgsquote von 90 Prozent erreichen können? Dann ist die Zeit für den Test im »wirklichen Leben« gekommen. Machen Sie sich noch einmal alles eindringlich bewußt, woran Sie gearbeitet haben, damit Ihre Strategien sofort verfügbar sind, wenn Sie sich gezielt Ihren kritischen Situationen aussetzen.

## Mit Unerwartetem fertig werden

In dem Augenblick, wo Sie etwas an sich oder an Ihrem Verhalten gegenüber anderen ändern wollen, passiert etwas Unvorhergesehenes. Vielleicht können Sie Ihre eingeübten Strategien nicht ausführen, weil Sie die Wurzel Ihres Problems nicht richtig erfaßt haben!

Denken Sie kurz darüber nach: Genau das, was Ihnen in die Quere kommt, wenn Sie Ihr verändertes Verhalten in die Tat umsetzen wollen, stellt Ihr wirkliches Problem dar. Ich werde Ihnen das an zwei Beispielen anschaulicher machen.

Zuerst etwas Einfaches, damit Ihnen klar wird, worum es geht: Sie essen zu schnell und jemand gibt Ihnen einen Tip, wie Sie langsamer essen können: Sie sollen zwischen den Bissen oder auch einmal zwei Minuten lang während der Mahlzeit Ihre Gabel hinlegen. Sie legen also die Gabel hin – und was passiert? Sie wissen nicht, was Sie mit Ihren Händen anfangen sollen; Sie wissen nicht, was Sie den Leuten sagen sollen, die Sie anstarren; Sie werden ganz nervös, bis die zwei Minuten herum sind. Was ist das wirkliche Problem? Sie müssen lernen, mit dem umzugehen, was passiert, nachdem Sie die Gabel hingelegt haben!

Ein schwierigeres Beispiel: Als Frau stimmen Sie mir zu, daß Sie ein Recht darauf haben, sich täglich 45 Minuten zur Steigerung Ihres Wohlbefindens zu bewegen: Sie proben auch eifrig, was Sie Ihrem Partner sagen werden, damit er Ihnen diese Zeit abzweigen hilft. Er gibt Ihnen im Prinzip recht, aber jedesmal, wenn er die Pflichten im Haushalt übernehmen soll, um Ihnen bei der Verwirklichung Ihrer Ziele zu helfen, schmollt er oder reagiert gereizt.

Das ärgert Sie, und es kommt zum Streit. Ihr Problem ist, daß Sie nicht wissen, wie Sie mit einem schmollenden, gereizten Mann umgehen sollen.

Wenn bei Ihren Bemühungen, Ihr Verhalten zu ändern, unvorhergesehene Konsequenzen auftauchen: *Lassen Sie sich nicht unterkriegen!* Definieren Sie stattdessen Ihr Problem neu und packen Sie es noch einmal von vorne mit meinem Vier-Schritte-Plan an. Denken Sie über mögliche Lösungen nach, durchlaufen Sie die drei vorbereitenden Schritte, bevor Sie versuchen, mit dieser Situation im wirklichen Leben fertig zu werden, und *versuchen Sie es immer wieder,* wenn nötig.

Und rufen Sie sich immer wieder eine unbestreitbare Tatsache ins Gedächtnis: Der Unterschied zwischen erfolgreichen und nicht erfolgreichen Menschen ist, daß erfolgreiche Menschen niemals aufgeben!

# 12 Zusätzliche Menüpläne zur Intervall-Diät

Ich habe unsere Ernährungsberaterin, die am Vanderbilt-Gewichtskontrollprogramm mitarbeitet, gebeten, einige zusätzliche Menüpläne zur Intervall-Diät zu entwickeln, damit Sie sehen, wie lecker und abwechslungsreich eine gesunde Diät zum Schlankwerden und -bleiben sein kann. Außer beim Frühstück, das oft gleich bleibt, habe ich sie gebeten, bei den Gerichten und ihrer Zubereitung darauf zu achten, daß sie sich möglichst stark von meinen Standardmenüs unterscheiden, aber natürlich auf jeder Stufe der Intervall-Diät den größtmöglichen Nährwert haben. Sie hat ein paar großartige Rezepte hervorgezaubert, hat die Art der Zubereitung vielen Spezialitäten aus der ganzen Welt abgeschaut, dabei aber jeden Trick ausgenutzt, um Kalorien zu sparen und das Aroma zu unterstreichen – bei Suppen, Salaten, Hauptgerichten und einigen prima Desserts.

Aus den zusätzlichen Menüplänen können Sie sich den Speisezettel für jeweils einen ganzen Tag aussuchen, was einen entsprechenden Tag in den Standardmenüs in der 3. Woche ersetzt. Bitte achten Sie darauf, daß Sie die richtige Kalorienstufe einhalten. Bei den Zusatzplänen finden Sie mehrere Tagespläne für jede Stufe der Intervall-Diät, angefangen bei 600 Kalorien bis hin zu 1800 Kalorien.

Wenn Sie keine Lust haben, den gesamten Tagesplan strikt einzuhalten, können Sie auch Ihre eigenen Mahlzeiten zusammenstellen. Alle Rezepte auch in diesem Kapitel enthalten Kalorienangaben. Wenn Sie mögen, können Sie sich bei jeder Stufe auf ein Standard-Frühstück festlegen und es mehrere Tage wiederholen, dann fällt Ihnen vielleicht die Auswahl der restlichen Mahlzeiten leichter. (Wer mit Vitaminen und Kleie angereicherte Frühstücksflocken nimmt, sorgt dafür, daß der Nährwert seiner Diät an die von der DGE empfohlenen Tagesmengen der wichtigsten Nährstoffe herankommt, und das auch schon auf der 600-Kalorien-Stufe.)

Mittags und abends sollten Sie jedoch bei der Wahl der Nahrungsmittel stets für große Abwechslung sorgen, sowohl während der 21tägigen Intervall-Diät als auch später bei der Erhaltungsdiät.

Wenn Sie an manchen Tagen der Intervall-Diät Ihren eigenen Speiseplan zusammenstellen möchten, richten Sie sich bitte nach der Formel:

| Frauen | Männer |
|---|---|
| In der 1. und 3. Woche | In der 1. und 3. Woche |
| 3 Tage lang 600 Kalorien | 3 Tage lang 1200 Kalorien |
| 4 Tage lang 900 Kalorien | 4 Tage lang 1500 Kalorien |
| In der 2. Woche | In der 2. Woche |
| 7 Tage lang 1200 Kalorien | 7 Tage lang 1800 Kalorien |

## Tips für den Übergang zur Erhaltungsdiät

### *Für Frauen*

Die Menüpläne mit 1500 Kalorien und 1800 Kalorien in diesem Kapitel sind für Frauen ideal, um nach der Intervall-Diät allmählich zur Erhaltungsdiät überzugehen. Versuchen Sie's erst einmal mit diesen Menüplänen, um sicherzugehen, daß Sie nicht zunehmen. Sie können diese Pläne durch die 1500- und 1800-Kalorien-Pläne für Männer aus Kapitel 6 ersetzen oder damit abwechseln. Wenn Sie den Übergang zur Erhaltungsdiät nach eigenen Wünschen gestalten möchten, sollten Sie Ihre Kalorienzufuhr alle paar Tage um nicht mehr als 300 Kalorien erhöhen und erst einmal einige Tage lang bei 1500 Kalorien bleiben, bevor Sie zu 1800 Kalorien übergehen.

### *Für Männer*

Auch Männer, die zur Erhaltungsdiät überwechseln, sollten von 1800 Kalorien pro Tag vorsichtig auf die Kalorienmenge hochgehen, bei der sie ihr Gewicht halten – immer in Schritten von etwa 300 Kalorien. Bleiben Sie bitte mehrere Tage bei 2100 Kalorien und beobachten Sie Ihre Gewicht, bevor Sie Ihren Verbrauch auf 2400 Kalorien steigern. Am besten beziehen Sie die zusätzlichen Kalorien aus Obst, Gemüse, Vollkornprodukten und magerem Fleisch, aber Sie dürfen auch eine Süßspeise oder ein alkoholisches Getränk ausprobieren, wenn Sie das gerne möchten. Schlagen Sie in meiner kleinen Kalorientabelle im Anhang A nach, um sicherzugehen, daß Sie nicht zu schnell zuviel essen.

### *Für alle*

Denken Sie immer daran, daß *erlaubtes Gemüse* und Ihre *unbedenkliche Frucht* jederzeit zur Verfügung stehen, und daß jeder Ersatz ungesunder Snacks durch ein Stück Obst sehr viel dazu beiträgt, schlank zu bleiben, nachdem Sie Ihr Ziel mit Hilfe der Intervall-Diät erreicht haben.

# Praktische Hinweise zu den zusätzlichen Menüplänen

Für alle Gerichte, die in den folgenden Menüplänen mit einem Sternchen (*) gekennzeichnet sind, finden Sie ein Rezept gleich im Anschluß an die Pläne. Es wurden auch einige Gerichte der Standardmenüs aus Kapitel 6 einbezogen (am leichtesten im Rezeptregister zu finden). Wenn Sie lieber nach Ihren eigenen Rezepten kochen, beachten Sie bitte, die Nahrungsmittel ohne Zusätze von Fett und Zucker zuzubereiten, außer den in jeder Diätphase erlaubten Mengen. Die Gewichtsangaben in den Menüplänen beziehen sich stets auf gegarte Nahrungsmittel. Bei den in den Rezepten angegebenen Mengen und Kalorienangaben ist der beim Garen auftretende Gewichtsschwund bereits berücksichtigt.

## *600-Kalorien-Stufe*

### 1. Tagesplan

Frühstück
½ Grapefruit,
50 g Haferflocken,
½ TL Zimt,
100 ml Magermilch,
Kaffee oder Tee

Mittagessen
250 ml Brühe, belegtes Brot:
1 Scheibe Vollkornbrot,
25 g mageres Fleisch und
Dijon-Senf, erlaubtes Gemüse
in unbegrenzter Menge,
kalorienfreies Salatdressing,
75 g Pfirsichscheibchen,
100 ml Magermilch,
kalorienfreies Getränk

Abendessen
50 g Kalbskotelett, in der Pfanne
oder im Ofen gebraten,
Salat aus frischem Spinat,
kalorienfreies Salatdressing,
80 g gekochter brauner Reis,
kalorienfreies Getränk

### 2. Tagesplan

Frühstück
200 g Joghurt, 75 g Erdbeeren,
in Scheiben geschnitten,
1 Scheibe Vollkorntoast,
Kaffee oder Tee

Mittagessen
Salatplatte mit 25 g Putenfleisch,
Möhren, Paprikastreifchen,
Sellerie sowie erlaubtem Gemüse
in unbegrenzter Menge,
kalorienfreies Salatdressing,
5 Vollkorncracker,
kalorienfreies Getränk

Abendessen
160 g gekochte rote Kidneybohnen,
90 g gekochter brauner Reis,
2 EL geriebener Käse,
65 g Blumenkohl, ½ Grapefruit,
kalorienfreies Getränk

### 3. Tagesplan

Frühstück
Käsetoast: 1 Scheibe Vollkornbrot
und 25 g Käse, 1 Orange,
Kaffee oder Tee

Mittagessen
Tomate, gefüllt mit 45 g Krabben oder Thunfisch, 1 Portion Blattsalat, kalorienfreies Salatdressing, 5 Vollkorncracker, 1 Apfel, kalorienfreies Getränk

Abendessen
Eierblumensuppe*, belegtes Brot: 1 Scheibe Vollkornbrot, 25 g Putenfleisch, Dijon-Senf und Bohnensprossen nach Belieben, ¼ Netzmelone, kalorienfreies Getränk

## 900-Kalorien-Stufe

### 1. Tagesplan

Frühstück
1 Vollkorn-Frühstückspfannkuchen*, 2 EL Ahornsirup, 200 ml Magermilch, Obst nach Wahl, Kaffee oder Tee

Mittagessen
50 g Brathähnchen, 1 Portion Spinatsalat, kalorienfreies oder kalorienarmes Salatdressing, 75 g frisches Obst, kalorienfreies Getränk

Abendessen
75 g Fischfilet auf italienische Art*, 65 g gekochte Möhren, 1 Portion Rosenkohl mit Kräutern und Knoblauch*, 1 gebackene Kartoffel, 1 TL Butter oder 2 TL saure Sahne, kalorienfreies Getränk

### 2. Tagesplan

Frühstück
200 ml Magermilch, Haferbrei (aus 30 g Haferflocken, in Wasser gekocht), ½ TL Zimt, 2 EL Rosinen, Kaffee oder Tee

Mittagessen
250 ml Suppe Ihrer Wahl, belegtes Brot: 1 Scheibe Vollkornbrot, 50 g mageres Fleisch, Tomatenscheiben und Dijon-Senf, 1 Portion Kopfsalat mit Möhren, Sellerie und Gurke, kalorienfreies oder kalorienarmes Salatdressing, ½ Grapefruit, kalorienfreies Getränk

Abendessen
50 g Hähnchen mit Sesam*, 120 g gekochter brauner Reis, 100 g Squash, 150 g frisches Obst, kalorienfreies Getränk

### 3. Tagesplan

Frühstück
25 g Getreideflocken, 100 ml Magermilch, 1 Orange, Kaffee oder Tee

Mittagessen
100 g Fisch-Gemüsetopf*, 65 g Erbsengemüse*, 100 ml Magermilch, ½ Grapefruit, kalorienfreies Getränk

Abendessen
75 g Schweinegulasch mit Paprika*, 50 g gekochte Nudeln, 200 g Brokkoli, 1 Birne oder Pfirsich, kalorienfreies Getränk

### 4. Tagesplan

Frühstück
Haferbrei (aus 30 g Haferflocken, in Wasser gekocht), 2 EL Rosinen, 200 ml Magermilch, Kaffee oder Tee

Mittagessen
250 ml Brühe, 1 Schinkenröllchen mit Salatfüllung*, 1 Portion Blattsalat, kalorienfreies oder kalorienarmes Salatdressing, 5 Vollkorncracker, 1 Apfel, kalorienfreies Getränk

Abendessen
150 g Hähnchen-Brokkoli-Auflauf*, 1 gebackene Kartoffel, 1 TL Butter oder 2 TL saure Sahne, 65 g Blumenkohl, 150 g Beerenfrüchte oder Melonenbällchen, kalorienfreies Getränk

## *1200-Kalorien-Stufe*

Sie erinnern sich: Auf der 1200-Kalorien-Stufe und allen höheren Stufen dürfen Sie täglich 1 EL Butter, Öl oder anderes Fett sowie 3 *unbedenkliche Früchte* zusätzlich verbrauchen, ohne die Kaloriengrenze zu überschreiten.

### 1. Tagesplan

Frühstück
200 ml Magermilch, ½ Banane, 35 g Getreideflocken, Kaffee oder Tee

Mittagessen
1 Portion Salat aus Blattsalat, Tomate, Radieschen und grüner Paprikaschote, kalorienarmes Salatdressing, 6 Vollkorncracker, 200 g Joghurt, 150 g Beerenfrüchte, kalorienfreies Getränk

Abendessen
100 g Scholle mit Frühlingskräutern*, 1 Portion Röstkartoffeln aus dem Ofen*, 130 g gekochter Kohl, 1 Apfel, kalorienfreies Getränk

### 2. Tagesplan

Frühstück
200 ml Magermilch, 50 g Haferflokken mit Zimt, 2 EL Rosinen, 1 Scheibe Vollkorntoast, Kaffee oder Tee

Mittagessen
250 ml Blumenkohl-Brokkoli-Suppe*, 5 Vollkorncracker, 25 g Cheddar-Käse, 1 Portion Blattsalat, kalorienarmes Dressing, ½ Grapefruit, kalorienfreies Getränk

Abendessen
75 g Kalbssteak mit Champignonsauce*, 130 g gedämpfter Spargel, 150 g gekochte neue Kartoffeln, 150 g frisches Obst, 1 Scheibe Weizenvollkornbrot, kalorienfreies Getränk

### 3. Tagesplan

Frühstück
200 g Joghurt, 150 g Beerenfrüchte und Melone, gemischt, 1 Scheibe Weizenvollkorntoast, Kaffee oder Tee

Mittagessen
250 ml Muschelsuppe mit Champignons*, 200 g Tomatensalat mit Kräutern*, 4 Hafercracker*, ½ Grapefruit, kalorienfreies Getränk

Abendessen
100 g Heilbutt mit Gemüse*, 1 Portion Möhren in fruchtiger Sauce*, 100 g Erbsen mit Silberzwiebeln, 150 g Pfirsichscheibchen, kalorienfreies Getränk

### 4. Tagesplan

Frühstück
200 ml Magermilch, 1 Vollkorn-Frühstückspfannkuchen*, 2 EL Ahornsirup, ½ Banane, Kaffee oder Tee

Mittagessen
250 ml Eierblumensuppe*, 1 Portion Chefsalat mit Geflügel und Käse*, ½ Melone, kalorienfreies Getränk

Abendessen
100 g Schweinesteak mit Orangensauce*, 1 Portion Rosenkohl mit Kräutern und Knoblauch*, 80 g gekochter brauner Reis, 100 g ungesüßtes Apfelmus, 1 Portion Blattsalat, kalorienarmes Salatdressing, kalorienfreies Getränk

### 5. Tagesplan

Frühstück
200 ml Magermilch, 1 Portion Obstmichel*, Kaffee oder Tee

Mittagessen
1 Portion Chili-Auflauf mit Käsekruste*, erlaubtes Gemüse in unbegrenzter Menge, kalorienarmes Salatdressing, 6 Vollkorncracker, 1 Birne, kalorienfreies Getränk

Abendessen
100 g Hähnchenbrust »Teriyaki«*, 1 Portion chinesische Reispfanne*, 130 g gedünstete Zucchini, 1 Portion Melonensorbet*, kalorienfreies Getränk

### 6. Tagesplan

Frühstück
200 ml Magermilch, 1 Scheibe Weizenvollkorntoast, 1 TL Konfitüre, 1 Orange, Kaffee oder Tee

Mittagessen
250 ml Suppe nach Wahl, 2 Scheiben Weizenvollkornbrot, 50 g Hähnchenfleisch, erlaubtes Gemüse in unbegrenzter Menge, kalorienarmes Salatdressing, ½ Melone, kalorienfreies Getränk

Abendessen
100 g mageres Rindersteak, gegrillt, 160 g gekochter brauner Reis, 130 g grüne Bohnen, 150 g Pfirsichscheibchen, kalorienfreies Getränk

### 7. Tagesplan

Frühstück
100 ml Magermilch, 1 Brötchen, ½ Grapefruit, Kaffee oder Tee

Mittagessen
Belegtes Brot: 1 Scheibe Vollkornbrot, 25 g Putenfleisch, Dijon-Senf und Bohnensprossen, 1 Portion Spinatsalat »Cäsar«, 1 Banane, 250 ml Brühe, kalorienfreies Getränk

Abendessen
100 g Hähnchen »Cordon bleu«*, 1 Portion würziges Bohnengemüse*, 1 kleine gebackene Kartoffel, 1 Stück Kokos-Ananas-Pie*, kalorienfreies Getränk

## *1500-Kalorien-Stufe*

### 1. Tagesplan

Frühstück
200 ml Mager- oder fettarme Milch, Haferbrei (aus 70 g Haferflocken, in Wasser gekocht), 2 EL Rosinen, 100 ml Grapefruitsaft, Kaffee oder Tee

Mittagessen
250 g Gemüsetopf mit Kalbfleisch*, 5 Vollkorncracker, 1 Apfel, kalorienfreies Getränk

Abendessen
100 g Hähnchenbrust »Hawaii«*,
130 g gedünsteter Brokkoli,
1 Portion Reis »Tropica«*,
2 weiche Rosinenkekse*,
kalorienfreies Getränk

**2. Tagesplan**

Frühstück
40 g Getreideflocken, 1 Banane,
200 ml Mager- oder fettarme Milch,
Kaffee oder Tee

Mittagessen
75 g körniger Frischkäse,
6 Vollkorncracker,
130 g gedünsteter Blumenkohl,
½ Melone, kalorienfreies Getränk

Abendessen
300 g Krabben-Jambalaya*,
1 Portion würziges Bohnengemüse*,
130 g gekochte Möhren,
5 Vollkorncracker,
1 Stück Kokos-Ananas-Pie*,
kalorienfreies Getränk

**3. Tagesplan**

Frühstück
200 g Joghurt,
150 g Beerenfrüchte,
1 Scheibe Weizenvollkorntoast,
Kaffee oder Tee

Mittagessen
250 ml Suppe nach Wahl,
2 Scheiben Vollkornbrot,
1 Portion Thunfischsalat,
erlaubtes Gemüse in
unbegrenzter Menge,
kalorienarmes Salatdressing,
1 Banane,
kalorienfreies Getränk

Abendessen
¼ Pizza »Bolognese«*,
1 große Portion Blattsalat,
kalorienarmes Salatdressing,
150 g Obst,
kalorienfreies Getränk

**4. Tagesplan**

Frühstück
200 ml Mager- oder fettarme Milch,
1 Portion Obstmichel*,
Kaffee oder Tee

Mittagessen
100 g Feine Gemüsepfanne mit
Bratenfleisch*, 1 Portion
gemischter grüner Blattsalat,
kalorienarmes Salatdressing,
1 Apfel, kalorienfreies Getränk

Abendessen
100 g Heilbutt mit Gemüse*, 1 Portion Blattspinat mit Mayonnaise*,
1 kleine gebackene Kartoffel,
1 Scheibe Vollkornbrot, 1 Stück Obst,
kalorienfreies Getränk

## *1800-Kalorien-Stufe*

**1. Tagesplan**

Frühstück
200 ml Mager- oder fettarme Milch,
1 pochiertes Ei, 2 Scheiben Weizenvollkorntoast, 1 TL Konfitüre,
½ Grapefruit, Kaffee oder Tee

Mittagessen
150 g Hähnchengulasch*,
1 Portion Kartoffelsalat*,
130 g gekochter Spargel,
1 Portion Blattsalat,
kalorienarmes Salatdressing,
1 Birne, kalorienfreies Getränk

Abendessen
250 ml Eierblumensuppe*, 1 Portion chinesische Fleischpfanne*,
1 Portion chinesische Reispfanne*,
75 g frische Ananas,
3 weiche Rosinenkekse*,
200 ml Mager- oder fettarme Milch

**2. Tagesplan**

Frühstück
200 ml Mager- oder fettarme Milch,
Haferbrei (aus 70 g Haferflocken, in Wasser gekocht),
3 EL Rosinen,
1 Scheibe Weizenvollkorntoast,
1 EL Erdnußmus,
Kaffee oder Tee

Mittagessen
100 g Frikadellen mit Paprika*,
1 Vollkornbrötchen,
130 g gedünsteter Blumenkohl,
1 Portion Spinatsalat »Cäsar«*,
1 Orange,
Kaffee oder Tee

Abendessen
150 g Grillfisch mit Tomatenmarinade*, 1 kleine gebackene Kartoffel, 1 Portion Blattsalat,
kalorienarmes Salatdressing,
1 Scheibe Vollkornbrot,
1 Apfel,
1 Portion Melonensorbet*,
kalorienfreies Getränk

**3. Tagesplan**

Frühstück
200 ml Mager- oder fettarme Milch,
40 g Getreideflocken, 1 Banane,
1 Scheibe Weizenvollkorntoast,
1 TL Konfitüre,
Kaffee oder Tee

Mittagessen
250 ml Suppe nach Wahl,
100 g Putenbraten,
belegte Brote: 2 Scheiben Vollkornbrot, Blattsalat, Bohnensprossen und Dijon-Senf,
erlaubtes Gemüse in unbegrenzter Menge,
kalorienarmes Salatdressing,
1 Birne,
kalorienfreies Getränk

Abendessen
125 g Pikantes Backhähnchen*,
130 g gedämpfte Möhren,
1 Scheibe Vollkornbrot oder 1 Vollkornbrötchen,
2 Apfel-Nuß-Schnitten*,
200 ml Mager- oder fettarme Milch,
kalorienfreies Getränk

**4. Tagesplan**

Frühstück
1 Portion Obstmichel*,
200 ml Mager- oder fettarme Milch,
Kaffee oder Tee

Mittagessen
125 g Pikante Putenrolle*,
130 g Brokkoli,
1 Scheibe Weizenvollkornbrot,
80 g gekochter brauner Reis,
1 Apfel,
kalorienfreies Getränk

Abendessen
100 g Kalbssteak mit Champignonsauce*,
150 g neue Kartoffeln und Erbsen,
130 g gekochter Kohl,
1 Portion grüne Bohnen mit Mandeln,
75 g Aprikosenscheibchen,
200 ml Mager- oder fettarme Milch,
kalorienfreies Getränk

**5. Tagesplan**

Frühstück
200 ml Mager- oder fettarme Milch, 150 g Beerenfrüchte, 1 Brötchen, 2 EL Frischkäse der Vollfettstufe, Kaffee oder Tee

Mittagessen
250 ml Blumenkohl-Brokkoli-Suppe*, 130 g Möhren, 100 g gegrilltes Fischfilet, 1 Scheibe Vollkornbrot, 1 Orange, kalorienfreies Getränk

Abendessen
100 g Pikantes Backhähnchen*, 160 g gekochter brauner Reis, 130 g gekochter Spargel, 1 Portion Blattsalat, kalorienarmes Salatdressing, 2 Birnenhälften (Dose), kalorienfreies Getränk

**6. Tagesplan**

Frühstück
2 Vollkorn-Frühstückspfannkuchen*, 2 EL Ahornsirup, 200 ml Mager- oder fettarme Milch, ½ Grapefruit, Kaffee oder Tee

Mittagessen
250 ml Suppe nach Wahl, belegte Brote: 2 Scheiben Vollkornbrot, 50 g Putenfleisch, Dijon-Senf und Bohnensprossen, 130 g Rosenkohl, 75 g Ananas, 1 Portion Melonensorbet*, kalorienfreies Getränk

Abendessen
100 g Muschelspießchen mit Sesam*, 1 gebackene Kartoffel, 1 Portion Spinatsalat »Cäsar«*, Rohkostplatte mit Möhren, Sellerie, Radieschen, Gurke usw., 1 Scheibe Nuß-Früchtebrot*, kalorienfreies Getränk

# Rezepte

## *Suppen*

### Muschelsuppe mit Champignons

Ergibt 4 Portionen
Pro Portion 142 kcal/594 kJ

*1 TL Öl*
*70 g Champignons, gehackt*
*175 g-Glas Muscheln, gehackt*
*1 Selleriestange, gehackt*
*1 kleine Zwiebel, gehackt*
*¼ kleine Zwiebel, gehackt*
*¼ TL Salz*
*1 kräftige Prise Pfeffer*
*1 kräftige Prise Cayennepfeffer*
*160 g Magermilchpulver*
*360 ml kaltes Wasser*
*1 EL Maisstärke*
*2 EL feingehackte Petersilie*

Öl in einem Topf erhitzen und die Champignons darin anbraten. Muscheln samt Flüssigkeit, Sellerie und Zwiebel zufügen, die Gewürze darüberstreuen. Zugedeckt 5 Minuten dünsten. Milchpulver im Wasser auflösen (statt Milchpulver und Wasser können Sie auch 360 ml Magermilch verwenden), die Maisstärke darin verrühren. In den Topf gießen und aufwallen lassen. Hitze herunterschalten und die Suppe unter gelegentlichem Umrühren leise köcheln lassen, bis sie andickt. In Suppentassen gießen und mit Petersilie überstreuen.

### Blumenkohl-Brokkoli-Suppe

Ergibt 8 Portionen
Pro Portion 71 kcal/297 kJ

*360 ml Bouillon*
*350 g Blumenkohl, klein geschnitten*
*350 g Brokkoli, klein geschnitten*
*1 kleine Zwiebel, gehackt*
*1 kräftige Prise Muskatblüte*
*¾ l Magermilch*
*1 EL Maisstärke*
*½ TL Salz*
*1 Prise Pfeffer*
*30 g Emmentaler, gerieben*

Brühe zum Kochen bringen, Blumenkohl, Brokkoli und Zwiebel hineingeben und darin weich kochen. Die Brühe samt Gemüse im Mixer sämig pürieren, zurück in den Topf gießen und mit Muskatblüte abschmecken. Von der Milch ⅛ l abnehmen, die Maisstärke darin verrühren und zum Gemüsepüree geben, gut durchrühren. Die restliche Milch zugießen, salzen und pfeffern. Die Suppe nochmals erhitzen und unter gelegentlichem Umrühren so lange köcheln lassen, bis sie etwas andickt. Käse einstreuen und unter Rühren schmelzen lassen.

### Eierblumensuppe

Ergibt 4 Portionen
Pro Portion 35 kcal/146 kJ

*300 ml Brühe*
*300 ml Wasser*
*2 EL gehackte Frühlingszwiebel*
*1 Ei, leicht verquirlt*

Brühe und Wasser in einen Topf gießen und zum Kochen bringen. Frühlingszwiebel einstreuen, Hitze herunterschalten. Das verquirlte Ei in dünnem Strahl einfließen lassen, die Suppe dabei vorsichtig umrühren. Noch etwa 3 Minuten leise simmern lassen, bis das Ei flockig ist.

## *Salate*

### Spinatsalat »Cäsar«

Ergibt 8 Portionen
Pro Portion 67 kcal/280 kJ

*1 Knoblauchzehe*
*250 g frischer Spinat*
*4 EL gehackte Zwiebel*
*3 EL Mayonnaise*
*4 EL Salatdressing nach italienischer Art*
*1 EL Zitronen- oder Limettensaft*
*¼ TL Salz*
*1 kräftige Prise schwarzer Pfeffer*
*3 Scheiben Weizenvollkornbrot, getoastet und gewürfelt*
*3 EL geriebener Parmesan*

Knoblauchzehe halbieren und die Salatschüssel mit den Schnittflächen ausreiben, Knoblauch wegwerfen. Spinat putzen und in Streifen schneiden, in die Schüssel geben. Zwiebel darüberstreuen. Mayonnaise mit Salatdressing, Zitronen- oder Limettensaft, Salz und Pfeffer verrühren, über den Salat gießen. Die noch warmen Toastwürfel mit dem Parmesan vermischen, über den Salat streuen.

## Kartoffelsalat

Ergibt 4 Portionen
Pro Portion 102 kcal/427 kJ

*3 mittelgroße gekochte Kartoffeln, gewürfelt*
*4 EL gehackte Frühlingszwiebel*
*1 Selleriestange, gehackt*
*1 EL Mayonnaise*
*1 TL Senf*
*1 TL Dill*
*½ TL Knoblauchpulver*

Sämtliche Zutaten in einer großen Schüssel vermengen und mindestens 1 Stunde kalt stellen.

## Chefsalat mit Geflügel und Käse

Ergibt 6 Portionen
Pro Portion 224 kcal/938 kJ

*125 g Joghurt*
*2 EL Mayonnaise*
*1 EL gehackte Petersilie*
*1 TL Meerrettich*
*1 TL Senf*
*¼ TL Rosmarin*
*¼ TL Knoblauchpulver*
*1 fester Kopfsalat*
*12 Ringe grüne Paprikaschote*
*6 Scheiben Emmentaler von je 25 g*
*6 Scheiben milde rote Zwiebel*
*6 Scheiben gekochtes Hähnchen- oder Putenfleisch von je 25 g*
*24 Gurkenrädchen, je ½ cm dick*
*12 Tomatenscheiben*

Joghurt mit Mayonnaise, Petersilie, Meerrettich, Senf, Rosmarin und Knoblauchpulver verrühren und zugedeckt kalt stellen, während Sie den Salat anrichten.
Lose Außenblätter vom Salat abzupfen. Das feste Innere schräg in 6 dünne Scheiben schneiden und auf 6 Teller legen. Auf jeder Salatscheibe 2 Paprikaringe, 1 Scheibe Käse, 1 Scheibe Zwiebel, 1 Scheibe Geflügelfleisch, 4 Gurkenrädchen und 2 Tomatenscheiben anrichten. Über jede Salatportion 2 EL des gekühlten Joghurtdressings verteilen.

## Tomatensalat mit Kräutern

Ergibt 1 Portion
Pro Portion 52 kcal/218 kJ

*200 g Tomaten, grob gehackt*
*½ TL Basilikum*
*½ TL Origano*
*1 ½ TL Zitronensaft*
*mehrere Stengel Petersilie, fein gehackt*

Alle Zutaten gut vermischen. Den Salat zugedeckt 1 Stunde oder länger im Kühlschrank durchziehen lassen.

## *Hauptgerichte*

### Chinesische Fleischpfanne

Ergibt 4 Portionen
Pro Portion 292 kcal/1222 kJ

*350 g bestes Steakfleisch vom Rind*
*120 ml Wasser*
*250 g Brokkoliröschen*
*2 mittelgroße Möhren, in Scheiben geschnitten*
*1 TL Maisstärke*
*¼ TL Zucker*
*2 EL Sojasauce*
*2 EL trockener Sherry*
*2 EL Öl*
*1 mittelgroße Zwiebel, in dünne Scheiben geschnitten*

Rindfleisch quer zur Faser in mundgerechte Bissen schneiden, beiseite stellen. Wasser zum Kochen bringen, den Brokkoli und die Möhren 3 Minuten darüber dämpfen. In einem Schälchen die Maisstärke mit Zucker, Sojasauce und Sherry verrühren und beiseite stellen. Wok oder Pfanne bei starker Hitze 1 Minute lang heiß werden lassen, 1 EL Öl darin verlaufen lassen. Die Gemüse mit der Zwiebel hineingeben und unter Rühren mehrere Minuten bißfest braten. Gemüse herausnehmen und das restliche Öl in den Wok oder die Pfanne geben. Rindfleisch unter ständigem Rühren darin anbräunen. Die angerührte Sauce dazugießen und unter Rühren andicken lassen. Gemüse zufügen und das Ganze zugedeckt noch 1 Minute weitergaren.

### Chili-Auflauf mit Käsekruste

Ergibt 8 Portionen
Pro Portion 308 kcal/1289 kJ

*450 g mageres Hackfleisch vom Rind oder Kalb*
*1 große Zwiebel oder 4 Frühlingszwiebeln, gehackt*
*2 Knoblauchzehen, fein gehackt*
*1 700g-Dose Tomaten*
*1 375g-Dose Kidneybohnen*
*175 g Maismehl*
*90 g geriebener Cheddar-Käse*
*2 EL Chilipulver*
*1 TL Kreuzkümmel*
*¼ TL Cayennepfeffer*
*½ TL zerdrückte rosa Pfefferkörner*
*½ TL schwarzer Pfeffer*
*1 Spritzer Tabasco*
*300 ml Magermilch, Salz, Pfeffer*
*2 Eier, leicht verquirlt*

Hackfleisch, Zwiebel und Knoblauch in einem schweren Topf ohne Fett anbraten, bis alles angebräunt ist. Ausgetretenes Fett abgießen. Tomaten, Bohnen samt Saft, 100 g Maismehl, 45 g Käse und die Gewürze zufügen. Bei schwacher Hitze unter gelegentlichem Rühren etwa 15 Minuten köcheln lassen. In eine Auflaufform umfüllen. Im selben Topf die Milch mit dem restlichen Maismehl verrühren, mit Salz und Pfeffer abschmecken. Bei schwacher Hitze unter Rühren heiß werden lassen, bis die Mischung leicht andickt. Restlichen Käse und die Eier zufügen, Masse glattrühren. Über die Fleischmischung gießen. Im vorgeheizten Backofen bei 190 °C etwa 30 Minuten überbacken, bis die Kruste leicht gebräunt ist.

## Pizza »Bolognese«

Ergibt 4 Portionen
Pro Portion 354 kcal/1482 kJ

*Belag*
*225 g mageres Hackfleisch vom Rind (Tatar)*
*1 Knoblauchzehe, zerdrückt*
*1 kleine Zwiebel, fein gehackt*
*1 400g-Dose Tomaten, gehackt*
*½ grüne Paprikaschote, gehackt*
*1 ¼ TL Origano*
*1 TL Basilikum*
*½ TL Fenchelkörner, fein zerstoßen*
*1 kräftige Prise Salz*
*100 g Mozzarella, fein gewürfelt*

*Boden*
*140 g Weizenvollkornmehl*
*½ Päckchen Trockenhefe*
*1 Prise Salz*
*80 ml warmes Wasser*
*1 ½ TL Öl*
*Backspray oder noch etwas Öl*

Hackfleisch, Knoblauch und Zwiebel in einem schweren Topf anbraten, alles ausgetretene Fett abgießen. Tomaten samt Flüssigkeit, Paprikaschote, Origano, Basilikum, Fenchelkörner und Salz zufügen, einmal kurz aufkochen lassen. Hitze herunterschalten, die Sauce 30 Minuten ohne Deckel leise köcheln lassen.
Inzwischen 2 EL Weizenvollkornmehl mit der Hefe und dem Salz vermischen. Warmes Wasser und Öl zugießen. Mit dem Rührgerät auf kleinster Stufe 30 Sekunden durchrühren, dann auf die höchste Stufe schalten und weitere 3 Minuten rühren. So viel vom restlichen Mehl zufügen, wie sich mit dem Löffel unterrühren läßt. Teig auf eine bemehlte Fläche geben und noch so viel Mehl unterkneten, daß ein glatter, elastischer Teig entsteht (das dauert etwa 6 Minuten). Teig zudecken und an einem warmen Ort 10 Minuten gehen lassen. Zu einem 30 cm großen Kreis ausrollen. Pizzaform oder Backblech mit Backspray einsprühen oder dünn mit Öl auspinseln, den Pizzaboden darauflegen. Die Ränder leicht in die Höhe ziehen. Im vorheizten Backofen bei 220 °C etwa 12 Minuten vorbacken, bis der Teigboden leicht gebräunt ist. Die Fleischsauce darauf verteilen, mit Mozzarella bestreuen und weitere 15 Minuten backen, bis der Käse Blasen wirft. In Stücke schneiden und servieren.

## Hähnchen mit Sesam

Ergibt 8 Portionen
Pro Portion 210 kcal /879 kJ

*75 g Vollkornbrösel*
*2 EL gemahlene Sesamsamen*
*1 Knoblauchzehe, fein gehackt*
*¼ TL Zwiebelpulver*
*¼ TL Thymian*
*¼ TL Majoran*
*¼ TL Salz*
*½ TL getrocknete Petersilie*
*½ TL Senfpulver*
*1 kräftige Prise schwarzer Pfeffer*
*1350 g Hähnchenteile ohne Haut*
*1 kleines Ei, leicht verquirlt*

Vollkornbrösel, Sesam, Knoblauch und Gewürze gut vermischen. Auf den Boden einer großen, feuerfesten Form eine Schicht Hähnchenteile legen, mit Ei bepinseln und mit etwas Sesammischung bestreuen. Darauf eine weitere Schicht Hähnchenteile verteilen, mit Ei bepinseln, mit Sesammischung bestreuen usw., bis alle Zutaten aufgebraucht sind. Ohne Deckel in den auf 150 °C vorgeheizten Backofen schieben und 1½–2 Stunden garen, bis das Fleisch weich ist.

## Hähnchenbrust »Cordon bleu«

Ergibt 4 Portionen
Pro Portion 316 kcal/1323 kJ

*4 Hähnchenbrüste ohne Haut und Knochen*
*Backspray oder etwas Öl*
*4 dünne Scheiben gekochter Schinken von je 12 g*
*4 dünne Scheiben Emmentaler von je 12 g*
*100 g Weizenvollkornmehl*
*½ TL Knoblauchpulver*
*½ TL Zwiebelpulver*
*¼ TL Salz*
*¼ TL schwarzer Pfeffer*
*1 Ei*
*2 TL Wasser*
*100 g Semmelbrösel, durchgesiebt*

Hähnchenbrüste dünn klopfen, jede Brust in zwei Teile teilen. Pfanne mit Backspray einsprühen oder dünn mit Öl auspinseln, die Hähnchenbrüste auf beiden Seiten darin leicht anbraten. Herausnehmen und beiseite stellen. Auf die Hälfte der Fleischstücke je 1 Scheibe Schinken und darauf 1 Scheibe Käse legen. Mit den restlichen Fleischhälften bedecken und trockentupfen. Mehl und Gewürze in einem tiefen Teller vermischen. In einem anderen Teller das Ei leicht mit dem Wasser verquirlen. Auf einen dritten Teller die durchgesiebten Brösel schütten. Die Fleischstücke zuerst in Mehl wälzen, so daß sie ringsum sorgfältig eingemehlt sind, überschüssiges Mehl abschütteln. Dann durch die Eimasse ziehen, kurz abtropfen lassen. Zum Schluß mit den Bröseln panieren. Auf eine feuerfeste Platte legen und 15 Minuten ruhen lassen. Backofen auf 180 °C vorheizen, die Fleischstücke darin etwa 15 Minuten garen.

## Hähnchengulasch

Ergibt 2–4 Portionen
Pro Portion
bei 2 Portionen 276 kcal/1155 kJ
bei 4 Portionen 138 kcal/578 kJ

*1 TL Butter*
*300 g gekochtes weißes Hähnchenfleisch (= 450 g rohes Fleisch)*
*1 TL Paprikapulver*
*1 kräftige Prise Rosmarin, gut zerrieben*
*1 Prise Salz*
*1 Prise schwarzer Pfeffer*
*Knoblauchpulver nach Belieben*

Butter in einem kleinen Topf erhitzen. Hähnchenfleisch in Stücke zerschneiden und unter gründlichem Wenden in der Butter anbraten. Gewürze untermischen. Heiß oder kalt servieren.

## Hähnchen-Brokkoli-Auflauf

Ergibt 6 Portionen
Pro Portion 166 kcal/695 kJ

*600 g frischer Brokkoli*
*360 ml kaltes Wasser*
*3 EL Maisstärke*
*160 ml Magermilch*
*2 EL trockener Sherry*
*1 ½ TL körnige Hühnerbrühe (oder 1 ½ Brühwürfel)*
*1 kräftige Prise Muskat*
*1 kräftige Prise Pfeffer*
*300 g gekochtes weißes Hähnchenfleisch, in dünne Scheiben geschnitten (= 450 g rohes Hähnchenfleisch)*
*20 g geriebener Parmesan*
*Paprikapulver*

Brokkoli in Röschen zerteilen. Das Wasser in einen Dämpftopf gießen und zum Kochen bringen, Brokkoli darin bißfest garen. Abtropfen lassen, Saft auffangen, Brokkoli in eine 20 cm große, quadratische Auflaufform geben.

In einem Topf den Brokkolisaft erhitzen; wenn nötig, noch mit so viel kaltem Wasser auffüllen, daß Sie 320 ml Flüssigkeit erhalten. Maisstärke einrühren. Milch, Sherry, Brühe, Muskat und Pfeffer zufügen, dabei ständig rühren, bis die Sauce andickt. Die Hälfte der Sauce über den Brokkoli gießen. Mit den Fleischscheiben belegen, dann die restliche Sauce darübergießen. Mit Parmesan und Paprikapulver bestreuen. Im vorgeheizten Backofen bei 180 °C etwa 20 Minuten überbacken.

## Hähnchenbrust »Teriyaki«

Ergibt 4 Portionen
Pro Portion 154 kcal/645 kJ

*1 EL Öl*
*2 EL Sojasauce*
*1 große Knoblauchzehe, zerdrückt*
*1 EL frisch geriebener Ingwer*
*4 Hähnchenbrüste ohne Haut*

Öl, Sojasauce, Knoblauch und Ingwer in einer großen Schüssel gut verrühren. Die Hähnchenbrüste einlegen und im Kühlschrank mindestens 4 Stunden in dieser Marinade ziehen lassen, gelegentlich wenden. Backblech mit Folie auskleiden und die Hähnchenbrüste darauflegen, nochmals gut mit Marinade bepinseln. Im vorheizten Backofen bei 180 °C etwa 45 Minuten garen, bis das Fleisch weich ist.

## Pikantes Backhähnchen

Ergibt 8 Portionen
Pro Portion 186 kcal/778 kJ

*1800 g Hähnchenteile ohne Haut*
*75 g Semmelbrösel*
*½ TL Paprikapulver*
*¼ TL Salz*
*¼ TL Thymian*
*¼ TL Majoran*
*¼ TL gemahlene Selleriesamen*
*1 kräftige Prise schwarzer Pfeffer*

Hähnchenteile leicht mit Wasser bepinseln, damit die Panade haften kann. Die Semmelbrösel mit den Gewürzen in einer großen Schale vermischen. Die Hähnchenteile darin wälzen und auf ein beschichtetes Backblech legen. In den auf 190 °C vorgeheizten Backofen schieben und etwa 45 Minuten backen, bis die Stücke außen knusprig und innen zart sind.

### Hähnchenbrust »Hawaii«

Ergibt 4 Portionen
Pro Portion 161 kcal/647 kJ

*4 Hähnchenbrüste ohne Haut und Knochen*
*1 200g-Dose ungesüßte Ananasstücke*
*1 Zwiebel, in dünne Scheiben geschnitten*
*1 rote Paprikaschote, gehackt*
*60 ml Zitronensaft*
*60 ml Orangensaft*

Alle Zutaten in einem großen, feuerfesten Topf vermengen. Zugedeckt 2 Stunden im Kühlschrank ziehen lassen, dabei das Fleisch gelegentlich wenden. Backofen auf 160 °C vorheizen und das Gericht in etwa 1 Stunde garen, bis das Fleisch weich ist.

### Pikante Putenrolle

Ergibt 4 Portionen
Pro Portion 209 kcal/875 kJ

*575 g entbeinte Putenbrust*
*¼ TL Knoblauchpulver*
*1 kräftige Prise schwarzer Pfeffer*
*4 EL gehackte Zwiebel*
*3 EL gehackte Petersilie*
*4 Scheiben Cheddar-Käse von je 12 g*
*240 ml Tomatensaft*
*2 TL Worcestersauce*
*1 Spritzer Tabasco*

Backofen auf 180 °C vorheizen. Putenbrust mit Knoblauchpulver, Pfeffer, Zwiebelstückchen und Petersilie bestreuen. Mit den Käsescheiben belegen. Aufrollen und in eine kleine, feuerfeste Form legen. Wenn nötig, mit Zahnstochern oder Spießchen feststecken. Tomatensaft mit Worcestersauce und Tabasco verrühren und über die Putenrolle gießen. Zugedeckt 2 Stunden garen, dabei öfters mit der Sauce beschöpfen. Deckel abnehmen und die Rolle 1 weitere Stunde garen. Den Braten in Scheiben schneiden und servieren.

### Feine Gemüsepfanne mit Bratenfleisch

Ergibt 4 Portionen
Pro Portion 257 kcal/1076 kJ

*480 g magerer Schweinebraten, in 2,5 cm große Würfel geschnitten*
*2 Zwiebeln, grob zerkleinert*
*2 EL Sojasauce*
*2 EL Wasser*
*60 ml ungesüßter Ananassaft*
*340 g frischer Spargel, geschält und in 2,5 cm lange Abschnitte geschnitten*
*50 g Champignons, blättrig geschnitten*
*150 g Tomaten, gewürfelt*
*1 TL Maisstärke*
*4 EL Weißwein oder Essig*

Schweinefleisch mit Zwiebeln, Sojasauce und Wasser in eine Pfanne geben. Bei starker Hitze 1–2 Minuten aufkochen. Ananassaft, Spargelstücke und Champignons zufügen, zugedeckt weitere 6 Minuten kochen. Tomatenwürfel zugeben. Maisstärke in Wein auflösen, in die Pfanne gießen und unter ständigem Rühren noch 2–3 Minuten weiterkochen, bis die Sauce andickt und die Gemüse weich sind.

## Schweinesteaks mit Orangensauce

Ergibt 6 Portionen
Pro Portion 205 kcal/858 kJ

*6 Schweinelendensteaks von je 1¼ cm Dicke*
*Backspray oder etwas Öl*
*¼ TL Salz*
*¼ TL Pfeffer*
*300 ml ungesüßter Orangensaft*
*2 mittelgroße Orangen, davon 1 unbehandelt*
*240 ml Wasser*
*2 TL Zucker*
*1 EL Maisstärke*
*¼ TL Piment*

Von den Schweinelendchen alles sichtbare Fett wegschneiden. Pfanne mit Backspray einsprühen oder dünn mit Öl auspinseln, bei mittlerer Hitze heiß werden lassen. Die Steaks auf beiden Seiten darin anbräunen. Salzen und pfeffern, 60 ml Orangensaft darübergießen und zugedeckt 25 Minuten köcheln lassen, bis das Fleisch weich ist. Inzwischen die unbehandelte Orange dünn schälen, die Schale in feinste Streifchen schneiden. Die Streifchen 15 Minuten in dem Wasser köcheln lassen, abgießen und beiseite stellen. Beide Orangen sorgfältig schälen, in Spalten zerteilen und die Spalten in 1 cm lange Abschnitte schneiden. In einem anderen Topf den Zucker und die Maisstärke mit dem restlichen Orangensaft verrühren und bei mittlerer Hitze unter ständigem Rühren andicken lassen. Orangenstreifchen, Orangenstücke und Piment zufügen. Noch 1–2 Minuten weiterköcheln, dabei ein paarmal umrühren. Schweinesteaks auf einer vorgewärmten Platte anrichten und mit der Sauce überziehen.

## Schweinegulasch mit Paprika

Ergibt 5 Portionen
Pro Portion 296 kcal/1239 kJ

*450 g Schweinelende*
*Backspray oder etwas Öl*
*1 große Zwiebel, gehackt*
*180 ml Brühe*
*1 EL Paprikapulver*
*1 EL Maisstärke*
*240 g Joghurt*
*4 EL gehackte Petersilie*
*250 g gekochte Vollkornnudeln (= 125 g ungekochte)*

Vom Fleisch sämtliches Fett wegschneiden, dann schräg zur Faser in ½ cm dicke Scheiben schneiden. Pfanne mit Backspray einsprühen oder dünn mit Öl auspinseln, bei Mittelhitze heiß werden lassen. Fleisch darin anbraten, gelegentlich wenden, herausnehmen und beiseite stellen. Zwiebel im Bratfett glasig dünsten (falls das Fett dafür nicht ausreicht, können Sie etwas Brühe zugießen). Fleisch zurück in die Pfanne geben, Brühe und Paprikapulver zufügen. Zugedeckt 15–20 Minuten köcheln lassen, bis das Fleisch zart ist. 6 EL von der Sauce abnehmen und in einem Schälchen in den Kühlschrank stellen. In einer kleinen Schüssel Maisstärke und Joghurt verrühren, die abgenommene Sauce eßlöffelweise unterrühren. Joghurtmischung in die Pfanne geben und heiß werden lassen. Petersilie unterrühren. Das Gulasch auf frisch gekochten Nudeln anrichten.

## Schinkenröllchen mit Salatfüllung

Ergibt 4 Portionen
Pro Portion 205 kcal/858 kJ

*4 EL gehackte Gurke*
*4 EL gehackte Tomate*
*50 g frische Champignons, blättrig geschnitten*
*2 EL schwarze Oliven, in Scheibchen geschnitten*
*2 EL gehackte Frühlingszwiebeln*
*60 ml kalorienarmes Salatdressing (Seite 86)*
*4 große Salatblätter, am besten die Außenblätter*
*150 g gekochter Schinken (8 Scheiben)*
*200 g Mozzarella, fein gewürfelt*

In einer Schüssel Gurke, Tomate, Champignons, Oliven und Frühlingszwiebeln mit dem Salatdressing vermischen. Zugedeckt mindestens 2 Stunden kalt stellen (oder über Nacht im Kühlschrank aufbewahren). Jedes der 4 Salatblätter mit 2 Scheiben Schinken belegen. Die Salatzutaten abtropfen lassen und auf dem Schinken verteilen, mit Mozzarellawürfelchen bestreuen. Die Salatblätter aufrollen, dabei die Seitenränder nach innen klappen. Mit Zahnstochern feststecken.

## Frikadellen mit Paprika

Ergibt 4 Portionen
Pro Portion 219 kcal/917 kJ

*40 g feine Semmelbrösel*
*2 EL Magermilchpulver*
*½ TL Basilikum*
*½ TL Origano*
*½ TL Knoblauchpulver*
*1 kräftige Prise Salz*
*1 kräftige Prise schwarzer Pfeffer*
*340 g Schulter oder Schlegel vom Rind, durch den Wolf gedreht*
*2 mittelgroße Zwiebeln, in dünne Scheiben geschnitten*
*180 ml Tomatensauce*
*60 ml Rotwein*
*1 große, grüne Paprikaschote, in feine Streifchen geschnitten*

Semmelbrösel, Milchpulver und Gewürze in einer Schüssel vermengen. Das Fleisch zufügen und alles gut durchkneten. Zu vier flachen, 2 cm dicken Frikadellen formen. Auf beiden Seiten in einer Pfanne anbraten, das ausgetretene Fett weggießen. Zwiebeln in die Pfanne geben und kurz mitbraten. Inzwischen

Tomatensauce und Wein verrühren, in die Pfanne gießen. Zugedeckt bei schwacher Hitze etwa 10 Minuten schmoren lassen. Die Paprikastreifchen darüberstreuen, Deckel aufsetzen und die Frikadellen noch 10 Minuten weitergaren.

## Kalbssteaks mit Champignonsauce

Ergibt 4 Portionen
Pro Portion 290 kcal/1214 kJ

*340 g Kalbsschlegel ohne Knochen*
*2 TL Butter*
*1 ½ TL Worcestersauce*
*1 Knoblauchzehe, fein gehackt*
*1 mittelgroße Zwiebel, in Ringe geschnitten*
*140 g Champignons, blättrig geschnitten*
*80 ml Rindfleischbrühe*
*1 EL Zitronen- oder Limettensaft*
*2 TL Maisstärke*
*60 ml kaltes Wasser*
*200 g gekochte Vollkornnudeln (= 100 g ungekochte)*
*Zitronen- oder Limettenachtel*

Vom Fleisch alles sichtbare Fett sorgfältig wegschneiden. Das Fleisch in vier Stücke schneiden und zu etwa ½ cm dicken Steaks flachklopfen. Butter in einer Pfanne erhitzen. Worcestersauce, Knoblauch und Zwiebelringe hineingeben und bei mittlerer Hitze braten, bis die Zwiebeln glasig sind. Dann die Steaks hineinlegen und beidseitig anbräunen. Die Champignons darübergeben, Brühe und Zitronensaft zugießen. Hitze herunterschalten. Zugedeckt etwa 5 Minuten schmoren, bis das Fleisch gar ist. Maisstärke in Wasser verrühren und in die Sauce einrühren. Bei starker Hitze durchrühren, bis die Sauce andickt und Blasen wirft. Über frisch gekochten Vollkornnudeln anrichten, mit Zitronenachteln garnieren.

## Gemüsetopf mit Kalbfleisch

Ergibt 6 Portionen
Pro Portion 311 kcal/1302 kJ

*2 TL Butter*
*575 g Kalbfleisch ohne Knochen, in 2,5 cm große Würfel geschnitten*
*2 kleine Knoblauchzehen, fein gehackt*
*½ mittelgroße Zwiebel, gehackt*
*420 ml Brühe*
*3 EL Weißwein*
*2 mittelgroße Kartoffeln, gewürfelt*
*2 mittelgroße Möhren, in Scheiben geschnitten*
*100 g Erbsen, frisch oder tiefgefroren*
*140 g Champignons, halbiert*
*2 EL feingewiegte Petersilie*
*1 TL Majoran*
*1 EL Maisstärke*
*2 EL Wasser*

Butter in einem großen Topf erhitzen, Fleisch, Knoblauch und Zwiebel darin anbräunen. Brühe und Weißwein zugießen, zum Kochen bringen. Hitze herunterschalten, Deckel aufsetzen und das Fleisch 30 Minuten köcheln lassen. Dann die Gemüse hineingeben, Petersilie und Majoran darüberstreuen und zugedeckt weitere 30 Minuten köcheln lassen, bis das Fleisch gar und die Gemüse weich sind. Alles an der Oberfläche schwimmende Fett sorgfältig abnehmen. Die Maisstärke mit Wasser verrühren und zufügen, den Eintopf unter Rühren sämig werden lassen.

## Fisch-Gemüsetopf

Ergibt 4 Portionen
Pro Portion 201 kcal/841 kJ

*2 mittelgroße Kartoffeln, gewürfelt (nicht schälen!)*
*1 mittelgroße Möhre, in ½ cm dicke Scheiben geschnitten*
*1 Selleriestange, gehackt*
*1 Zwiebel, in ½ cm dicke Scheiben geschnitten*
*1 ½ EL Butter*
*1 TL Dill*
*1 TL Basilikum*
*½ TL Rosmarin*
*¼ TL Salz*
*¼ TL schwarzer Pfeffer*
*450 g Fischfilet*
*1 EL Zitronensaft*
*1 mittelgroße, grüne Paprikaschote, fein gehackt*
*1 mittelgroße Tomate, klein geschnitten*

Kartoffeln, Möhre, Sellerie und Zwiebel in eine 20 cm große, quadratische Auflaufform schichten. Butter zerlassen, Dill, Basilikum, Rosmarin, Salz und Pfeffer unterrühren. Die Hälfte der gewürzten Butter über die Gemüse träufeln. Zugedeckt in den auf 220 °C vorgeheizten Backofen schieben und 25 Minuten backen.
Fischfilet auf das Gemüse legen und mit Zitronensaft beträufeln. Die restliche gewürzte Butter darübergeben und mit den Paprikastückchen bestreuen. Zugedeckt noch etwa 15 Minuten garen, bis sich der Fisch mit der Gabel zerpflücken läßt. Dann die Tomatenstücke darübergeben und noch 5 Minuten weitergaren, bis die Tomate heiß und die Gemüse weich sind.

## Grillfisch in Tomatenmarinade

Ergibt 8 Portionen
Pro Portion 104 kcal/435 kJ

*900 g Fischfilet*
*160 ml Tomatensaft*
*3 EL Essig*
*1 ¼ TL Paprikapulver*
*1 kräftige Prise Salz*
*1 kräftige Prise schwarzer Pfeffer*

Fischfilet in 8 Stücke zerteilen und in eine flache Auflaufform legen. Die restlichen Zutaten verrühren und über den Fisch gießen. Zugedeckt 1 Stunde im Kühlschrank durchziehen lassen, dabei einmal wenden. Fisch herausheben und auf den Grillrost legen, mit Marinade einpinseln und 4–5 Minuten unter den vorgeheizten Grill schieben, etwa 10 cm unterhalb der Grillstäbe. Fisch wenden, nochmals mit Marinade bepinseln und in 4–5 Minuten fertiggrillen, der Fisch soll sich leicht mit der Gabel zerpflükken lassen.

## Scholle mit Frühlingskräutern

Ergibt 4 Portionen
Pro Portion 115 kcal/481 kJ

*450 g Schollenfilet (oder Flunder)*
*1 EL Butter oder Öl*
*1 Zitrone*
*je 1 TL getrocknete Petersilie, Schnittlauch und Rosmarin*

Butter zerlassen und in eine flache, feuerfeste Form gießen. Fisch darauflegen. Zitrone halbieren, aus einer der Hälften etwa 1 EL Saft auspressen und über den Fisch träufeln. Mit den Kräutern bestreuen. Restliche Zitrone in dünne Scheiben schneiden und den Fisch damit belegen. Im vorgeheizten Backofen bei 250 °C etwa 12–15 Minuten garen, bis sich der Fisch leicht mit der Gabel zerpflücken läßt.

## Fischfilet auf italienische Art

Ergibt 8 Portionen
Pro Portion 109 kcal/456 kJ

*Backspray oder etwas Öl*
*900 g Fischfilet*
*60 ml Tomatensaft, ohne Salz hergestellt*
*3 EL Steaksauce*
*1 ½ EL Salatdressing nach italienischer Art*
*1 kräftige Prise Currypulver*
*1 Spritzer scharfe Chilisauce*

Grillrost mit Backspray einsprühen oder dünn mit Öl einpinseln. Fischfilet darauflegen, Fettpfanne darunterschieben. Die restlichen Zutaten vermengen und die Hälfte dieser Sauce über den Fisch gießen. 4–5 Minuten unter den vorgeheizten Grill schieben, dann den Fisch wenden, mit der restlichen Sauce beträufeln und weitere 4–5 Minuten grillen, bis sich der Fisch leicht mit der Gabel zerpflücken läßt.

## Heilbutt mit Gemüse

Ergibt 8 Portionen
Pro Portion 137 kcal/573 kJ

*900 g Heilbuttfilet*
*Backspray oder Öl*
*2 kleine Zwiebeln, in dünne Scheiben geschnitten*
*200 g Champignons, gehackt*
*1 kleine Tomate, gehackt*
*½ grüne Paprikaschote, gehackt*
*4 EL feingewiegte Petersilie*
*3 EL frische Peperoni, gehackt*
*80 ml trockener Weißwein*
*2 EL Zitronen- oder Limettensaft*
*1 TL Salz*
*¼ TL Dill*
*1 kräftige Prise Pfeffer*
*Zitronen- oder Limettenrädchen zum Garnieren*

Heilbuttfilet in 8 Stücke zerteilen. Feuerfeste Form mit Backspray einsprühen oder dünn mit Öl auspinseln. Boden der Form mit Zwiebelscheibchen auskleiden, Fisch darauflegen. Champignons, Tomate, Paprikaschote, Petersilie und Peperoni vermischen und über den Fisch geben. Weißwein mit Zitronensaft und Gewürzen verrühren und darübergießen. Im vorgeheizten Backofen bei 180°C etwa 25 Minuten garen, bis sich der Fisch leicht mit der Gabel zerpflücken läßt. Mit Zitronen- oder Limettenrädchen garnieren.

## Krabben-Jambalaya

Ergibt 6 Portionen
Pro Portion 283 kcal/1185 kJ

*2 EL Butter*
*4 Frühlingszwiebeln, gehackt*
*½ kleine, grüne Paprikaschote, klein gewürfelt*
*1 Knoblauchzehe, fein gehackt*
*2 EL Vollkornmehl*
*1 400g-Dose Tomaten, abgetropft*
*180 g gekochter Schinken, gewürfelt*
*120 ml Wasser*
*2 Lorbeerblätter*
*½ TL Thymian*
*½ TL Basilikum, ¼ TL Dill*
*¼ TL zerdrückte rosa Pfefferkörner*
*¼ TL Salz*
*1 kräftige Prise schwarzer Pfeffer*
*1 Spritzer Tabasco*
*200 g ungekochter Naturreis, gewaschen und abgetropft*
*450 g rohe Krabben, geschält*

Butter in einem Topf erhitzen, Frühlingszwiebeln, Paprika und Knoblauch darin weich dünsten. Alle weiteren Zutaten bis auf die Krabben hineingeben, gut vermengen und zum Kochen bringen. Hitze sofort herunterschalten. Etwa 30 Minuten köcheln lassen, dabei häufig umrühren. Krabben zufügen und weitere 15 Minuten köcheln lassen, bis Reis und Krabben gar sind.
*Hinweis:* Falls Sie nur gekochte Krabben erhalten, diese unter den fertigen Reis mischen, 1–2 Minuten ziehen lassen und das Gericht sofort servieren.

## Muschelspießchen mit Sesam

Ergibt 6 Portionen
Pro Portion 174 kcal/728 kJ

*3 EL Sherry*
*2 EL Öl*
*1 EL Sesamsamen, zerdrückt*
*2 TL geriebene Zwiebel*
*1 Knoblauchzehe, zerquetscht*
*¼ TL Salz*
*1 kräftige Prise Pfeffer*
*450 g große, frische Jakobsmuscheln*
*1 grüne Paprikaschote, in größere Stücke geschnitten*
*1 rote Paprikaschote, in größere Stücke geschnitten*
*1 200g-Dose ungesüßte Ananasstücke, abgetropft*
*12 Kirschtomaten*

In einer großen Schüssel Sherry, Öl, Sesam, Zwiebel, Knoblauch, Salz und Pfeffer gut miteinander verrühren. Muscheln und Paprikastücke in die Marinade einlegen und 3–4 Stunden im Kühlschrank ziehen lassen, gelegentlich wenden. Muscheln, Paprika- und Ananasstücke in bunter Reihe auf 6 Spießchen stecken. In eine flache, feuerfeste Form legen und die Marinade darübergießen. Backofen auf 220°C vorheizen und die Spießchen etwa

10 Minuten braten, bis die Muscheln durchgegart sind, die Spießchen dabei ein paarmal wenden. Auf die beiden Enden der Spießchen je 1 Kirschtomate stecken und noch 5 Minuten im Ofen weitergaren.

## *Gemüse*

### Blattspinat mit Mayonnaise

Ergibt 3 Portionen
Pro Portion 44 kcal/184 kJ

*340 g frischer Spinat*
*120 ml Brühe*
*2 EL Mayonnaise*
*3 EL feingewiegte Zwiebel*

Spinat waschen und putzen. Mit den restlichen Zutaten in einen Topf geben und aufkochen lassen. Hitze sofort herunterschalten und den Spinat ohne Deckel noch so lange köcheln lassen, bis der Großteil der Flüssigkeit verdampft ist.

### Rosenkohl mit Kräutern und Knoblauch

Ergibt 4 Portionen
Pro Portion 70 kcal/293 kJ

*340 g Rosenkohl, frisch oder tiefgefroren*
*1 kleine Zwiebel, in dünne Scheiben geschnitten*
*2 ½ TL Butter*
*1 Knoblauchzehe, fein gehackt*
*¼ TL Thymian*
*¼ TL Origano*
*1 kräftige Prise Salz*
*1 kräftige Prise schwarzer Pfeffer*

Rosenkohl und Zwiebel über kochendem Wasser etwa 20 Minuten dämpfen, bis das Gemüse weich ist. Butter in einem Topf erhitzen, Knoblauch darin anrösten. Den Rosenkohl samt Zwiebel hineingeben, die Kräuter und Gewürze darüberstreuen. Noch 4 Minuten schmoren, bis alles gut erhitzt ist, ab und zu umrühren.

### Würziges Bohnengemüse

Ergibt 3 Portionen
Pro Portion 47 kcal/197 KJ

*340 g frische grüne Bohnen*
*180 ml Tomatensaft, ohne Salz hergestellt*
*2 EL gehackte Zwiebel*
*1 TL Origano*
*½ TL Basilikum*
*¼ TL Knoblauchpulver*
*¼ TL Salz*
*1 kräftige Prise Pfeffer*
*1 EL geriebener Pecorinokäse*

Bohnen waschen und putzen, in 2,5 cm lange Stücke schneiden. In einen Topf geben, Tomatensaft, Zwiebel und Gewürze zufügen und alles zum Kochen bringen. Hitze sofort herunterschalten, die Bohnen zugedeckt 5 Minuten köcheln lassen. Deckel abnehmen und noch so lange weiterköcheln, bis die Bohnen gar sind. Mit Käse überstreuen.

## Erbsengemüse

Ergibt 4 Portionen
Pro Portion 54 kcal/226 kJ

*250 g tiefgefrorene Erbsen*
*100 g frische Zuckererbsen mit Schoten*
*1 kleine Zwiebel, in dünne Scheiben geschnitten*
*1 TL Basilikum*

Die gefrorenen Erbsen nach Packungsanweisung garen. Gleichzeitig die Zuckererbsenschoten mit den Zwiebelscheiben über heißem Wasser weich dämpfen. Die gegarten Schoten und Zwiebeln mit den Erbsen mischen. Mit Basilikum würzen und sofort servieren.

## Möhren in fruchtiger Sauce

Ergibt 1 Portion
Pro Portion 52 kcal/218 kJ

*130 g Möhren, 60 ml Wasser*
*1 EL frisch gepreßter Orangensaft*
*2 TL frisch gepreßter Zitronensaft*
*2 Zitronenrädchen*
*4 Orangenrädchen*

Möhren der Länge nach vierteln, in 2,5 cm lange Abschnitte teilen. Das Wasser in einem kleinen Topf zum Kochen bringen, die Möhren hineingeben, Hitze sofort herunterschalten, die Möhren zugedeckt bißfest kochen. Den Fruchtsaft einrühren. Die Zitronen- und Orangenrädchen auf die Möhren legen, den Deckel wieder aufsetzen und noch 2–3 Minuten weitergaren.

## Chinesische Reispfanne

Ergibt 8 Portionen
Pro Portion 92 kcal/385 kJ

*480 ml Wasser*
*200 g ungekochter Naturreis*
*Backspray oder etwas Öl*
*2 Eier, verquirlt*
*2 große Zwiebeln, gehackt*
*2 TL Öl*
*60 ml Wasser*
*2 Selleriestangen, gehackt*
*½ grüne Paprikaschote, klein geschnitten*
*1 Knoblauchzehe, fein gehackt*
*3 Frühlingszwiebeln, gehackt*

Das Wasser zum Kochen bringen, Reis einstreuen und die Hitze herunterschalten. 40–45 Minuten köcheln lassen, bis der Reis weich ist. Abtropfen lassen. Eine große Pfanne mit Backspray einsprühen oder dünn mit Öl einpinseln. Die Eier hineinfließen lassen und bei schwacher Hitze, ohne zu rühren, fest werden lassen. Aus der Pfanne nehmen, mit zwei Gabeln zerpflükken und beiseite stellen. Zwiebeln mit dem Öl in der Pfanne anbräunen. Wasser, Sellerie, Paprika, Knoblauch und Frühlingszwiebeln zufügen, kurz aufkochen lassen. Den gekochten Reis unterrühren, Hitze herunterschalten, 1 Minute durchbraten. Ei untermischen, Pfanne vom Herd nehmen. Das Gericht zugedeckt noch 5 Minuten durchziehen lassen.

## Reis »Tropica«

Ergibt 4 Portionen
Pro Portion 106 kcal/444 kJ

*200 g Naturreis*
*480 ml Brühe*
*½ mittelgroße Zwiebel, in dünne Scheiben geschnitten*
*1 EL Kokosraspel, geröstet*

Reis waschen und gut abtropfen lassen. Brühe mit der Zwiebel in einen Topf geben und zum Kochen bringen. Reis einstreuen und die Hitze sofort herunterschalten. 40–50 Minuten köcheln lassen, bis der Reis weich ist. Abtropfen lassen und mit gerösteten Kokosraspeln bestreuen.

## Röstkartoffeln aus dem Ofen

Ergibt 4 Portionen
Pro Portion 115 kcal/481 kJ

*4 mittelgroße Kartoffeln, ungeschält*
*1 EL Öl*
*1 kräftige Prise Knoblauchpulver*
*1 kräftige Prise Zwiebelpulver*
*1–1 ½ TL Paprikapulver (nach Belieben)*
*Salz und Pfeffer zum Abschmecken*

Kartoffeln der Länge nach achteln. Eine flache, feuerfeste Form mit Folie auskleiden. Die Kartoffeln hineingeben, mit Öl beträufeln und mit den Gewürzen bestreuen, gut darin wenden, damit sie ringsum schön eingeölt und gewürzt sind. Backofen auf 160 °C vorheizen und die Kartoffeln 1 Stunde darin garen. Sie können sie auch bei höherer Temperatur rösten, dann sind sie schneller gar. Nachwürzen, falls nötig.

# *Nachspeisen*

## Kokos-Ananas-Pie

Ergibt 8 Stück
Pro Stück 139 kcal/582 kJ

*1 EL Butter, 100 g Kokosraspel*
*1 400g-Dose Ananas, ungesüßt*
*1 Päckchen gemahlene Gelatine*
*400 g Orangenjoghurt*

Backofen auf 160 °C vorheizen. Butter zerlassen. Kokosraspel in eine 22 cm große Pieform schütten, mit der Butter beträufeln und gut verkneten. Gegen Boden und Seiten der Form pressen. 15 Minuten backen, bis der Teigboden goldgelb ist. Auf einem Kuchengitter auskühlen lassen.
Inzwischen Ananas abgießen, Saft auffangen, Fruchtfleisch zerdrükken. Den Saft mit Wasser auf 180 ml Flüssigkeit auffüllen. Die Gelatine in einem kleinen Topf in etwas Wasser einweichen. Bei sehr schwacher Hitze unter ständigem Rühren auflösen. Vom Herd ziehen und kühl stellen, bis sie so fest wie rohes Eiweiß ist, dann schaumig schlagen. Joghurt und Ananas untermischen, in den kalten Teigboden gießen. Im Kühlschrank erstarren lassen.

## Melonensorbet

Ergibt 6 Portionen
Pro Portion 61 kcal/255 kJ

*1 mittelgroße Honigmelone oder andere Melone*
*1 TL gemahlene Gelatine*
*2 EL Wasser*
*2 EL Limetten- oder Zitronensaft*
*2 EL Honig*
*Limetten- oder Zitronenspiralen zum Garnieren*

Melone würfeln. Gelatine in dem Wasser in einem Glasschälchen einweichen. Dann das Schälchen ins Wasserbad stellen und die Gelatine unter ständigem Rühren erhitzen, bis sie sich aufgelöst hat. Ein Viertel der Melonenwürfel mit Limetten- oder Zitronensaft, Honig und der Gelatinemischung in den Mixer geben, das Gerät 30 Sekunden auf höchster Stufe laufen lassen. Restliche Melonenwürfel zufügen und zu einer glatten Creme pürieren. In eine 20 cm große, quadratische Form gießen, ins Gefrierfach oder in die Tiefkühltruhe stellen. Wenn die Masse fest ist, aus der Form lösen und in eine gekühlte Schüssel umfüllen. Mit einem Rührgerät auf höchster Stufe glatt pürieren. Zurück in die Form geben und so lange ins Gefrierfach stellen, bis das Sorbet fest ist (das dauert mehrere Stunden). Vor dem Servieren etwa 15 Minuten bei Zimmertemperatur stehen lassen. Auf 6 Dessertschälchen verteilen. Mit Limetten- oder Zitronenspiralen garnieren.

## Nuß-Früchtebrot

Ergibt 2 Brote mit je 15 Scheiben
Pro Scheibe 92 kcal/385 kJ

*350 g Weizenvollkornmehl*
*35 g Kleie oder Bran Flakes*
*2 EL Weizenkeime*
*2 TL Backpulver*
*1 Prise Salz*
*1 Ei, verquirlt*
*400 g Ananasjoghurt*
*60 ml Magermilch*
*2 EL Öl*
*2 EL Melasse, 2 EL Honig*
*1 EL Limetten- oder Zitronensaft*
*120 g Rosinen*
*60 g Pekannüsse, gehackt*
*60 g Datteln, gehackt*
*Backspray oder Fett für die Form*

Das Mehl in eine große Schüssel geben und mit Kleie, Weizenkeimen, Backpulver und Salz vermischen. In einer zweiten Schüssel Ei, Joghurt, Milch, Öl, Melasse, Honig und Limetten- bzw. Zitronensaft verrühren, nach und nach in die Mehlmischung einarbeiten. Zum Schluß die Rosinen, Nüsse und Datteln unterrühren. Zwei 18 cm lange Kastenformen mit Backspray einsprühen oder leicht einfetten. Den Teig in die Form füllen. Backofen auf 160 °C vorheizen und die Brote darin etwa 1 Stunde backen, bis an einem in der Mitte eingestochenen Holzstäbchen nichts mehr hängen bleibt. Brote 15 Minuten abkühlen lassen, dann aus den Formen lösen. Auf einem Kuchengitter völlig erkalten lassen. Gut eingewickelt über Nacht stehen lassen, dann erst anschneiden.

## Weiche Rosinenkekse

Ergibt 50 Kekse
Pro Keks 30 kcal/125 kJ

*4 EL Butter*
*70 g Rohzucker*
*1 ½ TL Vanille-Essenz*
*1 Ei*
*175 g Weizenvollkornmehl*
*½ TL Backpulver*
*¼ TL Salz*
*½ TL Zimt*
*70 g Rosinen*

Backofen auf 190 °C vorheizen. Butter mit Zucker, Vanille-Essenz und Ei schaumig rühren. Mehl mit Backpulver, Salz und Zimt vermischen und langsam zur Buttermischung geben. Rosinen unterrühren. Je einen gestrichenen Teelöffel der Teigmischung auf ein beschichtetes, ungefettetes oder mit Backpapier ausgelegtes Backblech setzen. Etwa 8 Minuten backen, bis die Kekse goldbraun sind.

## Apfel-Nuß-Schnitten

Ergibt 20 Schnitten
Pro Schnitte 85 kcal/356 kJ

*70 g Kleie oder Bran Flakes*
*50 g Weizenkeime*
*60 g Magermilchpulver*
*½ TL Backpulver*
*1 kräftige Prise Salz*
*2 Eier, verquirlt*
*100 g Rohzucker*
*1 mittelgroßer Apfel, mit der Schale gerieben*
*2 EL Öl*
*1 EL dunkle Melasse*
*1 ¾ TL Vanille-Essenz*
*40 g Pekannüsse oder Walnüsse, gehackt*
*Backspray oder etwas Öl*

Kleie, Weizenkeime, Milchpulver, Backpulver und Salz in einer großen Schüssel vermischen. In einer zweiten Schüssel die Eier mit Zukker, geriebenem Apfel, Öl, Melasse und Vanille-Essenz verrühren. Eimischung nach und nach zur Kleiemischung geben, gut einarbeiten. Nüsse zufügen. Eine 23 cm große viereckige Backform mit Backspray einsprühren oder dünn mit Öl auspinseln. Teig darin verteilen und im vorgeheizten Backofen bei 180 °C etwa 25 Minuten backen. Erkalten lassen, in 20 Quadrate schneiden.

# *Cracker und Frühstückskuchen*

## Vollkorn-Frühstückspfannkuchen

Ergibt 8 Portionen
Pro Portion 87 kcal/364 kJ

*175 g Weizenvollkornmehl*
*2¼ TL Backpulver*
*¼ TL Salz*
*1 Ei, 300 ml Magermilch*
*Backspray oder Öl*

In einer Rührschüssel Mehl, Backpulver und Salz gut vermischen. In einer zweiten Schüssel Ei mit Milch verschlagen und in die Mehlmischung einrühren, so daß ein Teig entsteht, der ruhig Klümpchen haben darf. Beschichtete Pfanne mit Backspray einsprühen oder dünn mit Öl einpinseln, bei Mittelhitze heiß werden lassen. Teig löffelweise hineingeben und zu etwa 10 cm großen Pfannkuchen auseinanderlaufen lassen. Hitze herunterschalten und die Pfannkuchen backen, bis sich oben Bläschen bilden. Wenden und fertigbacken, bis die Unterseite goldbraun ist.

## Hafercracker

Ergibt 72 Cracker
Pro Cracker 19 kcal/79 kJ

*70 g Instant-Haferflocken*
*50 g Weizenmehl Type 405*
*50 g Weizenvollkornmehl*
*35 g Weizenkeime*
*1 TL Backpulver, 1 EL Zucker*
*1 EL Sesamsamen, zerdrückt*
*½ TL Knoblauchpulver*
*1 kräftige Prise Salz*
*4 EL Butter, gut gekühlt*
*120 ml kaltes Wasser*

Haferflocken in der Getreidemühle oder im Mixer fein mahlen, in eine große Schüssel schütten. Mehl, Weizenkeime, Backpulver, Zucker, Sesam, Knoblauchpulver und Salz zufügen, alles gut vermischen. Butter in Flöckchen schneiden und mit den Fingerspitzen unter das Mehl reiben, bis ein grobkörniger Teig entsteht. Nach und nach kaltes Wasser unterkneten, bis sich ein fester Teig bildet. Zu einer etwa 22 cm langen Rolle formen. In Plastikfolie wickeln und mindestens 3 Stunden kalt stellen. Backblech mit Backpapier oder Folie auskleiden, nicht fetten. Von der Teigrolle vorsichtig 3 mm dicke Scheiben abschneiden. Scheiben mit etwas Abstand aufs Blech setzen und mit den Zinken einer Gabel noch weiter flachdrücken, bis hauchdünne Cracker entstehen. In den auf 190 °C vorgeheizten Backofen schieben und etwa 12 Minuten backen, bis die Ränder schön gebräunt sind. Auf einem Kuchengitter auskühlen lassen.

## Obstmichel

Ergibt 6 Portionen
Pro Portion 207 kcal/866 kJ

*70 g Weizenmehl Type 405*
*70 g Weizenvollkornmehl*
*½ TL Backpulver, ½ TL Salz*
*240 ml Magermilch, 5 Eier*
*2 TL Öl*
*500 g beliebiges frisches Obst, in Scheiben geschnitten*

Backofen auf 220 °C vorheizen. Mehl mit Backpulver und Salz in eine Schüssel sieben. Milch einrühren, Eier einzeln unterschlagen. Das Öl in einer großen Pfanne mit feuerfestem Griff erhitzen. Teig hineingießen und 1 Minute backen. Dann die Pfanne in den Ofen schieben und den Teig ohne Deckel 20 Minuten backen, bis er goldbraun ist. Das Obst darauf verteilen, in 6 Stücke schneiden.

# 13 Nachwort

Erinnern Sie sich an die acht kleinen Worte – meine Zauberformel gegen Übergewicht?

**Essen Sie weniger fett und bewegen Sie sich!**

Sollten Sie mehr Gewicht zu verlieren haben, als Sie in den 21 Diättagen schaffen, wiederholen Sie die Intervall-Diät eben mehrmals. Dann wenden Sie die Zauberformel täglich an, und das für immer. Wenn Sie nicht gerne laufen, suchen Sie sich eben einen anderen Sport, bei dem Sie sich rasch bewegen. Und schärfen Sie sich meine Ausführungen über Fett in der Ernährung gut ein: *Sie können nicht fett werden, wenn Sie nicht fett essen!*

Vergessen Sie bitte auch nicht, daß ich gerne von Ihnen hören würde, wenn Sie die Intervall-Diät beendet haben (siehe Anhang B). Schreiben Sie mir und erzählen Sie mir, welche Erfahrungen Sie mit der Intervall-Diät gemacht haben. Vielleicht nehmen Sie auch an unserer Folgestudie teil. Ihnen könnte das dabei helfen, Ihr Wunschgewicht zu erhalten, und uns wird es in unseren Forschungen über die Effektivität der Intervall-Diät weiterbringen.

Jetzt kann ich Ihnen nur noch viel Erfolg wünschen! Ich würde mich freuen, von Ihnen zu hören.

# Anhang A
# Kleine Kalorientabelle A–Z

| Nahrungsmittel | kcal | kJ |
|---|---|---|
| Ahornsirup, 1 EL | 50 | 209 |
| Alse (feiner Heringsfisch), gebacken, 100 g | 201 | 841 |
| Ananas (Dose), 1 Scheibe (37 g) | 35 | 146 |
| Ananas, frisch, 100 g | 56 | 234 |
| Apfel, mittelgroß, mit Schale | 80 | 335 |
| Apfelmus, 100 g | 79 | 331 |
| Apfelsaft, 200 ml | 84 | 352 |
| Aprikosen, getrocknet, 4 große Hälften | 59 | 247 |
| Aprikosen, roh, 3 Stück | 55 | 230 |
| Artischocke, 1 Stück von 200 g, gekocht | 120 | 502 |
| Artischockenherzen, tiefgefroren oder aus der Dose, 5 kleine (75 g) | 20 | 84 |
| Aubergine, 1 Stück, 250 g | 60 | 251 |
| Austern, roh, 1 mittelgroße | 7 | 29 |
| Avocado, ½ mittelgroße | 185 | 774 |
| Backpflaumen, ohne Zucker gekocht, 5 Stück | 119 | 498 |
| Backpulver, 1 TL | 5 | 21 |
| Bambussprossen, Glas, 220 g | 20 | 84 |
| Banane, ½ kleine | 41 | 171 |
| Barbecuesauce, 1 EL | 15 | 63 |
| Birne, 1 mittelgroße (150 g) | 80 | 335 |
| Birnenkompott (Dose), ungesüßt, 100 g | 30 | 126 |
| Bismarckhering, 100 g | 203 | 850 |
| Blauschimmelkäse, 25 g | 100 | 419 |
| Blumenkohl, 100 g | 26 | 108 |

| Nahrungsmittel | kcal | kJ |
|---|---|---|
| Bohnen, grüne, 100 g | 33 | 138 |
| Bohnen, rote Kidney-, 100 g (Dose) | 120 | 502 |
| Bohnen, weiße, gekocht, 100 g | 118 | 494 |
| Bohnensprossen, 100 g | 29 | 121 |
| Brandteigkrapfen, ohne Füllung, 1 mittelgroßer | 112 | 469 |
| Brokkoli, gekocht, 100 g | 33 | 138 |
| Brombeeren, frische, 100 g | 60 | 251 |
| Brot, Vollkorn-, 1 Scheibe (45 g) | 105 | 439 |
| Brot, Weiß-, 1 Scheibe (40 g) | 103 | 431 |
| Brötchen, 1 Stück, 50 g | 140 | 586 |
| Buchweizenmehl, hell, gesiebt, 100 g | 369 | 1545 |
| Bündner Fleisch, 100 g | 264 | 1105 |
| Butter, 1 EL | 102 | 427 |
| Buttermilch, 250 ml | 90 | 377 |
| Carobe (Johannisbrotmehl), 25 g | 50 | 209 |
| Cashewnüsse, 100 g | 604 | 2529 |
| Champignons (Dose), in Scheiben, 100 g | 25 | 105 |
| Champignons, frische, 100 g | 24 | 100 |
| Cheddar-Käse, 2,5 cm großer Würfel | 68 | 285 |
| Chicorée, 100 g | 16 | 67 |
| Chilisauce, 1 EL | 16 | 67 |
| Chinakohl, 100 g | 12 | 52 |
| Chutney, 1 EL | 53 | 222 |
| Clementine, 1 mittelgroße | 40 | 167 |
| Coca Cola, 200 ml | 86 | 361 |
| Corned Beef, 100 g | 400 | 1674 |
| Crabmeat, 100 g | 116 | 485 |
| Cracker, 1 Stück | 15 | 63 |
| Cracker, Vollkorn-, 1 Stück | 16 | 67 |
| Currypulver, 1 EL | 12 | 50 |
| Dickmilch, 1,5% Fett, 100 g | 67 | 280 |
| Doppelrahmfrischkäse, 70% Fett, 100 g | 325 | 1360 |
| Ei, 1, Gewichtsklasse 4, 57 g | 82 | 344 |
| Eigelb, Gewichtsklasse 4, 17 g | 60 | 252 |

| **Nahrungsmittel** | **kcal** | **kJ** |
|---|---|---|
| Eiscreme, 100 g | 205 | 858 |
| Eissalat, 100 g | 15 | 63 |
| Eiweiß, Gewichtsklasse 4, 31 g | 15 | 63 |
| Emmentaler, 25 g | 104 | 435 |
| Endiviensalat, 100 g | 17 | 71 |
| Erbsen, grün, 100 g | 93 | 389 |
| Erdbeeren, 100 g | 37 | 155 |
| Erdnußmus, 1 EL | 94 | 393 |
| Erdnüsse, ohne Öl geröstet, 100 g | 680 | 2848 |
| Erdnüsse, roh, geschält, 100 g | 620 | 2596 |
| Essig, 1 EL | 2 | 8 |
| Feigen, frische, 1 kleine | 30 | 125 |
| Felchen, gebacken, 100 g | 177 | 741 |
| Felchen, geräuchert, 100 g | 177 | 741 |
| Fenchel, 100 g | 50 | 109 |
| Filetsteak, mager, 100 g | 126 | 527 |
| Flunder, gegart, 100 g | 95 | 397 |
| Forelle, ohne Gräten, gegart, 100 g | 125 | 523 |
| Frankfurter Würstchen, 100 g | 258 | 1080 |
| Frischkäse, körniger, 1% Fett, 100 g | 67 | 280 |
| Frischkäse, vollfett, 25 g | 106 | 444 |
| Frühlingszwiebeln, 3 kleine | 14 | 59 |
| Frühstücksspeck, 1 dünne Scheibe, knusprig gebraten und entfettet | 30 | 125 |
| Gelatine, gemahlen, 1 EL | 23 | 96 |
| Ginger Ale, 200 ml | 56 | 234 |
| Glutenmehl, 25 g | 108 | 452 |
| Grapefruit, ½ | 55 | 230 |
| Grapefruitspalten, 100 g | 37 | 156 |
| Gruyère, 25 g | 115 | 481 |
| Grünkohl, 100 g | 58 | 243 |
| Gurke, 100 g | 10 | 42 |
| Gurken, saure, 100 g | 14 | 59 |

| Nahrungsmittel | kcal | kJ |
|---|---|---|
| Harzer Käse, 10% Fett, 100 g | 134 | 561 |
| Haselnüsse, 100 g | 694 | 2906 |
| Hefe, Bäcker-, 20 g | 20 | 84 |
| Hefe, getrocknet, 1 EL | 23 | 96 |
| Heidelbeeren, frische, 100 g | 60 | 251 |
| Heilbutt, gegart, 100 g | 114 | 477 |
| Himbeeren, frische, 100 g | 40 | 167 |
| Himbeeren, tiefgefroren, gezuckert, 100 g | 111 | 465 |
| Honig, 1 EL | 64 | 268 |
| Honigmelone, ⅛ | 50 | 209 |
| Hummer, gekocht, 100 g | 104 | 436 |
| Hähnchenfleisch, gekocht, ohne Haut, 100 g | 172 | 720 |
| Ingwer, geschält, 25 g | 14 | 59 |
| Jakobsmuscheln, roh, 100 g | 92 | 385 |
| Joghurt, Magerstufe, 0,3% Fett, 100 g | 38 | 160 |
| Kabeljau, gegart, 100 g | 89 | 372 |
| Kaffeesahne, 10%, 1 EL | 13 | 54 |
| Kakaopulver, 1 EL | 14 | 59 |
| Kakipflaumen, 100 g | 73 | 306 |
| Kalbfleisch, mager, gegart, 100 g | 220 | 921 |
| Kalbsbries, gegart, 100 g | 188 | 787 |
| Kalbslende, gebraten, 100 g | 270 | 1130 |
| Kartoffelchips, 10 Stück | 113 | 473 |
| Kartoffeln, 1 mittelgroße (120 g) | 88 | 368 |
| Kaviar, 25 g | 75 | 314 |
| Ketchup, 1 EL | 16 | 67 |
| Kirschen, 100 g | 64 | 268 |
| Kleie-Frühstücksflocken (Bran Flakes usw.), ohne weitere Zutaten, 25 g | 95 | 398 |
| Knoblauch, 25 g | 39 | 163 |
| Kohlrabi, 100 g | 26 | 109 |
| Kokosnuß, 100 g | 399 | 1671 |
| Kopfsalat, 1 mittelgroßer | 23 | 96 |
| Krabben, geschält, 100 g | 103 | 431 |

| Nahrungsmittel | kcal | kJ |
|---|---|---|
| Kürbis, 100 g | 28 | 117 |
| Kürbis- und Squashkerne, 100 g | 555 | 2324 |
| Lachs, gegart, 100 g | 208 | 870 |
| Lachs, geräuchert, 100 g | 200 | 836 |
| Lammfleisch, mager, gegart, 100 g | 210 | 878 |
| Lauch, 100 g | 60 | 250 |
| Leber vom Hähnchen, roh, 100 g | 146 | 610 |
| Leber vom Kalb, roh, 100 g | 160 | 670 |
| Limabohnen, 50 g (Dose) | 70 | 293 |
| Limette, 1 Stück | 19 | 79 |
| Linsen, gekocht, 100 g | 354 | 1482 |
| Löwenzahnblätter, roh, 100 g | 38 | 160 |
| Maiskolben, 1 mittelgroßer | 74 | 310 |
| Maiskörner, 100 g | 107 | 448 |
| Maismehl, gesiebt, 100 g | 376 | 1574 |
| Maisstärke, 1 EL | 30 | 125 |
| Makkaroni, gekocht, 100 g | 156 | 652 |
| Makrele, geräuchert, 100 g | 238 | 996 |
| Mandarinen (Dose), ungesüßt, 100 g | 59 | 247 |
| Mandeln, 100 g | 651 | 2726 |
| Mango, 100 g | 63 | 263 |
| Margarine, halbfett, 1 EL | 50 | 209 |
| Margarine, 1 EL | 102 | 427 |
| Mayonnaise, 1 EL | 101 | 423 |
| Miesmuscheln, 4–5 mittelgroße | 56 | 234 |
| Milch, fettarm, 1,5% Fett, 100 ml | 47 | 196 |
| Milch, 3,5% Fett, 100 ml | 64 | 267 |
| Milch, Mager-, 100 ml | 34 | 143 |
| Mozzarella, halbfett, 25 g | 80 | 335 |
| Möhren, 100 g | 38 | 158 |
| Nektarinen, 100 g | 46 | 193 |
| Netzmelone, ½ mittelgroße | 60 | 251 |
| Okraschoten, 8 mittelgroße | 24 | 100 |
| Oliven, grün, 100 g | 146 | 611 |

| Nahrungsmittel | kcal | kJ |
|---|---|---|
| Oliven, schwarz, 1 Stück | 10 | 42 |
| Oliven, schwarz, 100 g | 430 | 1800 |
| Öl, pflanzliches, 1 EL | 120 | 502 |
| Ölsardinen, 100 g | 228 | 955 |
| Orange, 1 Stück, geschält (130 g) | 71 | 297 |
| Orangensaft, frisch gepreßt, 200 ml | 84 | 350 |
| Orangensaft, Handelsware ungesüßt, 200 ml | 86 | 362 |
| Orangenspalten, 100 g | 54 | 226 |
| Papaya, ½ | 60 | 251 |
| Paprikaschoten, grün, 1 kleine | 16 | 67 |
| Paprikaschoten, rot, 1 kleine | 23 | 96 |
| Parmesan, gerieben, 1 EL | 23 | 96 |
| Pecorino, 25 g | 110 | 460 |
| Pekannüsse, 100 g | 682 | 2855 |
| Peperoni, 100 g | 62 | 260 |
| Petersilie, 1 EL | 1 | 4 |
| Pfannkuchen, Buchweizen-, 1 kleiner, ca. | 55 | 230 |
| Pfannkuchen, einfach, 1 kleiner, ca. | 60 | 251 |
| Pfirsich, 1 kleiner (100 g) | 46 | 193 |
| Pflanzenfett, 1 EL | 111 | 465 |
| Pflaumen, 100 g | 53 | 222 |
| Pflaumensaft, 200 ml | 117 | 493 |
| Pistazien, 100 g | 571 | 2389 |
| Popcorn, mit Fett zubereitet, salzig, 100 g | 128 | 536 |
| Preiselbeeren, frische, 100 g | 46 | 192 |
| Preiselbeersaft, 200 ml | 110 | 460 |
| Provolone, 25 g | 100 | 419 |
| Puderzucker, 1 EL | 31 | 130 |
| Radieschen, 4 kleine | 6 | 25 |
| Reis, Mischung als Langkornreis und wildem Reis, 100 g gekochter | 140 | 588 |
| Reis, Natur-, 100 g gekochter (1 Portion) | 111 | 466 |
| Reis, weißer, 100 g gekochter | 106 | 445 |
| Rhabarber, 100 g | 18 | 75 |

| **Nahrungsmittel** | **kcal** | **kJ** |
|---|---|---|
| Rinderbrühe (Bouillon), 100 ml | 12 | 50 |
| Rindfleisch, mager (aus der Keule), 100 g | 154 | 643 |
| Roh-Rohrzucker, 1 EL | 49 | 205 |
| Roquefort, 25 g | 111 | 465 |
| Rosenkohl, 100 g | 41 | 170 |
| Rosinen, 1 EL | 26 | 109 |
| Rote Beete, 100 g | 37 | 155 |
| Rotkohl, 100 g | 27 | 113 |
| Römischer Salat, 100 g | 13 | 55 |
| Rüben, weiße, 100 g | 23 | 96 |
| Sahne, saure, 1 EL | 29 | 121 |
| Sahne, süße, 1 EL | 45 | 188 |
| Salami, 1 Scheibe (25 g) | 90 | 377 |
| Salzbrezeln, 1 kleine | 4 | 17 |
| Sandkuchen, 1 kleine Scheibe | 150 | 628 |
| Sauerkraut, 100 g | 25 | 105 |
| Schalotten, 100 g | 56 | 236 |
| Schichtkäse, 10% Fett, 100 g | 75 | 316 |
| Schinken, gekocht, 100 g | 282 | 1180 |
| Schinken, roh, 100 g | 390 | 1632 |
| Schokolade, Vollmilch, 100 g | 653 | 2734 |
| Scholle, gegart, 100 g | 90 | 377 |
| Schwarzwurzeln (Dose), 100 g | 39 | 165 |
| Schweinebraten, 100 g | 277 | 1160 |
| Schweineschulter, mager, gegart, 100 g | 220 | 921 |
| Sellerie, Knollen-, 100 g | 38 | 159 |
| Sellerie, Stangen-, 100 g | 18 | 76 |
| Semmelbrösel, 1 EL (10 g) | 35 | 146 |
| Sesamsamen, 2 EL (25 g) | 165 | 691 |
| Sojamehl, 25 g | 90 | 377 |
| Sonnenblumenkerne, geschält, 100 g | 524 | 2194 |
| Spargel, frisch oder tiefgefroren, 3 Stangen | 9 | 38 |
| Speisequark, Magerstufe, 100 g | 79 | 331 |
| Speisequark, 20% Fett, 100 g | 116 | 485 |

| Nahrungsmittel | kcal | kJ |
|---|---|---|
| Speisequark, 40% Fett, 100 g | 167 | 699 |
| Squash, Sommersorte, gegart, 100 g | 17 | 71 |
| Squash, Wintersorte, gegart, 100 g | 38 | 159 |
| Stachelbeeren, 100 g | 44 | 184 |
| Steckrüben, 100 g | 35 | 146 |
| Süßkartoffel, 1 mittelgroße | 152 | 636 |
| Teigboden für Pies, 22 cm Durchmesser | 675 | 2826 |
| Thunfisch, naturel, 160g-Dose | 240 | 1005 |
| Tomate, frisch, 100 g | 16 | 66 |
| Tomaten (Dose), 100 g | 19 | 78 |
| Tomatensaft, Handelsware, 100 ml | 18 | 77 |
| Topinambur, 100 g | 74 | 310 |
| Trauben, 10 Stück | 34 | 142 |
| Traubensaft, ungesüßt, 100 ml | 80 | 335 |
| Truthahn, gebraten, 100 g | 216 | 850 |
| Vanille-Essenz, 1 TL | 8 | 33 |
| Waffeln, 17 cm Durchmesser, 1 Stück | 210 | 879 |
| Walnüsse, 100 g | 646 | 2705 |
| Wasserkastanien, 100 g | 72 | 310 |
| Wasserkresse, 15 g | 3 | 12 |
| Wassermelone, 100 g | 24 | 100 |
| Weizenkeime, 25 g | 103 | 431 |
| Weizenmehl, 25 g | 102 | 427 |
| Weißkohl, 100 g | 22 | 92 |
| Ziegenmilch, 100 ml | 71 | 296 |
| Zitrone, 1 mittelgroße | 20 | 84 |
| Zucchini, roh, 100 g | 11 | 46 |
| Zucker, raffiniert, 1 EL | 36 | 151 |
| Zunge, gepökelt, 1 Scheibe (25 g) | 76 | 318 |
| Zwiebel, 1 mittelgroße (50 g) | 22 | 92 |

| Alkoholische Getränke | kcal | kJ |
|---|---|---|
| Bier, hell, 250 ml | 117 | 490 |
| Champagner, 100 ml | 124 | 519 |
| Cognac, 2 cl | 44 | 184 |
| Dessertwein, 5 cl | 80 | 335 |
| Malzbier, 250 ml | 140 | 586 |
| Rotwein, Bordeaux, 250 ml | 165 | 691 |
| Schnaps, 38%, 3 cl | 70 | 293 |
| Weißwein, Chablis, 250 ml | 175 | 733 |

# Anhang B
# Teilnahme an der Folgestudie zur Intervall-Diät

Wenn Sie an der Folgestudie zur weiteren Auswertung der Intervall-Diät teilnehmen möchten und im Englischen einigermaßen sattelfest sind, wenden Sie sich bitte an folgende Adresse:

The Rotation Diet
c/o The Vanderbilt Weight Management Program
134 Wesley Hall
Vanderbilt University
Nashville, TN 37240
U.S.A.

Bitte schreiben Sie nur in englischer Sprache und erwähnen Sie audrücklich, daß Sie an der Folgestudie zur Intervall-Diät teilnehmen möchten. Vergessen Sie auch nicht, Ihren Namen und Ihre vollständige Anschrift anzugeben. Dann werden Sie regelmäßig von uns hören, wobei wir von Ihnen wissen möchten, wie es Ihnen bei der Kontrolle Ihres Gewichts geht. Wir werden Ihnen jedesmal einen ganz kurzen Fragebogen mitschicken mit der Bitte, ihn für uns auszufüllen.

Die Teilnahme an der Folgestudie ist für Sie mit keinerlei Kosten verbunden, und wir bitten Sie um nichts anderes als um die Information, wie gut Sie mit Ihrem Gewicht zurechtkommen.

## Mehr Informationen zum Vanderbilt-Gewichtskontrollprogramm

Im Rahmen unseres Programms bieten wir auch Beratung per Post zu Ihren persönlichen Gewichtsproblemen an.

Interessieren Sie sich für unseren Beratungsservice und andere Materialien zur Gewichtskontrolle aus unserem Programm, die zu geringen Kosten erhältlich sind? Dann fordern Sie bitte Informationen bei Mrs. Summer Davis, Associated Director (Anschrift wie oben) an und legen Sie einen Umschlag mit Ihrer Adresse bei.

# Kurzfassung der Intervall-Diät für Frauen

Durchschnittlich können Sie bis zu 1 Pfund pro Tag verlieren, und das 21 Tage lang, wenn Sie sich genau an die Menüpläne halten, die auf den Seiten 214ff. abgedruckt sind. Die besten Ergebnisse erzielen Sie, wenn Sie auf jegliche Austauschmöglichkeiten bei den Speisen verzichten. Falls Sie jedoch ein bestimmtes Nahrungsmittel wirklich nicht mögen, lesen Sie bitte in Kapitel 6 nach, was Sie wodurch ersetzen können.

Rezepte und weitere Anregungen finden Sie im Kapitel 6. Alle Gerichte, die mit einem Sternchen (*) gekennzeichnet sind, können Sie nach einem Rezept aus Kapitel 6 nachkochen. Sie dürfen die angegebenen Fleisch- und Gemüsesorten natürlich auch anders zubereiten, solange Sie kalorienarm kochen.

Damit jeder die Intervall-Diät durchhalten kann, ohne jemals von Heißhunger geplagt zu werden, habe ich eine »Versicherungspolice« eingebaut. Mit ihrer Hilfe werden Sie in der Lage sein, Versuchungen zu widerstehen, und müssen gleichzeitig von den bestmöglichen Abnahme-Ergebnissen kaum Abstriche machen. Unser Versicherungsvertrag hat zwei Klauseln. Die erste nennt sich *erlaubtes Gemüse.* Sollten Sie während der nächsten 21 Tage einmal einen starken Drang verspüren, von der Diät abzuweichen, dürfen Sie zusätzlich zu den Mahlzeiten und auch jederzeit zwischendurch beliebige Mengen dieser Salat- und Gemüsesorten essen (siehe Seite 219 dieser Kurzfassung). Die zweite Klausel erlaubt Ihnen die Wahl einer *unbedenklichen Frucht* (siehe Seite 219/220 dieser Kurzfassung). Diese unbedenkliche Frucht – bitte wählen Sie nur eine einzige – ist eine Zusatzversicherung gegen drohendes Heißhungergefühl. Außerdem kann sie als rasche Energiequelle einspringen, wenn's einmal nötig ist.

Ich empfehle Ihnen, diese Kurzfassung der Intervall-Diät zu kopieren, damit Sie sie immer zum raschen Nachschlagen bei sich haben können. Falls Sie keinen Zugang zu einem Kopierer haben, können Sie diese Seiten auch herausschneiden, ohne den Inhalt des Buches anzutasten.

## Hinweis für Paare

Paare können die Intervall-Diät auch gemeinsam benutzen. Wie das geht, wird in dieser Kurzfassung vor den Plänen zur 1. und 2. Woche bei der Diät für Frauen erläutert.

> Wenn Sie die Intervall-Diätpläne Ihren Freunden und Bekannten zeigen und diese auch mitmachen wollen, sorgen Sie bitte dafür, daß sie vor dem Beginn der Diät die Kapitel 1, 6 und 7 in diesem Buch lesen. Auch Sie selbst sollten sich mit diesen Kapiteln vertraut machen, bevor Sie in die Startlöcher gehen.

## Der vollständige Intervall-Diätplan: Menüpläne für Frauen

Die Intervall-Diät arbeitet mit eigenen Rezepten, die zu jedem mit einem Sternchen gekennzeichneten Gericht entwickelt wurden (siehe dazu Kapitel 6). Sie dürfen aber auch alles nach Ihren eigenen Methoden zubereiten, vorausgesetzt, Sie verwenden beim Kochen kein Fett, außer wo es ausdrücklich angegeben ist. Orientieren Sie sich auch beim Essen im Restaurant an den Portionsgrößen dieser Diät. Die Gewichtsangaben beziehen sich stets auf *Gegartes*; im Kapitel 6 können Sie nachlesen, wie hoch der Gewichtsverlust beim Kochen in der Regel ist. Kalorienfreie Salatdressings dürfen jederzeit verwendet werden, auch wenn sie nicht eigens aufgeführt sind.
Achtung: Bei Eßlöffel- und Teelöffelmaßen handelt es sich immer um *gestrichene* EL und TL.

### *1. Woche*

Wenn Paare die Intervall-Diät gemeinsam durchführen, können die Männer die Menüpläne für Frauen mitbenutzen, wenn sie sie durch folgendes ergänzen:

- ▷ 2 zusätzliche Portionen Getreideprodukte (Brot, Getreideflocken, Cracker),
- ▷ um die Hälfte größere Portionen Fleisch, Fisch oder Geflügel,
- ▷ 1 EL Butter, Öl oder normales Salatdressing,
- ▷ 3 unbedenkliche Früchte.

Für Männer sind die ersten 3 Tage 1200 Kalorien und die folgenden 4 Tage 1500 Kalorien vorgesehen.

**1. Tag**

<u>Frühstück</u>
½ Grapefruit,
1 Scheibe Vollkornbrot mit
1 Scheibe Käse (25 g, siehe auch Mexikanischer Käsetoast*),
kalorienfreies Getränk

Mittagessen
50 g Lachs naturel (siehe auch Lachs mit Kräutern), erlaubtes Gemüse in unbegrenzter Menge, 5 Vollkorncracker, kalorienfreies Getränk

Abendessen
Brathähnchen* (75 g gegartes Fleisch), Blumenkohl* (100 g), Rote Rübchen* (65 g), 1 Apfel, kalorienfreies Getränk

**2. Tag**

Frühstück
½ Banane, 25 g ballaststoffreiche Getreideflocken, 200 ml Mager- oder fettarme Milch, kalorienfreies Getränk

Mittagessen
100 g körniger Frischkäse (siehe auch Angemachter Hüttenkäse*), erlaubtes Gemüse in unbegrenzter Menge, 1 Scheibe Vollkornbrot, kalorienfreies Getränk

Abendessen
Pochiertes Fischfilet* (75 g gegarter Fisch), Brokkoli* (175 g), Möhren* (65 g), ½ Grapefruit, kalorienfreies Getränk

**3. Tag**

Frühstück
1 Scheibe Weizenvollkornbrot, 1 EL Erdnußmus, 1 Apfel, kalorienfreies Getränk

Mittagessen
Thunfisch mit Vinaigrette* (mit 50 g Thunfisch naturel) oder Sardinen mit Senfsauce* (3 mittelgroße Sardinen), 5 Vollkorncracker, erlaubtes Gemüse in unbegrenzter Menge, kalorienfreies Getränk

Abendessen
Steak oder Hacksteak, gegrillt* (75 g gegartes Fleisch), Spargel* (100 g), gemischter Salat*, kalorienfreies Salatdressing*, 1 Scheibe Käse (25 g), 1 Orange, kalorienfreies Getränk

**4. Tag**

Frühstück
½ Banane, 25 g ballaststoffreiche Getreideflocken, 200 ml Mager- oder fettarme Milch, kalorienfreies Getränk

Mittagessen
Thunfischsalat* (mit 50 g Thunfisch naturel), erlaubtes Gemüse in unbegrenzter Menge, 2 Scheiben Weizenvollkornbrot, 1 TL Mayonnaise oder kalorienarmes Salatdressing*, ½ Grapefruit, kalorienfreies Getränk

Abendessen
Brathähnchen* (75 g gegartes Fleisch), Möhren* (65 g), gemischter Salat*, 1 Scheibe Käse (25 g), 1 Apfel, kalorienfreies Getränk

**5. Tag**

Frühstück
150 g Beerenfrüchte, 100 g körniger Frischkäse (siehe auch Angemachter Hüttenkäse*), 5 Vollkorncracker, kalorienfreies Getränk

Mittagessen
Sardinen mit Senfsauce* (3 mittelgroße Sardinen) oder Thunfisch mit Vinaigrette* (mit 50 g Thunfisch naturel), erlaubtes Gemüse in unbegrenzter Menge, 2 Scheiben Weizenvollkornbrot, 1 TL Mayonnaise oder kalorienarmes Salatdressing*, ½ Grapefruit, kalorienfreies Getränk

Abendessen
Steak oder Hacksteak, gegrillt* (75 g gegartes Fleisch), grüne Bohnen* (65 g), Brokkoli* (100 g), 1 Scheibe Käse (25 g), 1 Apfel, kalorienfreies Getränk

**6. Tag**

Frühstück
½ Netzmelone, 1 Scheibe Käse (25 g), 1 Scheibe Weizenvollkornbrot (siehe auch Mexikanischer Käsetoast*), kalorienfreies Getränk

Mittagessen
1 hartgekochtes Ei (siehe auch Curryeier ohne Füllung*), erlaubtes Gemüse in unbegrenzter Menge, 2 Scheiben Weizenvollkornbrot, 1 TL Mayonnaise oder kalorienarmes Salatdressing*, ½ Grapefruit, kalorienfreies Getränk

Abendessen
Pochiertes (oder gegrilltes) Fischfilet* (75 g gegarter Fisch), Spargel* (100 g), Erbsen* (65 g), 1 Apfel, kalorienfreies Getränk

**7. Tag**

Frühstück
½ Banane, 25 g ballaststoffreiche Getreideflocken, 200 ml Mager- oder fettarme Milch, kalorienfreies Getränk

Mittagessen
150 g Beerenfrüchte, 100 g körniger Frischkäse (siehe auch Angemachter Hüttenkäse*), 2 Scheiben Weizenvollkornbrot, kalorienfreies Getränk

Abendessen
Brathähnchen* (75 g gegartes Fleisch), Blumenkohl* (100 g), Möhren* (65 g), 1 Apfel, kalorienfreies Getränk

## *2. Woche*

In der 2. Woche dürfen Frauen am Vormittag, am Nachmittag und später am Abend eine kleine Zwischenmahlzeit einschieben, und zwar je eine Portion Ihrer persönlichen *unbedenklichen Frucht.*
Sie sind nicht verpflichtet, diese zusätzlichen Snacks außerhalb des unten abgedruckten Menüplans auch wirklich zu essen, aber sie sind in der vorgesehenen Kalorienmenge von 1200 Kalorien bereits enthalten. Außerdem dürfen Sie Ihren täglichen Speiseplan um 1 Eßlöffel Butter, Margarine, Öl oder normales Salatdressing bereichern, zum Kochen oder als Aufstrich.
Bei Paaren, die gemeinsam Diät halten, ergänzt der Mann die Menüpläne für Frauen täglich um folgendes:

▷ 2 weitere Portionen Getreideprodukte (Brot, Getreideflocken oder Cracker),
▷ um die Hälfte größere Portionen Gemüse und Hauptgerichte.

Nach Belieben dürfen Männer auch einen zusätzlichen Eßlöffel Fett oder Salatdressing zu sich nehmen. Für Männer sieht die Intervall-Diät in der 2. Woche einen Kalorienverbrauch von 1800 Kalorien vor. Zusätzliche Informationen über Größe und Kaloriengehalt der Portionen finden Sie bei den Rezepten im Kapitel 6.

**8. Tag**

Frühstück
½ Grapefruit,
1 Scheibe Weizenvollkornbrot,
1 EL Erdnußmus, 200 ml Mager- oder fettarme Milch,
kalorienfreies Getränk

Mittagessen
1 große Portion Bunter Obstsalat* (etwa 250 g), 1 Scheibe Käse (25 g),
5 Vollkorncracker,
kalorienfreies Getränk

Abendessen
Lachssteak (110 g, siehe auch Indische Lachssteaks »Royal«*),
Erbsen mit Silberzwiebeln* (65 g),
gemischter Salat*,
kalorienfreies Getränk

**9. Tag**

Frühstück
½ Banane, 25 g ballaststoffreiche Getreideflocken, 200 ml Mager- oder fettarme Milch,
kalorienfreies Getränk

Mittagessen
Große Salatplatte*
(mit je 25 g Käse und Putenfleisch, dazu beliebige Salatgemüse),
5 Vollkorncracker,
kalorienarmes Salatdressing*,
kalorienfreies Getränk

Abendessen
Hähnchen (110 g gegartes Fleisch; siehe auch Hähnchen »Tomasi«*),
1 kleine gebackene Kartoffel (90 g),
grüne Bohnen (130 g, siehe auch Grüne Bohnen mit Mandeln*),
1 Scheibe Käse (25 g),
1 Apfel,
kalorienfreies Getränk

**10. Tag**

Frühstück
Frisches Obst Ihrer Wahl,
in Scheiben geschnitten (150 g),
100 g körniger Frischkäse,
1 Scheibe Weizenvollkornbrot,
kalorienfreies Getränk

Mittagessen
1 Sandwich* (mit 50 g Fleisch oder Käse), erlaubtes Gemüse in unbegrenzter Menge,
1 Orange,
kalorienfreies Getränk

Abendessen
Gemüse, pfannengerührt* (200 g),
80 g brauner oder wilder Reis* (gekocht gewogen),
2 EL geriebener Käse,
1 Apfel,
kalorienfreies Getränk

## 11. Tag

Frühstück
150 g frische Ananas
(oder anderes frisches Obst),
1 Scheibe Käse (25 g),
1 Scheibe Weizenvollkornbrot,
kalorienfreies Getränk

Mittagessen
Spinatsalat* (große Portion,
mit Champignons, Paprika und
gehacktem Ei),
kalorienarmes Salatdressing*,
1 Apfel oder 1 Birne,
1 Scheibe Käse (25 g),
kalorienfreies Getränk

Abendessen
Steak (150 g gegartes Fleisch,
siehe auch Steak, flambiert
mit Cognac*, oder Lende,
mariniert*),
1 kleine gebackene Kartoffel (90 g),
Möhren, gedünstet mit Sellerie*
(100 g), ½ Grapefruit,
kalorienfreies Getränk

## 12. Tag

Frühstück
In Scheiben geschnittenes
frisches Obst (75 g),
25 g ballaststoffreiche Getreide-
flocken, 200 ml Mager-
oder fettarme Milch,
kalorienfreies Getränk

Mittagessen
Thunfischsalat* (mit 75 g Thunfisch
naturel) oder
Sardinen mit Senfsauce*
(4–5 mittelgroße Sardinen),
erlaubtes Gemüse in unbegrenzter
Menge, dazu Tomaten- und
Paprikascheiben,
kalorienarmes Salatdressing*,
1 Scheibe Weizenvollkornbrot,
kalorienfreies Getränk

Abendessen
Schweinekoteletts mit Kräutern*
(150 g gegartes Fleisch),
Squash oder Zucchini*
(½ Squash oder 1 Zucchini),
Brokkoli mit schwarzen Oliven*
(100 g), ½ Grapefruit,
kalorienfreies Getränk

## 13. Tag

Frühstück
½ Melone, 1 hart- oder
weichgekochtes Ei,
1 Scheibe Weizenvollkornbrot,
kalorienfreies Getränk

Mittagessen
Hacksteak (110 g gegartes Fleisch),
100 g körniger Frischkäse,
Tomatenscheiben,
erlaubtes Gemüse in
unbegrenzter Menge,
kalorienarmes Salatdressing*,
kalorienfreies Getränk

Abendessen
100 g Spaghetti oder Linguini
(gekocht gewogen),
dazu Knoblauch-Muschelsauce*
oder Fleischsauce*, 2 EL Parmesan,
gemischter Salat*,
1 Stück Obst nach Wahl,
kalorienfreies Getränk

## 14. Tag

Frühstück
½ Grapefruit, 90 g Haferflocken,
2 EL Rosinen, 1 Prise Zimt,
100 ml Mager- oder fettarme Milch,
kalorienfreies Getränk

Mittagessen
1 Scheibe Weizenvollkornbrot, getoastet, und Mexikanischer Bohnenaufstrich* oder
1 Sandwich*, erlaubtes Gemüse in unbegrenzter Menge,
150 g frisches Obst,
kalorienfreies Getränk

Abendessen
Rinderbraten*
(100 g gegartes Fleisch, einschließlich Gemüse),
gemischter Salat*,
kalorienarmes Salatdressing*,
1 Scheibe Käse (25 g),
1 Apfel,
kalorienfreies Getränk

## *3. Woche*

Wiederholen Sie den Menüplan der 1. Woche oder benutzen Sie die zusätzlichen Menüpläne in Kapitel 12 für die 600/900-Kalorien-Stufe.

> Wenn Sie mit der Intervall-Diät am Ende des 21. Tages angelangt sind, richten Sie sich bitte unbedingt nach meinen Anweisungen zur darauffolgenden 4. Woche, dem Übergang zu einer Erhaltungsdiät (siehe Kapitel 8).

### Liste der erlaubten Gemüse

Von den Salat- und Gemüsesorten, die unten aufgeführt sind, dürfen Sie unbegrenzt viel essen. Sie versorgen Sie mit vielen Vitaminen, Mineralstoffen und entschlackenden Ballaststoffen, dabei haben sie so gut wie keine Kalorien. Essen Sie sie bitte nur »pur« oder mit kalorienfreiem Salatdressing (nach dem Rezept von Seite 86) oder nach eigener Wahl.

Chicorée
Chinakohl
Endivie
Gurke
Kopfsalat
Petersilie
Radieschen
Rettich
Spargel
Spinat
Stangensellerie
Wasserkresse
Winterendivie
Zucchini

### Liste »unbedenklicher Früchte«

Wählen Sie bitte eine Frucht zu Ihrer unbedenklichen Frucht von dieser Liste oder ein anderes kalorienarmes Obst, das für Sie leicht verfügbar ist. Bis zu drei Portionen davon können Sie täglich essen, zusätzlich zu dem, was auf Ihrem Diätplan steht – immer, wenn Sie einen Energieschub nötig haben, von starkem Heißhunger geplagt werden oder aus irgendeinem Grund in große Versuchung kommen, über die Stränge zu schlagen. Sorgen Sie dafür, daß Sie Ihre unbedenkliche Frucht immer und überall dabei haben.

| | |
|---|---|
| Ananas | Mandarine |
| Apfel | Melone |
| Beerenfrüchte | Orange |
| Grapefruit | Pfirsich |

> Greifen Sie bitte immer nur zu Ihrer »unbedenklichen Frucht«, wenn Sie sich versucht fühlen, von der Intervall-Diät abzuweichen. Das garantiert, daß Sie trotzdem nahezu den maximal möglichen Gewichtsverlust erzielen werden.

**Getränke**

Trinken Sie 8 Viertelliterglåser voll Wasser täglich. Trinken Sie sonst nur kalorienfreie Getränke, außer wenn Milch auf dem Diätplan steht. Sie dürfen täglich bis zu 2 Tassen Kaffee oder Tee trinken, dazu Kräutertee und natriumarme Bouillon.

# Kurzfassung der Intervall-Diät für Männer

Durchschnittlich können Sie bis zu 1 Pfund pro Tag verlieren, und das 21 Tage lang, wenn Sie sich genau an die Menüpläne halten, die auf den Seiten 222ff. abgedruckt sind. Die besten Ergebnisse erzielen Sie, wenn Sie auf jegliche Austauschmöglichkeiten der Speisen verzichten. Falls Sie jedoch ein bestimmtes Nahrungsmittel wirklich nicht mögen, lesen Sie bitte in Kapitel 6 nach, was Sie wodurch ersetzen können.

Rezepte und weitere Anregungen finden sie im Kapitel 6. Alle Gerichte, die mit einem Sternchen (*) gekennzeichnet sind, können Sie nach einem Rezept aus dem 6. Kapitel nachkochen. Sie dürfen die genannten Fleisch- und Gemüsesorten auch anders zubereiten, solange Sie kalorienarm kochen.

Damit jeder die Intervall-Diät durchhalten kann, ohne jemals von Heißhunger geplagt zu werden, habe ich eine »Versicherungspolice« eingebaut. Mit ihrer Hilfe werden Sie in der Lage sein, Versuchungen zu widerstehen, und müssen gleichzeitig von den bestmöglichen Abnahme-Ergebnissen kaum Abstriche machen. Unser Versicherungsvertrag hat zwei Klauseln. Die erste nennt sich *erlaubtes Gemüse.* Sollten Sie während der nächsten 21 Tage einmal einen starken Drang verspüren, von der Diät abzuweichen, dürfen Sie zusätzlich zu den Mahlzeiten und auch jederzeit zwischendurch beliebige Mengen dieser Salat- und Gemüsesorten essen (siehe Seite 227 dieser Kurzfassung). Die zweite Klausel erlaubt Ihnen die Wahl einer *unbedenklichen Frucht* (siehe Seite 227/228 dieser Kurzfassung). Diese unbedenkliche Frucht – bitte wählen Sie nur eine einzige – ist eine Zusatzversicherung gegen drohendes Heißhungergefühl. Außerdem kann sie als rasche Energiequelle einspringen, wenn's einmal nötig ist.

Ich empfehle Ihnen, diese Kurzfassung der Intervall-Diät zu kopieren, damit Sie sie immer zum raschen Nachschlagen bei sich haben können. Falls Sie keinen Zugang zu einem Kopierer haben, können Sie diese Seiten auch herausschneiden, ohne den Inhalt des Buches anzutasten.

## Hinweis für Paare

Paare können die Intervall-Diät auch gemeinsam benutzen. Wie das geht, wird in dieser Kurzfassung vor den 1. und 2. Wochenplänen bei der Diät für Frauen erläutert.

> Wenn Sie die Intervall-Diätpläne Ihren Freunden und Bekannten zeigen und diese auch mitmachen wollen, sorgen Sie bitte dafür, daß sie vor dem Beginn der Diät die Kapitel 1, 6 und 7 in diesem Buch lesen. Auch Sie selbst sollten sich mit diesen Kapiteln vertraut machen, bevor Sie in die Startlöcher gehen.

## Der vollständige Intervall-Diätplan: Menüpläne für Männer

Die Intervall-Diät arbeitet mit eigenen Rezepten, die zu jedem mit einem Sternchen gekennzeichneten Gericht entwickelt wurden (siehe dazu Kapitel 6). Sie dürfen aber auch alles nach Ihren eigenen Methoden zubereiten, vorausgesetzt, Sie verwenden beim Kochen kein Fett, außer wo es ausdrücklich angegeben ist. Orientieren Sie sich auch beim Essen im Restaurant an den Portionsgrößen der Diät. Die Gewichtsangaben beziehen sich stets auf *Gegartes;* im Kapitel 6 können Sie nachlesen, wie hoch der Gewichtsverlust beim Kochen in der Regel ist.
Männer dürfen täglich 1 Eßlöffel Butter, Margarine oder normales Salatdressing zusätzlich zu dem, was auf dem Diätplan steht, zu sich nehmen und bleiben trotzdem innerhalb der Kaloriengrenze.
Kalorienfreie Salatdressings dürfen jederzeit verwendet werden, auch wo sie nicht eigens angegeben sind. Auch dürfen Männer grundsätzlich jeden Tag, über ihren Diätplan hinaus, *3 unbedenkliche Früchte* als Zwischenmahlzeiten einplanen. Zwar müssen Sie nicht alle essen, sie sind aber bei der Kalorienberechnung bereits berücksichtigt.
Achtung: Bei allen Eßlöffel- und Teelöffelmaßen handelt es sich um *gestrichene* EL und TL.

### *1. Woche*

#### 1. Tag

Frühstück
½ Banane,
25 g ballaststoffreiche Getreideflocken,
200 ml Mager- oder fettarme Milch,
kalorienfreies Getränk

Mittagessen
Große Salatplatte*
(mit je 25 g Käse und Putenfleisch, dazu beliebige Salatgemüse),

kalorienarmes Salatdressing*,
5 Vollkorncracker,
kalorienfreies Getränk

Abendessen
Brathähnchen*
(110 g gekochtes Fleisch),
1 kleine gebackene Kartoffel (90 g),
grüne Bohnen* (130 g),
1 Apfel,
1 Scheibe Käse (25 g),
kalorienfreies Getränk

**2. Tag**

Frühstück
½ Grapefruit,
1 Scheibe Weizenvollkornbrot,
1 EL Erdnußmus, 200 ml Mager- oder fettarme Milch,
kalorienfreies Getränk

Mittagessen
Große Portion Bunter Obstsalat* (etwa 250 g),
1 Scheibe Käse (25 g),
5 Vollkorncracker,
kalorienfreies Getränk

Abendessen
Pochiertes (oder gegrilltes) Fischfilet* (150 g gegarter Fisch),
Erbsen mit Silberzwiebeln* (65 g),
gemischter Salat*,
kalorienarmes Salatdressing*,
kalorienfreies Getränk

**3. Tag**

Frühstück
150 g in Scheiben geschnittenes Obst Ihrer Wahl,
100 g körniger Frischkäse,
1 Scheibe Weizenvollkornbrot,
kalorienfreies Getränk

Mittagessen
Sandwich* (mit 50 g Käse oder Fleisch), erlaubtes Gemüse in unbegrenzter Menge,
1 Orange,
kalorienfreies Getränk

Abendessen
Gemüse, pfannengerührt* (200 g),
80 g brauner oder wilder Reis* (gekocht gewogen),
2 EL geriebener Käse,
1 Apfel,
kalorienfreies Getränk

**4. Tag**

Frühstück
150 g Beerenfrüchte,
40 g ballaststoffreiche Getreideflocken, 200 ml Mager- oder fettarme Milch,
1 Scheibe Weizenvollkornbrot,
1 TL Konfitüre,
kalorienfreies Getränk

Mittagessen
Spinatsalat* (mit Champignons, Paprika, gehacktem Ei und kalorienarmem Salatdressing*),
5 Vollkorncracker,
1 Apfel oder 1 Birne,
kalorienfreies Getränk

Abendessen
½ Grapefruit, Steak (150 g gegartes Fleisch, siehe auch Steak, flambiert mit Cognac*, oder Lende, mariniert*),
1 kleine gebackene Kartoffel (90 g),
Möhren, gedünstet mit Sellerie (130 g),
kalorienfreies Getränk

## 5. Tag

Frühstück
½ Melone,
1 hart- oder weichgekochtes Ei,
2 Scheiben Weizenvollkornbrot,
1 TL Konfitüre,
kalorienfreies Getränk

Mittagessen
Hacksteak (110 g gegartes Fleisch, siehe auch Steak oder Hacksteak, gegrillt*),
100 g körniger Frischkäse,
erlaubtes Gemüse in unbegrenzter Menge,
1 Scheibe Weizenvollkornbrot,
1 Stück Obst Ihrer Wahl,
kalorienfreies Getränk

Abendessen
100 g Spaghetti oder Linguini (gekocht gewogen),
dazu Knoblauch-Muschelsauce* oder Fleischsauce*,
4 EL geriebener Parmesan,
gemischter Salat*,
kalorienarmes Salatdressing*,
½ Grapefruit,
kalorienfreies Getränk

## 6. Tag

Frühstück
150 g in Scheiben geschnittenes Obst,
40 g ballaststoffreiche Getreideflocken,
1 Scheibe Weizenvollkornbrot,
200 ml Mager- oder fettarme Milch,
kalorienfreies Getränk

Mittagessen
Thunfischsalat* (mit 75 g Thunfisch naturel) oder Sardinen mit Senfsauce* (4–5 mittelgroße Sardinen),
erlaubtes Gemüse in unbegrenzter Menge,
dazu Tomaten- oder Paprikascheiben,
kalorienarmes Salatdressing*,
2 Scheiben Weizenvollkornbrot,
kalorienfreies Getränk

Abendessen
Schweinekoteletts mit Kräutern* (150 g gegartes Fleisch),
1 Portion Squash oder Zucchini*,
Brokkoli mit schwarzen Oliven* (100 g),
1 Scheibe Weizenvollkornbrot,
½ Grapefruit,
kalorienfreies Getränk

## 7. Tag

Frühstück
½ Grapefruit, 90 g Haferflocken,
2 EL Rosinen, 1 Prise Zimt,
100 ml Mager- oder fettarme Milch,
kalorienfreies Getränk

Mittagessen
2 Scheiben Weizenvollkornbrot,
dazu 2 Portionen Mexikanischer Bohnenaufstrich*,
1 Scheibe Käse (25 g) sowie Tomatenscheiben oder
1 Sandwich*,
erlaubtes Gemüse in unbegrenzter Menge,
kalorienarmes Salatdressing*,
150 g verschiedenes Obst,
kalorienfreies Getränk

Abendessen
Rinderbraten* (100 g gegartes Fleisch, einschließlich Gemüse),
gemischter Salat*,
kalorienarmes Salatdressing*,
1 Apfel, kalorienfreies Getränk

## *2. Woche*

Auch in der 2. Woche können Sie Ihren täglichen Speisezettel sowohl um drei *unbedenkliche Früchte* als auch um 1 Eßlöffel Butter, Margarine oder normales Salatdressing bereichern, ohne das Kalorienlimit zu überschreiten.

### 8. Tag

Frühstück
½ Melone,
2 Scheiben Weizenvollkornbrot,
2 Scheiben Käse (je 25 g),
kalorienfreies Getränk

Mittagessen
Sandwich mit Thunfischsalat* (mit 75 g Thunfisch naturel),
erlaubtes Gemüse in unbegrenzter Menge,
1 Portion Obst Ihrer Wahl,
kalorienfreies Getränk

Abendessen
Brathähnchen* (150 g gegartes Fleisch),
Spinat-Brokkoli-Auflauf* (65 g; oder 100 g gekochter Brokkoli ohne weitere Zutaten)
1 Portion Squash oder Zucchini*,
1 Apfel, 1 Scheibe Käse von 25 g (falls Sie keinen Auflauf essen),
kalorienfreies Getränk

### 9. Tag

Frühstück
90 g Haferflocken, 2 EL Rosinen, 1 Prise Zimt, 100 ml Mager- oder fettarme Milch,
1 Scheibe Weizenvollkornbrot,
1 TL Konfitüre,
kalorienfreies Getränk

Mittagessen
Bunter Obstsalat* (etwa 250 g),
100 g körniger Frischkäse,
5 Vollkorncracker,
kalorienfreies Getränk

Abendessen
Gegrilltes (oder pochiertes) Fischfilet* (150 g gegarter Fisch),
Tomaten au gratin* (½ Tomate),
1 kleine gebackene Kartoffel (90 g),
1 Scheibe Käse (25 g),
1 Apfel,
kalorienfreies Getränk

### 10. Tag

Frühstück
1 Orange,
2 Scheiben Weizenvollkornbrot,
2 Scheiben Käse (je 25 g),
kalorienfreies Getränk

Mittagessen
Thunfischsalat* (mit 75 g Thunfisch naturel) auf Blattsalat mit Tomaten- und Paprikascheiben,
erlaubtes Gemüse in unbegrenzter Menge,
kalorienarmes Salatdressing*,
kalorienfreies Getränk

Abendessen
Steak (150 g gegartes Fleisch, siehe auch Steak, flambiert mit Cognac*, oder Lende, mariniert*),
Spinat, pfannengerührt* (110 g),
1 kleine gebackene Kartoffel (90 g) mit Joghurt-Gemüsedressing* (oder 2 EL saurer Sahne),
1 Stück Obst nach Wahl,
kalorienfreies Getränk

## 11. Tag

Frühstück
½ Melone,
100 g körniger Frischkäse,
1 Scheibe Weizenvollkornbrot,
1 TL Konfitüre,
kalorienfreies Getränk

Mittagessen
Sandwich*
(mit 50 g Fleisch oder Käse),
erlaubtes Gemüse in
unbegrenzter Menge,
kalorienarmes Salatdressing*,
kalorienfreies Getränk

Abendessen
Indische Lachssteaks »Royal«*
(150 g gegarter Fisch),
Erbsen mit Silberzwiebeln* (65 g),
gemischter Salat*,
kalorienarmes Salatdressing*,
1 Stück Obst nach Wahl,
1 Scheibe Käse (25 g),
kalorienfreies Getränk

## 12. Tag

Frühstück
½ Grapefruit,
2 Scheiben Weizenvollkornbrot,
1 EL Erdnußmus,
1 TL Konfitüre,
kalorienfreies Getränk

Mittagessen
1 Teller Suppe (fertig gekauft,
oder siehe im Rezeptteil
unter Suppen),
10 Vollkorncracker,
2 Scheiben Käse (je 25 g),
erlaubtes Gemüse in
unbegrenzter Menge,
kalorienarmes Salatdressing*,
kalorienfreies Getränk

Abendessen
Kalbshackbraten* (oder 150 g
gegartes mageres Fleisch
beliebiger Sorte),
Möhren* (65 g), gemischter Salat*,
kalorienarmes Salatdressing*,
1 Apfel, kalorienfreies Getränk

## 13. Tag

Frühstück
150 g Beerenfrüchte, 40 g ballaststoffreiche Getreideflocken,
1 Scheibe Weizenvollkornbrot,
1 TL Konfitüre,
200 ml Mager- oder fettarme Milch,
kalorienfreies Getränk

Mittagessen
Große Salatplatte*
(mit je 25 g Käse und Putenfleisch,
dazu beliebige Salatgemüse),
kalorienarmes Salatdressing*,
5 Vollkorncracker,
kalorienfreies Getränk

Abendessen
Brathähnchen*
(150 g gegartes Fleisch, oder
Hähnchenbrust mit Mandeln*),
80 g brauner oder wilder Reis*
(gekocht gewogen), Brokkoli*
(100 g), 1 Scheibe Käse (25 g),
1 Apfel, kalorienfreies Getränk

## 14. Tag

Frühstück
150 g in Scheiben geschnittene
Früchte nach Wahl,
100 g körniger Frischkäse,
1 Scheibe Weizenvollkornbrot,
1 TL Konfitüre,
kalorienfreies Getränk

Mittagessen
Sandwich*
(mit 50 g Fleisch oder Käse),
erlaubtes Gemüse in
unbegrenzter Menge,
kalorienarmes Salatdressing*,
½ Grapefruit,
kalorienfreies Getränk

Abendessen
Fisch Ihrer Wahl (150 g gegarter Fisch, siehe auch Regenbogenforelle, im Ofen gegart*),
Tomaten au gratin* (½ Tomate),
Bohnen mit Schnittlauch* (130 g, oder auch Variation mit Champignons),
1 Scheibe Weizenvollkornbrot,
1 Scheibe Käse (25 g),
1 Stück Obst Ihrer Wahl,
kalorienfreies Getränk

## *3. Woche*

Wiederholen Sie den Menüplan der 1. Woche oder benutzen Sie die zusätzlichen Menüpläne in Kapitel 12 für die 1200- und 1500-Kalorien-Stufen.

Wenn Sie mit der Intervall-Diät am Ende des 21. Tages angelangt sind, richten Sie sich bitte unbedingt nach meinen Anweisungen zur darauffolgenden 4. Woche, dem Übergang zu einer Erhaltungsdiät.

### Liste der erlaubten Gemüse

Von den Salat- und Gemüsesorten, die unten aufgeführt sind, dürfen Sie unbegrenzt viel essen. Sie versorgen Sie mit vielen Vitaminen, Mineralstoffen und entschlackenden Ballaststoffen, dabei haben sie so gut wie keine Kalorien. Essen Sie sie bitte nur »pur« oder mit kalorienfreiem Salatdressing (nach dem Rezept von Seite 86) oder nach eigener Wahl.

Chicorée
Chinakohl
Endivie
Gurke
Kopfsalat
Petersilie
Radieschen
Rettich
Spargel
Spinat
Stangensellerie
Wasserkresse
Winterendivie
Zucchini

### Liste »unbedenklicher Früchte«

Wählen Sie bitte eine Frucht zu Ihrer unbedenklichen Frucht von dieser Liste oder ein anderes kalorienarmes Obst, das für Sie leicht verfügbar ist. Bis zu drei Portionen davon können Sie täglich essen, zusätzlich zu dem, was auf Ihrem Diätplan steht – immer, wenn Sie einen Energieschub nötig haben, von Heißhunger geplagt werden oder aus irgendeinem Grund in große Versuchung kommen, über die Stränge zu schlagen. Sorgen Sie dafür, daß Sie Ihre unbedenkliche Frucht immer und überall dabei haben.

| | |
|---|---|
| Ananas | Mandarine |
| Apfel | Melone |
| Beerenfrüchte | Orange |
| Grapefruit | Pfirsich |

> Greifen Sie bitte immer nur zu Ihrer »unbedenklichen Frucht«, wenn Sie sich versucht fühlen, von der Intervall-Diät abzuweichen. Das garantiert, daß Sie trotzdem nahezu den maximal möglichen Gewichtsverlust erzielen werden.

**Getränke**

Trinken Sie 8 Viertellitergläser voll Wasser täglich. Trinken Sie sonst nur kalorienfreie Getränke, außer wenn Milch auf dem Diätplan steht. Sie dürfen täglich bis zu 2 Tassen Kaffee oder Tee trinken, dazu Kräutertee und natriumarme Bouillon.

# Sachregister

# Rezeptregister

# Notizen

# Notizen

**Notizen**

**Notizen**